风控要略

互联网业务反欺诈之路

马传雷　孙奇　高岳　著

电子工业出版社
Publishing House of Electronics Industry
北京·BEIJING

内 容 简 介

这是一本全面描述互联网业务反欺诈体系的书籍，本书主要分为洞察黑产、体系构建、实战教程和新的战场 4 个部分。第 1 部分介绍了黑产欺诈团伙的运作套路和攻击手段；第 2 部分总结了我们在构建反欺诈技术体系过程中沉淀的实践经验；第 3 部分分享了我们和黑产对抗的多个实战案例，以及机器学习算法的综合运用；第 4 部分介绍了我们在物联网、内容安全、隐私合规等方面的实践和对海外厂商的观察。

读者通过仔细阅读本书，可以对互联网反欺诈的过去、现在和未来有一个系统的认识。希望本书能够为正在关注该领域或从事相关工作的读者提供有价值的参考。本书适合互联网投资人、创业者、产品经理、运营人员和安全风控人员阅读。

图书在版编目（CIP）数据

风控要略：互联网业务反欺诈之路 / 马传雷等著. —北京：电子工业出版社，2020.8（2025.8重印）

ISBN 978-7-121-39278-8

Ⅰ. ①风… Ⅱ. ①马… Ⅲ. ①互联网络－金融诈骗罪－研究－中国 Ⅳ. ①D924.334

中国版本图书馆 CIP 数据核字（2020）第 132831 号

责任编辑：张春雨　　　　　　特约编辑：田学清
印　　刷：北京天宇星印刷厂
装　　订：北京天宇星印刷厂
出版发行：电子工业出版社
　　　　　北京市海淀区万寿路 173 信箱　　　　邮编：100036
开　　本：787×980　　1/16　　印张：20.5　　字数：387 千字
版　　次：2020 年 8 月第 1 版
印　　次：2025 年 8 月第 10 次印刷
定　　价：99.00 元

凡所购买电子工业出版社图书有缺损问题，请向购买书店调换。若书店售缺，请与本社发行部联系，联系及邮购电话：（010）88254888，88258888。

质量投诉请发邮件至 zlts@phei.com.cn，盗版侵权举报请发邮件至 dbqq@phei.com.cn。

本书咨询联系方式：010-51260888-819，faq@phei.com.cn。

前　言

从 2018 年开始，我和高岳、孙奇一起从事业务安全产品设计、研发的工作。在此之前，高岳是移动安全方面的专家，孙奇是资深的 Java 架构师，而我则是从事黑客攻防对抗的工程师。于我们而言，这是一段非常美好的经历，非常感谢命运的安排。

因为个人兴趣和工作需要，我们和很多朋友就互联网业务安全进行了深入交流。他们有的是互联网公司的产品研发人员和运营人员，有的是传统金融机构互联网线上业务拓展推广人员，也有的是专业风控和安全从业者。从与他们的沟通交流中，我们学到了很多业务领域的知识，同时也发现大家对互联网黑产及互联网业务安全体系构建缺乏深入了解。我们常常听到这样的话："投入了很多资源构建互联网业务安全体系，购买了专业公司的风控产品和服务，但是依然没能阻止网络黑产无情的攻击。"

在实际项目中，我们也遇到了一些困扰：产品 PoC 测试严重脱离业务场景实际需求，错误的策略部署导致产品无法正常发挥防御能力。我们在复盘时常常反思这些问题，是不是可以通过某些方式帮助客户更全面地理解业务风险的脉络和黑产攻击的套路。很多问题的产生并不是因为黑产团伙的技术有多么高明，而是因为防御方不能够很好地帮助客户理解业务风险。

2019 年 3 月的某一天，高岳提议写一本全面介绍互联网业务反欺诈体系构建和实践经验的书籍，这个建议点燃了我们心中的火焰。我们立即开始整理资料并写作，经过 8 个多月的努力，我们在 2020 年的春节前完成了这本书稿。

本书主要分为洞察黑产、体系构建、实战教程和新的战场 4 个部分。第 1 部分介绍了黑产欺诈团伙的运作套路和攻击手段；第 2 部分总结了我们在构建反欺诈技术体系过程中沉淀的实践经验；第 3 部分分享了我们和黑产对抗的多个实战案例，以及机器学习算法的综合运用；第 4 部分介绍了我们在物联网、内容安全、隐私合规等方面的实践和对海外厂商的观察。

希望读者通过阅读本书，可以对互联网反欺诈的行业现状有一个系统而具体的认识。业务安全的真正力量是内生的，专业的安全风控公司可以提供工具、平台和策略建议，但是只有业务方真正理解风险和防控思路，才能在与黑产的对抗中设计好业务规则、运营好安全策略，取得较好的效果。如果读者正在关注该领域或从事相关工作，我们相信本书一定能够为您提供帮助。

我们相信本书将成为中国互联网历史中一个微小但坚硬的符号。以当前互联网的进化速度，若干年后本书介绍的风控体系可能会被新技术完全重构，行业态势也会有很大的不同。后来者可以通过本书观察和体会行业与技术的演进轨迹，进而把握未来的发展趋势。

用工作之外的时间把自己的想法变成数十万字的图书，是一件非常考验耐心的事情。除了三位主要作者，还有以下几位同学坚持参与撰写本书的部分内容。

- 李克勤、章岚撰写了"第 2 章　黑产武器库概览"、"第 10 章　风险数据名单体系"和"第 11 章　欺诈情报体系"章节的初稿。

- 郭嵩、彭亮撰写了"第 4 章　风控核心组件设备指纹"中 Web 设备指纹和 JS 混淆相关内容的初稿。

- 赵峰撰写了"第 5 章　基于用户行为的生物探针"章节的初稿。

- 江杰撰写了"第 6 章　智能验证码的前世今生"章节的初稿。

- 贺海军、王明英撰写了"第 12 章　机器学习算法的使用"实战案例相关的内容。

- 刘莹撰写了"第 13 章　互联网反欺诈实战"章节的初稿。

在稿件完成之际，有特别多想感谢的朋友。在过去的一年中，罗小果等同事运作的项目，促使我们对业务安全防御体系有了更深入的思考，使得本书的整体框架更具有逻辑性。在完成初稿后，陈钧衍等多位技术同事给出了很多非常好的修改建议。感谢电子工业出版社的策划编辑符隆美，感谢我们的同事韬哥、伟哥、艺严等，感谢"蓝星技术群"的互联网安全同行，没有你们的鼓励和帮助，也许就不会有这本书的面世。

作为互联网安全从业者，回顾这几年走过的路，黑产的技术发展和规模膨胀给我们带来了很大的压力，同时也让我们有了更大的动力去构建更加有效的安全防御产品体系。在此我们向互联网安全行业中诸多提携我们成长的前辈和守望相助的朋友们致敬，他们是 alert7、binw、cnhawk、coolc、cy07、flashsky、huiwang、instruder、kevin1986、lake2、lenx、linkboy、marcohp、mkliu、oldjun、pix、rozero、scz、tb、xi4oyu、xundi、方斌、丁丽萍、顾孔希、高亮、何艺、刘进、林鹏、马坤、聂君、秦波、王彬、王任飞、王英健、阎文斌、杨珉、赵弼政等等（排名不分前后），还有很多很多行业拓荒者和同行者，在此难以一一列举。

由于作者写作水平有限，书中难免存在疏漏与不足之处，恳请读者批评指正。就本书覆盖的内容而言，在反爬虫、反洗钱、业务生态秩序安全治理及用户安全心智建设等深水区没有进行深入阐述，我们也是心有遗憾并且希望能够在下一本书中弥补，敬请期待。

马传雷

目　录

第二部分 体系构建

第三部分 实战教程

第四部分　新的战场

引言　互联网业务安全概述

当前中国互联网安全产业大体可以分为基础安全和业务安全两个领域。纵观中国互联网安全 20 多年的发展过程，业务安全还是一个相对年轻的细分领域。如果以上市为创业成功的标准，那么业务安全领域的企业还在向着成功的方向努力奔跑着。

从互联网诞生至 2014 年，互联网安全行业关注的热点基本都聚焦在网络安全、系统安全和应用安全这三大基础安全领域上，"DDoS"（分布式拒绝服务攻击）、"漏洞"、"拖库"和"挂马"等大家耳熟能详的术语也是从这些领域中衍生出来的。启明星辰、绿盟科技、奇安信和深信服等比较知名的企业，都属于基础网络安全领域。行业的发展以合规需求、漏洞攻防技术发展为驱动力，缓冲区溢出攻击的流行推动了 IPS 产品的发展，CC 攻击的兴起促使 Anti-ddos 产品成为企业网络安全的防护产品，SQL 注入攻击技术的普及则让 WAF 产品成为安全防御体系的标配。专业的乙方安全公司和"在野"的黑客团伙是这一时期较为主要的技术博弈方，而绝大部分企业和政府单位的安全防护体系建设均以采购和使用乙方安全公司成熟的商业产品、解决方案和外部安全服务为主。

2014 年前后，随着互联网业务的爆炸式发展，黑产团伙开始从"攻击渗透系统获利"的传统套路进化到"利用业务风控缺失进行大规模牟利"的模式，并且逐渐形成规模庞大、分工明确的黑色产业链。同一时间，一批业务安全风控企业横空出世，标志着业务安全细分领域的崛起。在此之前，仅有一些大型的互联网公司因为黑产对其核心业务进行激烈的攻击而成立了专业的业务安全团队，如腾讯的 QQ 账号安全团队和盛大游戏的反外挂团队。这些团队仅在公司内部做了很多拓荒性的工作，设计和研发了一些出色的内部安全平台和工具，但是对整个互联网业务安全领域的影响不足。而一批新兴的乙方风控企业，则选择惠及更多的企业，将技术算法赋能给其他风控能力薄弱的互联网公司，共享黑产对抗成果。

在 2014 年之后的几年时间里，互联网风控反欺诈阵营和黑产集团展开了波澜壮阔的鏖战，涉及游戏、电商、支付、视频直播甚至共享单车等几乎所有互联网业务领域。双方在拉锯战中互有胜负，直到公安机关"净网行动"全面展开后，黑产的嚣张气焰才得到有效遏制。

黑产攻击的蔓延

从近年来的多个黑产攻击事件的分析和深度追踪中，我们可以看到黑产已经全面渗透到互联网平台及金融机构的各个场景，迅速在全网蔓延，近几年呈现出愈演愈烈的趋势，给企业和社会造成了不可估量的损失。据统计，国内黑产成员超过 50 万人，黑产团伙之间已经形成了相互分工、紧密合作的产业生态。由于企业之间信息和数据的割裂，欺诈分子往往能顺利游走于不同平台之间。

从公安机关已经侦破的黑产案件来看，黑产的攻击规模不断扩大，涉及的互联网企业和用户也越来越多。2017 年，浙江省绍兴市警方侦破了一起非法窃取 30 亿条用户数据的黑产攻击案件。犯罪团伙利用技术手段非法劫持运营商流量，进一步利用大数据分析技术获取用户在网上的搜索记录、出行记录、开房记录、交易记录等信息，用于对互联网金融企业的进一步攻击。我们为网上银行提供的账号保护 SaaS 服务数据变化趋势如图 1 所示，可以看出黑产团伙对金融业务的攻击风险也呈现规模不断扩大的态势。

近几年来，互联网领域发生了多起黑产攻击事件，都印证了我们对黑产发展态势的判断。表 1 是我们收集的一些典型的黑产攻击事件，供读者参考。

图 1 登录场景风险分布

表 1 典型的黑产攻击事件

年 份	事 件	过 程
2017 年	"快啊答题"黑产团伙破解多家互联网公司验证码	"快啊答题"黑产团伙开发的验证码破解软件,采用先进的基于神经网络深度学习的人工智能技术,可不断自我训练学习以完善准确度,快速海量地破解验证码。该团伙仅一个季度就对多家互联网公司的验证码进行了数百亿次破解,非法获取并贩卖大量公民信息,已在 2017 年被浙江省绍兴市警方破获
2018 年	星巴克圣诞特饮邀请券被黑产"薅羊毛"	2018 年,星巴克推出营销活动:下载星巴克 APP,注册后可获赠一张邀请券,能免费兑换任意一杯中杯圣诞当季特饮。由于此次营销活动没有采用反羊毛措施,黑产开发了自动注册机,后台自动调用打码平台进行自动兑换,短时间获取的廉价兑换券高达数十万张。换来的兑换券通过朋友圈、微商等渠道批量销售。在朋友圈中,价值 25 元的咖啡券以 9.9 元、8.8 元,甚至两三元的价格进行销售。随着消息的扩散,"薅羊毛"的行为呈指数级增长,开始出现网友在星巴克咖啡厅排队兑换咖啡的场景,部分店面的正常用户消费受到严重影响
2018 年	浙江省绍兴市警方侦破"瑞智华胜"窃取30亿条用户账号数据案件	浙江省绍兴市警方侦破了新三板上市公司北京瑞智华胜科技股份有限公司(简称"瑞智华胜")非法窃取用户 30 亿条信息的案件。这次案件信息窃取规模庞大,涉及多家互联网科技公司,包括百度、腾讯、阿里、京东等全国 96 家互联网公司。该涉案团伙通过与全国十余省市多家运营商签订营销广告系统服务合同,非法从运营商流量池中获取用户账户信息,从而操控用户账号,在微博、微信、QQ、淘宝和抖音等平台上加粉、加群、违规推广,非法获利

年　份	事　件	过　程
2018 年	"xxtouch" 团伙恶意注册养号	"xxtouch" 是一款按键精灵，它集成了改机工具的功能，包括伪装手机信息、GPS 信息功能均可轻易一键伪造，为恶意注册黑产配备了全套武器。该黑产团伙形成了"下游微信恶意注册养号人员——中游脚本开发人员——上游软件开发人员"的全链条，现已被警方破获
2019 年	巧达科技非法窃取数亿条公民信息	2019 年，号称拥有全国最大简历库的招聘类数据公司巧达科技被曝公司所有人员被北京警方带走。该公司从国内各大招聘网站窃取和整合了多达 2.2 亿份自然人简历，其中包含大量的个人隐私信息

业务安全的崛起

黑产在互联网领域的横行无忌，从反面推动了互联网业务安全反欺诈领域的快速发展。互联网业务模式的不断创新决定了风险的复杂多变，如今业务安全行业的技术、产品和解决方案，已经覆盖了几乎所有的互联网业务常规场景，并且和传统安全领域也发生了深度的交集和融合。

下面是常见的风控场景举例：

- 注册和登录场景的风控：如何对抗黑产注册虚假账号、养号的行为，如何对抗黑产暴力破解账户密码，如何对抗"撞库"攻击。黑产手中掌握了大量的手机号卡、公民信息和数以亿计的已泄露的互联网账号密码，这对任何一个互联网平台都是致命的威胁。

- 营销活动风控保护：营销活动发放的红包、游戏点券或其他奖励如何才能够不被黑产团伙"薅羊毛"。这类事件层出不穷，互联网上也常有报道。

- APP 渠道推广保护：推广 APP 装机量投入巨额费用后，如何衡量真实效果。用户每安装激活一个 APP，平台需要支付 10 元甚至 20 元，黑产通过"手机农场"虚假安装已经是广告行业顽疾。

- 交易和支付场景风控：盗号支付如何解决、非法聚合支付如何解决、洗钱如何解决，这些合规性问题关乎支付平台和相关业务的生死。

- 接口安全保护：短信发送接口被坏人用于制作"短信炸弹"是大家都遇到过的场景。
- 内容安全：内容安全既包括"入"也包括"出"，"入"是检测用户发布到平台的内容是否包含"色情、反动、赌博和暴恐"等违规信息，"出"则是对抗专业爬虫大量获取网站内容信息。

在这些场景中，黑产具备哪些资源、是如何实施攻击的，互联网企业如何从数据、工具和算法等多个维度展开对抗，我们将在后续章节进行详细的讲解。

第一部分

洞察黑产

第1章　黑产发展态势

本章将介绍国内黑产的总体发展情况，供读者参考。值得一提的是，公安部在2019年的"净网行动"对黑产生态进行了系统性的打击，黑色产业链在经历了5年多的野蛮发展之后，终于得到了有效地遏制。

1.1　黑产组织结构

根据中国互联网络信息中心在2019年8月发布的《第44次中国互联网络发展状况统计报告》，截至2019年6月，我国网民规模已达8.54亿，手机网民规模已达8.47亿。

如此大规模的互联网用户群体产生了巨大的互联网业务需求和交互流量，形成了两个互联网生态，一个是看得见的，另一个是看不见的。看得见的生态，是互联网厂商用网站、APP、小程序和线上线下的服务构建起来的。它们是由很多优秀的产品团队设计产生的，有监管、有秩序、有规则。看不见的生态，是围绕主流互联网产品和服务衍生出的一条条黑色、灰色产业链，聚集了规模庞大的黑产群体。它们虽然没有明显展现在普通网民面前，但是却真实存在并且拥有强大的力量。

黑产群体组织分工明细，如有"羊头"、"推手"和"羊毛"之分的羊毛党群体（后文我们会详细介绍这些术语），并且善于伪装。黑产从业者中有的全职，有的兼职，在兼职人群中，有各行各业人员，辨认难度大。同时黑产群体技术更新迭代迅速，可以在短时间内对厂商的防护手段破解并更新多个版本的作弊工具。据不完全统计，在这个庞大的黑色产业链条中，黑产从业人员已达数十万余人，每年给互联网公司造成的经济损失超过百亿元。

　　黑产群体有各种各样的工具，利用这些工具极大地提升了黑产作案效率，同时也更加扩大了企业厂商的危害。这些工具往往是为了某种特定的应用场景而设计的，被黑产发现之后，开始大规模利用，对互联网带来了巨大的影响。

　　经过长期对黑色产业链的跟踪调查，我们整理出了黑色产业链结构，如图 1.1 所示。

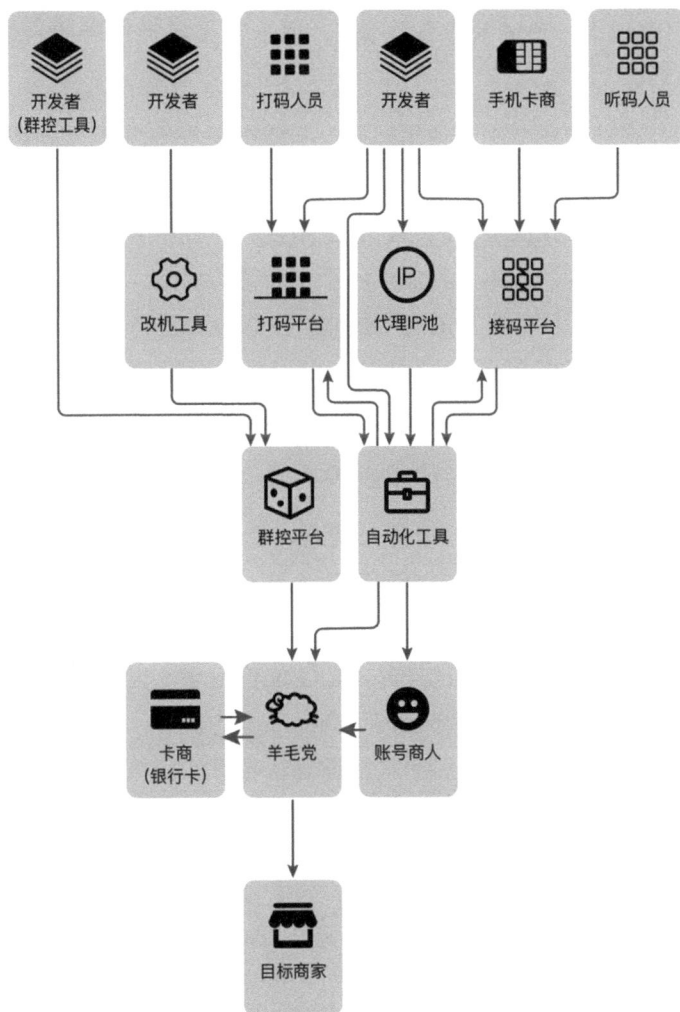

图 1.1　黑色产业链结构

在整个黑色产业链中，各个环节都已有专业分工，相互之间紧密配合，其中技术类黑产负责提供丰富的代理 IP、虚假号码和各类自动化工具。

互联网黑产远不止羊毛党一种，只是很多自媒体会把参与营销、优惠、满减活动并以此牟利的黑产统称为羊毛党。在业务安全的视角上分析，我们会把不同行业、不同场景中的风险行为分门别类，针对特定的风险，使用特定的规则或模型进行防控。

在此，我们整理了一份"反欺诈词典"，用于定义各类黑产的具体行为和名词术语，列举如下：

- 垃圾注册：在注册环节中，使用虚假、不稳定的身份信息，如虚假号码、通信小号、临时邮箱、虚假邮箱注册，或者使用脚本、注册机进行批量注册的行为，称为垃圾注册。注册完的垃圾账号，在直播视频行业中被用于关注、点赞、观看视频量、批量评论等，在电商行业被用于刷店铺访问量、关注量等。此类账号在账号命名上也有所特征，常见的有不规则英文组合、古诗词句截取等。

- 薅羊毛：使用虚假身份信息或自动化工具参与各类营销活动的行为，营销活动包括但不限于折扣、返现、抽奖、满减等形式，并且不能给平台带来实际的活跃用户或订单交易。执行薅羊毛行为的人称为羊毛党。

- 黄牛/刷单：在合法销售途径以外，垄断、销售限量参与权或商品，并以此牟利的中介人称为黄牛。从业务安全的视角上看，黄牛和刷单在行为上相似度极高，都发生在交易场景中，并且具有爆发性，会大量使用自动化工具。黄牛和刷单的区别在于，刷单过程中买到的产品，即使加价出售，也比商品原来的价格要低。而黄牛在倒卖的时候，价格会远高于商品原本的价格。还有区别在于价格和目标商品类目上，在刷单过程中刷手需提前确认收货好评垫付商品金额，为了控制刷单成本一般选择低价商品。但黄牛的目标多为热门稀缺的热点商品，便于后期加价出售获利。如某热门手机，某海外热门歌手演唱会门票每年必遭黄牛哄抢，单价商品倒卖价格已达上万元。在智能风控引擎中，这两种欺诈行为的表现几乎是一致的，不做详细区分。

- 众包：由多个独立的个体共同参与完成的一项任务被称为众包。有羊头发起，众多羊毛党在线参与的薅羊毛行为称为众包薅羊毛。一个典型的案例，在某微信群中，羊头和羊毛党配合，羊头负责收集线报并同步到微信群内，一般是商品折扣或满减形式。同时，羊头在群内收购商品，羊毛党参与活动，低价购买了商品，可以直接转售给羊头，羊头支付商品成本和手工费用。羊头借此囤积了大量的低价商品，再通过其他线下渠道转售出去。所有参与此次薅羊毛行为的用户都是独立的真实用户。

- 炒信：通过各种途径和手段进行虚假交易，快速提升商户交易量、信用等级的行为统称为炒信。

- 套利：由商户端发起的薅羊毛行为被定义为套利。例如，在银联活动中，某家银行的活动形式是，用户到指定门店消费，消费满 100 元返 50 元，同时商户也可以获得 50 元奖励。活动期间出现了商家和羊毛党联合欺诈，羊毛党到店扫码支付，商家会退回支付的钱，没有发生任何实质上的交易，但是羊毛党和商家都能够获得奖励，以此骗取奖励。

- 空包：虚假发送快递，发送空的快递或包裹。在电商场景中，订单提交后，商家将商品打包，通过快递方式发送给用户。在套利或炒信时，商家必须给平台提交物流单号完成发货动作，买家签收后钱款打入卖家账号，一笔交易才算完成。此时，如果商户选择发送空的快递，或者提交已经完成的、其他平台的快递单号，则可以节约成本。市面上也有很多打着代发快递名头的空包网站，代发一单快递的售价为 0.6 元～0.8 元，并且可以提供真实的物流信息来规避甲方平台的风控策略。

以上仅列举了一些常见的、在黑产中间已经比较成熟的行为术语。这些名词对于从事互联网风控和业务安全的读者来说，应该都不陌生，每一类业务风险在不同的行业中都会有不同的表现。还有很多欺诈行为是隐性的，需要长期监控和挖掘才能发现。

1.2　黑产成员分布

我们的情报团队采用基于人工智能的情报系统对黑产网络进行了布控，对黑产团伙的运作方式、人员分布等进行了深入跟踪和分析（黑产情报系统的运行机制如图 1.2 所示，我们在后面章节会详细介绍）。

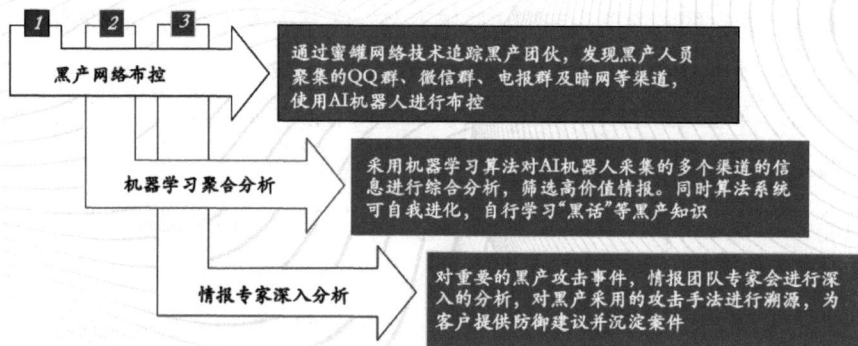

图 1.2　黑产情报系统的运行机制

通过取样近万名活跃黑产参与者进行分析，结果如图 1.3 所示，其中年龄为 18 岁～24 岁的参与者占比超过 50%。

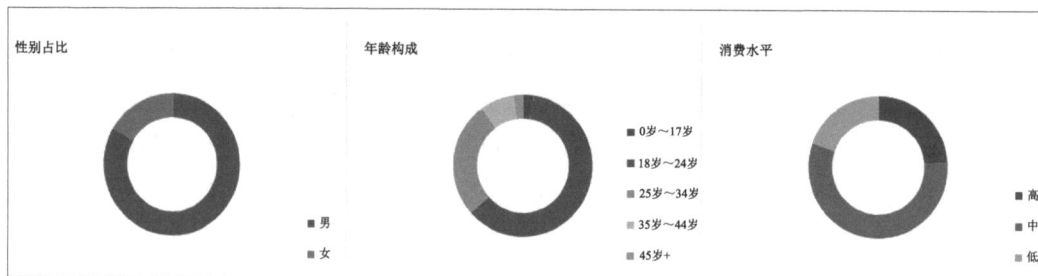

图 1.3　黑产参与者分布

1.3　黑产专业化分工

在金钱驱动下，黑产团伙的分工越来越精细，专业化程度不断提升，大数据分析、深度学习和人工智能技术也被广泛使用。

2017 年，浙江省绍兴市警方破获了"快啊答题"打码平台非法获取贩卖公民信息案。该团伙利用人工智能进行晒密撞库、分销数据、冒充诈骗、洗钱，构成了一条完整的黑色产业链。该案件受害人遍布全国 20 多个省、5 个自治区、4 个直辖市，涉案金额高达 2000 多万元。在该案中，黑产团伙中的技术人员基于主流人工智能深度学习 Caffe 框架，使用 vgg16 卷积核神经网络模型，研发了一套非常先进的验证码自动识别平台，总累计破解验证码约 1200 亿次。

1.4　黑产攻击规模

据互联网上一些公开的统计信息，各类黑产每年给互联网公司带来的经济损失已经超过百亿元，黑产从业人员高达数十万人。这些信息的数量级基本是符合的，我们从 SaaS 服务调用数据也可以对黑产的规模有一个直观的认识，如图 1.4 所示。

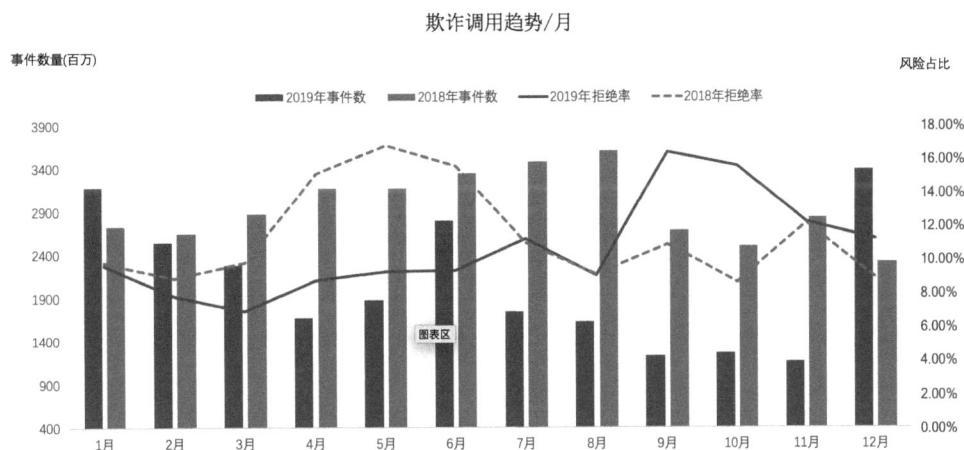

图 1.4　反欺诈服务调用趋势

图 1.5 是各类事件中风险事件占比，一般为 10%～15%。这个数值与行业、场景、时间有直接的关系。其中，电商平台在"双 11"、"双 12"和"6·18"等大规模的促销活动时段，优惠力度比较大，欺诈事件会比其他时段要多。黑产团伙一般也不打无准备之仗，往往在活动之前一到两个月就开始筹备，注册账号、养号、开发和测试作弊工具等行为都会提前进行。

从不同业务场景来看，注册登录场景中的风险占比是最高的，可以高达 40%。因为对于绝大部分的业务流程来说，注册登录是所有后续业务的门槛。黑产必须迈过这个门槛，才能执行交易、支付等行为。因此，如果能够在注册登录场景中做好风控，把绝大部分的黑产拒之门外，在后续的其他环节中，风险就会降低很多。

欺诈类型分布

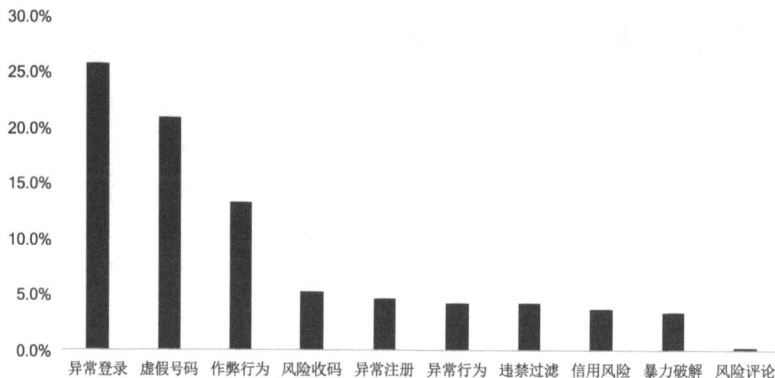

图 1.5　欺诈类型分布

从地域上看，如图 1.6 所示，欺诈攻击的来源主要集中在华东地区，占比为45.72%。这并不代表黑产真实的所在地，而是通过 IP 归属地、手机号归属地、设备定位等信息综合得出来的。

欺诈事件地区分布

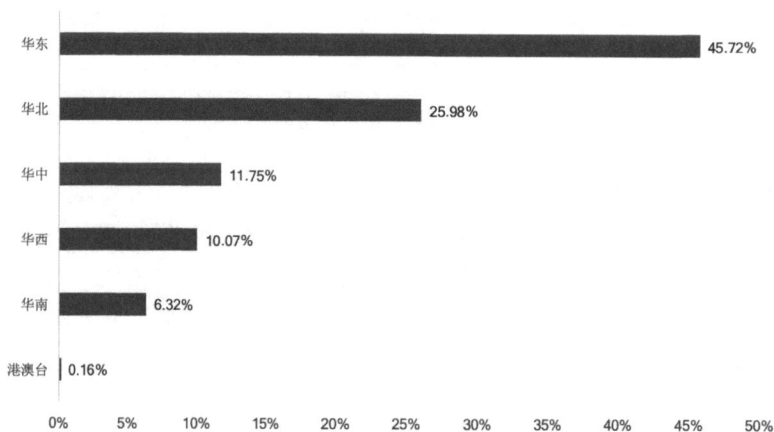

图 1.6　欺诈攻击来源区域分布

通过对参与欺诈活动的 IP 地址进行分析，发现近 10%的欺诈行为都来自家用宽带 IP 地址。

通过知识图谱关联分析，我们把使用相同手机号、设备的黑产进行聚合，可以对黑产团伙进行识别和深入挖掘。在这些关联数据中，聚集成簇的就被定义为"团伙"，团伙中出现的手机号和设备就可以被视为"成员"。我们累计发现并标记了超过 8 万人的"超大规模"团伙，涉及的手机号、设备节点数量总计超过 10 万个，其规模分布如图 1.7 所示。

羊毛党规模分布

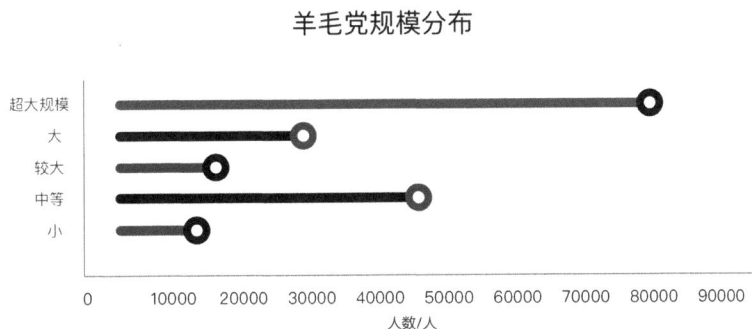

图 1.7　羊毛党规模分布

1.5　电信欺诈黑产

在现实世界中还有一类更加凶残的黑产团伙——电信诈骗团伙。这类黑产团伙的危害远远超过上文所说的羊毛党类黑产。他们通常通过暗网等渠道购买大量公民隐私数据，通过分析后选定欺诈目标，编写特定的剧本实施诈骗。其剧本编写的针对性非常强，往往会击中目标受害用户的心理脆弱点，所以欺诈成功率非常高。我们曾多次协助银行客户进行电信诈骗案件的分析和对抗，持续追踪了一个藏匿在境外的大型电信诈骗团伙。该团伙冒充司法机关对大量境内网民进行定向诈骗，在 3 个月内成功欺诈了近 7000 人，诈骗金额高达近 2 亿元（见图 1.8）。其洗钱的渠道和网络赌博团伙类似，往往会经过"水房"（在行业里指专业的洗钱渠道）出境。

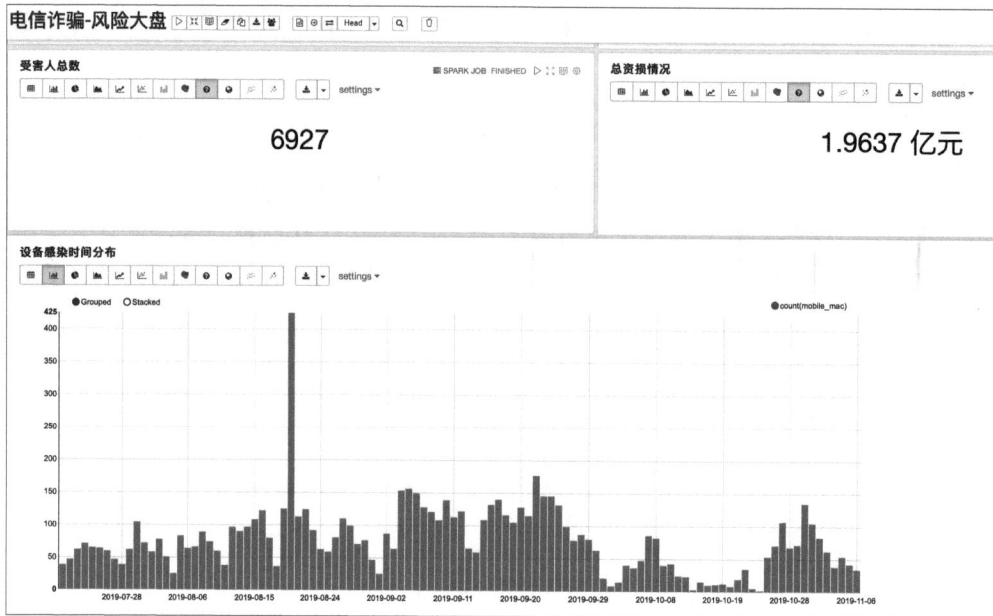

图 1.8　电信诈骗案件追踪

1.6　本章小结

本章主要介绍了黑色产业链发展的态势、规模和运作的体系。所谓"知己知彼，百战不殆"，在对抗黑产之前，必须先对他们进行充分的了解。

黑色产业链之所以难以斩断，除技术因素之外，还和它形成的利益生态有极大的关系。当黑产团伙规模发展到一定程度后，它就成了一种能够干扰互联网正常生态的力量。

不少看似正规的互联网企业为了获得极速的成长，甚至会主动引入黑产生态的流量。

第 2 章 黑产武器库概览

本章我们会对黑产常用的一些技术手段进行简单归纳介绍，帮助读者了解黑产是如何运作、如何进行攻击的。黑产技术也在与时俱进，其中不乏一些具有较高技术含量的作弊手段。

2.1 虚假号码

这里所说的"虚假号码"是运营商真实存在的手机号，但这些手机号未经实名认证，可以用于代替他人接收验证码。

现在的互联网平台在用户注册时，几乎都需要手机号接收验证码进行二次认证。手机号已经成为网民的通行证，甚至是"网络身份证"。采用手机号接收短信进行验证，一方面解决了用户实名的问题，另一方面也比采用邮件验证等传统方式更为便捷。

黑产团伙在薅羊毛、刷单这类欺诈活动中，动辄就有数十万个、数百万个账号参与，每一个账号都意味着有一个可以接收短信的手机号。这些手机号从何而来？难道黑产有这么多的手机号来注册吗？

在互联网黑色产业链中，源源不断地有人给黑产提供大量可用的手机号。这些手机号几乎成了所有互联网欺诈活动的根源，我们也称之为虚假号码。虚假号码由手机卡商提供，对接到接码平台中，提供短信验证码代收服务，进一步被各类黑产使用。在整个黑色产业链中，手机卡商处于产业链上游，并且是整个产业链的关键节点。虚拟号码数量初步估计为 5000 万个，这批手机号会在全网流窜，对不同厂家进行欺诈活动。本节将对虚假号码的技术原理进行详细介绍。

2.1.1 猫池

使用过 ADSL 宽带的读者应该都还记得，装完宽带以后，我们需要使用一个设备来进行信号转换，才能在电脑或路由器上拨号。这个设备一般叫作"猫"，英文名为 Modem。

如图 2.1 所示，其设备叫作 Modem Pool，是一种用于控制和管理 SIM 卡的设备，英文名字面翻译成中文是"猫池"。

图 2.1　猫池

猫池其实是由多个 Modem 模块组合而成的，从图 2.2 中可以清晰地看到多个模块。每个模块等同于一台简单通信功能的手机，附带有 SIM 卡槽、基带芯片、射频芯片、手机天线。每个 Modem 模块都可以独立控制，收发短信和拨打电话。

图 2.2　电路板

猫池可以用 AT 指令进行控制，例如。

- 电话呼叫 139****8888：ATD+139****8888\r\n。

- 挂断电话：ATH\r\n。

- 读取短信列表：AT+CMG\r\n。

使用 AT 指令不是很方便，于是市面上就出现了一系列配套的猫池管理软件。其中比较常见的就是"酷卡"和"嘻唰唰"。这些软件具备了非常完整的猫池管理功能，以图形界面的方式对猫池进行操作，底层依然通过 AT 指令来控制，但黑产操作已经十分方便了，如图 2.3 所示为酷卡软件的运行界面。

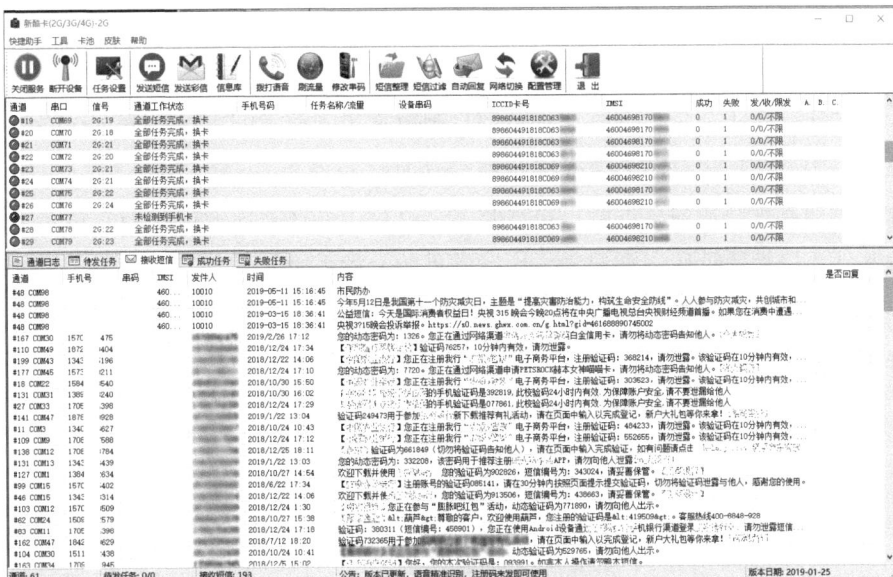

图 2.3　酷卡软件运行界面

"酷卡"本身不支持二次开发，但会把读取到的短信和通话记录等信息保存到数据库文件中，可以使用其他程序读取这个数据文件，获取短信和来电信息，这就给黑产带来了便利。

接码平台会给卡商提供"卡商端"程序，用于读取和上传猫池中的短信数据，其原理就是读取"酷卡"和"嘻唰唰"两款猫池管理软件中的数据库文件。

2.1.2　短信验证码

短信验证码如今已经成为一种基本的身份认证手段，某些平台甚至把短信验证码当成唯一的验证方式。

短信验证码本身具有随机性，一般为 4～6 位的数字，有效期很短。短信验证码通过短信方式发送到用户端，它是一种相对安全的通道。之所以说相对安全，是因为 GSM 网络短信是不加密的，能够被无线电装置嗅探。一般在注册场景中，用户必须有一个手机号可以接收短信验证码，并且该手机没有在该平台上使用过，才能完成整个注册新账号流程。

如果有足够多的手机号来完成这个验证，就可以大批量地注册账号，应用于各种欺诈行为，而虚假号码提供了这种可能。

一般的短信验证码，通过猫池和管理软件配合就能够自动读取出来，实现注册登录的自动化操作。为了对抗猫池，很多平台逐渐演变出了新型的验证码形式，例如语音验证码或要求用户向指定号码发送一条验证码短信。

部分猫池是支持语音功能的，可以将通话过程中的语音内容保存为音频文件，进一步通过其他手段把验证码识别出来，比较常见的一种手段是"人工听码"。

如图 2.4 所示为某接码平台的注册界面，可以注册成为"听码人员"，专门负责从音频文件中听取验证码信息。

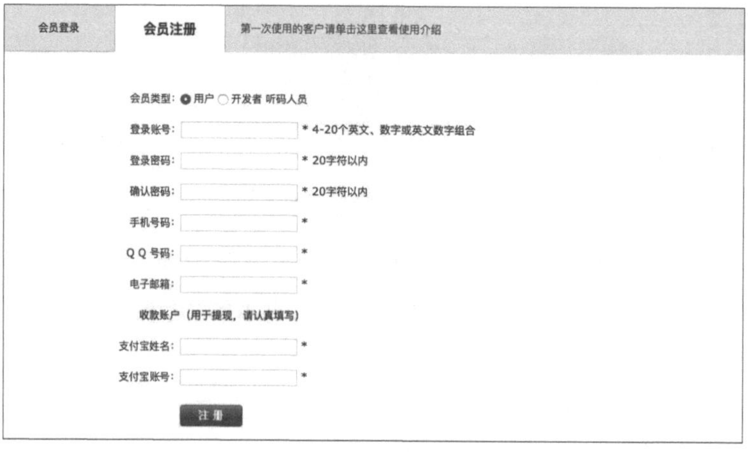

图 2.4　某接码平台的注册界面

2.1.3　接码平台

接码平台是"虚假号码"的集散地。在过去几年里，我们对互联网上出现过的接码平台进行了监控，累计发现了 300 多个接码平台，这些平台源源不断地为互联网黑产提供虚假号码资源。部分平台甚至提供有数量不小的境外手机号，其中北美和东南亚地区的手机卡数量比较多。接码平台的后台界面如图 2.5 所示。

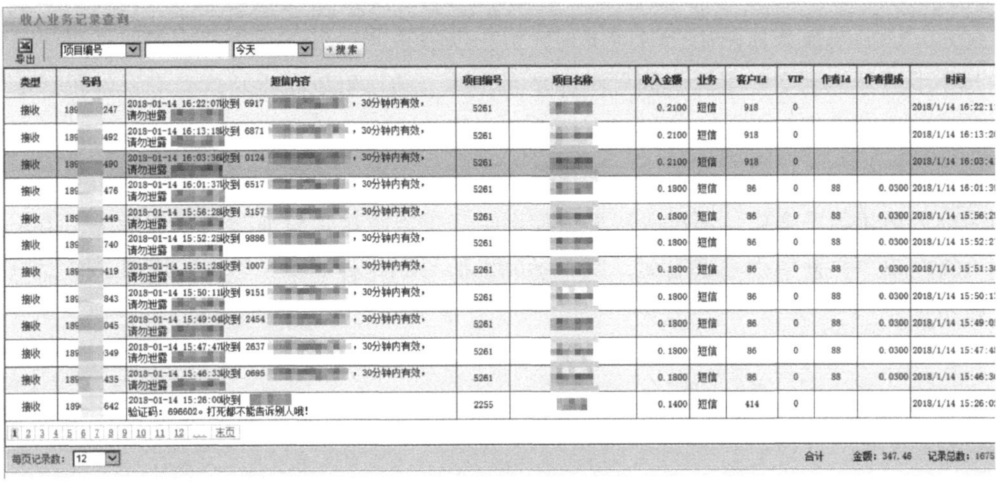

图 2.5　接码平台后台界面

在 2017 年以前，接码平台会从卡商手中低价收购大量手机卡，使用猫池进行管理，再开发管理系统和 API，给黑产提供付费服务。2017 年，国内规模较大的"爱码平台"被温州公安机关查处，公安机关从工作室中搜出了超过 200 万张已经用过的手机卡。

此后，接码平台的角色发生了一些变化，基本上只扮演一个中间商人的角色，连接上游的卡商和下游黑产。接码平台不持有任何手机卡，但是会提供一个"卡商端"程序给上游卡商。上游卡商自行管理所有手机卡，而这个程序会把所有手机卡接收到的短信上传到接码平台。该接码平台只负责短信内容的匹配、抽取、分发和结账。

接码平台又进一步衍生出了很多其他利益链。例如，有些公司专门开发了一套完整的接码平台系统，包含卡商端、客户端 APP 和 API 接口，该系统有完整的统计和监控功能。

在 2019 年的"净网行动"中,大多数接码平台在公安机关的打击下转入了地下状态。

2.1.4　空号注册

空号注册在互联网黑产的发展历程中算是昙花一现。

2018 年 4 月,广西、湖南公安机关联合出动查处了长沙某科技公司,抓获多名犯罪嫌疑人。该公司在长达两年的时间里,一直扮演着接码平台的角色,给黑产提供了 300 多万个手机号。上文介绍的虚假号码都是有实体卡的,可以认为是运营商已经投放到市场的号码资源,被黑产非法利用。而该公司提供给黑产使用的手机号,还没有被运营商投放到市场使用,但是已经被用于大量接收短信验证码。事后查明,这家公司与运营商的内部人员进行了合作,通过非法渠道使用空号来接收短信验证码,以单条短信 0.6 元的价格在黑色产业链中提供服务。这一类的虚假号码在行业中一般称为空号,目前已经比较少见。

2.1.5　流量卡和物联网卡

过去几年运营商推出的各种套餐中,如"流量卡"受到不少人的青睐。在正常情况下,流量卡也需要进行实名制登记,一般的流量卡都可以收发短信,所以也就可以用于注册账号。很多流量卡是有使用期限的,并不能像手机号一样长期使用,普通用户不会用于注册账号和验证身份。但是对于黑产来说,流量卡的时间周期已经足够使用了。

物联网逐渐兴起之后,市面上出现了一类比较便宜的流量卡,即物联网卡。这一类卡是运营商给物联网领域的企业使用的,用于物联网设备的通信。例如,共享单车,每一辆共享单车的电子锁内部都有一张物联网卡在工作。这些物联网卡使得每一辆单车都能够连接互联网上报车辆的位置、车锁状态等信息,同时能够接收云端的一些操作指令。

这类物联网设备对流量的需求量是很小的,平均每个月的流量控制为 2M～20M。如果不使用短信来发送指令的话,那么连短信功能都不需要。运营商在提供移动物联网能力的同时，会把大部分权限开放给物联网企业。其中包括分配每张卡的套餐、设置每张卡的功能和权限。某些企业在申请到物联网能力之后，会调整流量资源，把无法消耗的流量资源分配到一批物联网卡上，然后以较低价格转卖。这些物联网卡由于其价格优势，同时部分物联网卡不需要实名登记，所以一度也成为黑产的"香饽饽"。

随着运营商对物联网卡管理的加强，一度在黑产领域比较泛滥的物联网卡也越来越少见了。

2.1.6　手机 rom 后门

在虚假号码产业链中，有一些高技术的团伙在用一种特殊的方式提供手机接码的能力，业内称为"老人机团伙"。当我们厘清他们的运作体系时，也对这些团伙的创造力和执行力感到惊叹，只是遗憾他们没有用到正途上。

"老人机团伙"拥有自己开发的手机 rom 系统，这些系统基于早期的 MTK 平台。他们在 rom 中预植入了后门逻辑，然后通过与很多公司合作生产出各种品牌的"老人机"。这些手机只提供了电话和短信功能，他们会以较低的价格投放市场售卖，并通过一些渠道销售到很多贫困地区。

当一些老人以较低的价格买到这些手机插入手机卡后，rom 中的后门就会通过短信的方式上报对应的手机号到黑产预埋的手机号中。黑产团伙使用这些手机号注册各类网络平台账号，当验证码发到老人手机上时会被后门再次转发到黑产手中。由于 rom 的后门有对应的屏蔽短信规则，使用者自己根本看不到这些短信，所以也无法觉察自己的手机号被黑产使用了，只能从运营商的短信详单里发现端倪。

这种规模的黑产手机号，一度有超过 1000 万的量级。互联网厂商也无法验证这些手机号为黑号。因为即使打电话过去，对面也是有人能够接听的。

2.2　代理 IP

代理是一种很常见的网络技术，各种形式的代理在今天的互联网中起到了非常重要的作用，可以说每一个网民都离不开它。黑产为了突破业务平台使用的 IP 黑名单、操作频率限制等风控策略，也常常使用代理 IP 来进行相关的攻击活动。

根据代理在访问链路中的方向和意图，可以分为正向代理和反向代理。

- 正向代理：可以屏蔽访问者的IP，对于服务端来说，所有通过正向代理访问的用户，其 IP 都是同一个。

- 反向代理：在企业中会大量使用反向代理。我们访问了一个网站，该网站可能有上百个功能，上百万个页面，这些资源分散在数量众多的应用服务器中。用户可以访问所有的资源，但是对于用户而言，所有资源都集中在一个域名下面。

根据代理协议的不同，代理的应用场景也会有很大区别，如表 2.1 所示，某些代理只能在特定的一些场景下使用。

表 2.1　代理技术分类

代 理 类 型	代 理 协 议	用　途
HTTP（S）	HTTP/HTTPS	转发 HTTP 请求，一般是 Web 访问
Socks	Socks4/5	可以转发任意类型的请求
VPN	PPTP/L2TP/OpenVPN/SSL VPN/IPSec VPN	可以转发任意类型的请求
Tor	Tor	可以转发任意类型的请求
RTSP	Real 流媒体	一般用于视频缓存
POP3/SMTP	POP3/SMTP	一般用于邮件转发和缓存
FTP	FTP	FTP 转发、跳板、缓存
TURN/STUN	TRUN/STUN	一般在电话会议系统中使用

其中，HTTP（S）、Socks、VPN 与各种互联网欺诈有着非常紧密的关系。如果本书没有特殊说明，那么代理都指这三种类型。

早期，黑产主要通过扫描网络上的开放代理服务器，进行相关攻击活动。随着风控技术的发展和网络上可用的开放代理越来越少，黑产也开始通过各种技术构建可控的代理集群。例如，黑产团伙通过购买运营商的资源搭建"秒拨"平台，规模大的甚至有十几万个 IP 池供黑产工具随机使用。

我们曾经监控到一个非常强大的黑产组织，他们通过技术手段让网民获取违规的互联网信息，诱导网民安装相应的客户端软件。用户的电脑因此被这个工具做成网络代理节点。经过一定时间的积累，该黑产组织将数十万个家庭 IP 变成他们的代理节点，通过 API、Chrome 插件甚至 SDK 的形式提供服务进行盈利。

2.3　设备伪造工具

业务风控方除通过手机号、IP 资源部署风控策略外，还会结合设备维度定制更加强有效的防控策略，因此黑产会通过各种方式和工具伪造移动设备信息。改机工具、模拟器和各种 hook 框架都是黑产常用的作案工具。

2.3.1　改机工具

设备（手机、电脑等）是互联网风控体系中的重要环节。IP 和手机号都是运营商的资源，很多关键的风险属性和数据只有运营商才能掌握。而设备掌握在用户自己手中，互联网平台可以获取设备上的各种信息用来做风控。设备数据的维度是相当丰富的，设备类策略规则运用得当能够起到非常好的防护作用。为了对抗设备端的风控技术，黑产也在不断地创新各种技术，改机工具就是其中值得注意的一类。

互联网业务平台的营销活动，一般都有以下类似的客户条款。

- 每个注册账号仅限参与一次。
- 每个手机号仅限参与一次。
- 每台设备仅限参与一次。

当然这些条款不能靠客户自觉来遵守，需要做到后台限制策略里。前文提到，黑产可以通过接码平台来获取大量的虚假手机号，进而注册大量的垃圾账号。那么如何使用少量真实设备生成大量的虚假设备呢？

互联网业务平台通过设备上的一些信息来判断，这就是设备指纹。只要通过技术手段修改设备信息，理论上就可以绕过设备的限制，于是改机工具应运而生。

如图 2.6 所示为 008 神器改机工具的介绍，如果在风控系统中使用诸如手机号、

MAC 地址信息来进行简单防控策略，基本上都会被这款改机工具绕过。如果应用程序没有足够的终端对抗能力，黑产就轻而易举地伪造出各种虚假的设备信息，用一台手机生成无限多个设备指纹。当然改机工具也不是万能的，设备指纹还是能够通过技术手段识别出来的，这是攻防对抗的博弈。根据对改机工具的逆向分析研究，一些高级的改机工具已经有了针对设备指纹的对抗。

008神器功能

① 更改手机串号　　② 更改手机型号　　③ 更改MAC地址

④ 更改无线名称　　⑤ 更改手机运营商　　⑥ 更改手机号

图 2.6　改机工具

2.3.2　多开工具

如果你希望在不 root 的情况下同时开启多个相同的应用程序，就可以使用多开工具。多开的工具在 Android 应用市场上架非常多，如 LBE 平行空间、360 分身大师、多开分身等（见图 2.7）。多开工具一般自带修改系统参数功能，甚至有个别多开工具还针对设备指纹厂商进行了特殊处理。

多开工具按照技术原理，大致可以分为三大类：基于 virtualAPP 开源框架、基于 DroidPlugin 开源框架和重打包。也有开发者将 virtualAPP 和 Xposed 结合，开发出一套 virtualXposed 框架，能够在多开环境下灵活使用 Xposed 插件。多开工具因为不需要 root 就能改机，倍受"小白"黑产欢迎。

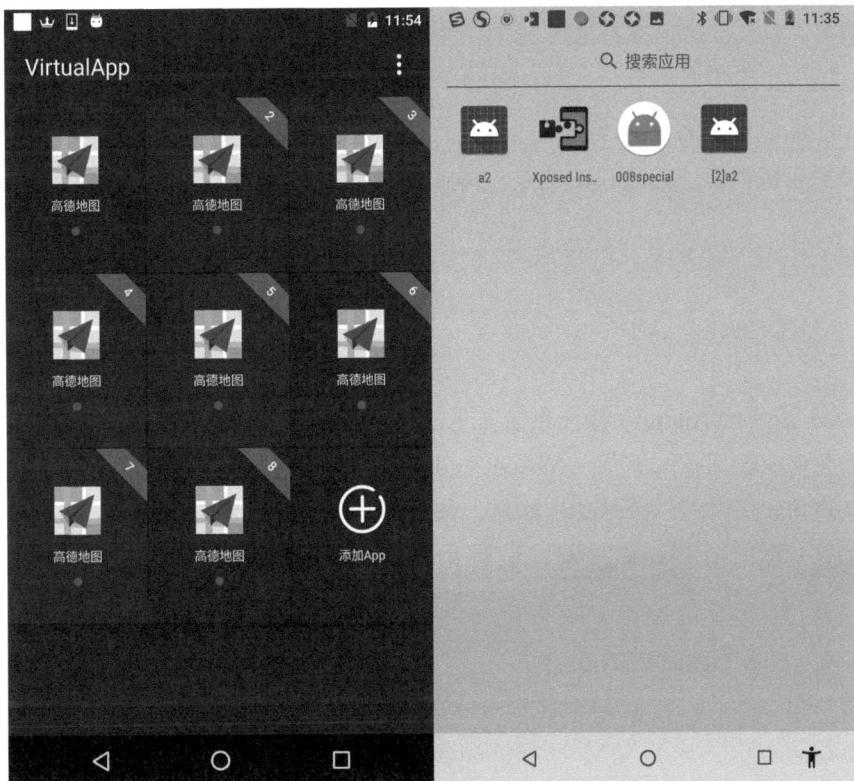

图 2.7　多开工具

2.3.3　Root/越狱工具

Android root 和 iOS 越狱（jailbreak）指的是操作系统管理员的权限状态，即普通应用拥有系统管理员权限。大部分的手机操作系统，出于安全的考虑，是不允许应用程序提升权限的。当然也有些 Android 操作系统（如 MIUI 开发版）本身允许应用程序申请 root 权限。Android root 和 iOS 越狱一般利用的是操作系统提权漏洞。例如，CVE-2017-8890 是一个影响 Linux Kernel 4.10.15 之前的所有内核版本的 double free 漏洞，可以利用该漏洞获取 Android 7 手机的 root 权限。Android 操作系统常用的 root 工具有 kingroot、360root、root 精灵等，这些工具实际上就是尝试利用各种提权漏洞，最终获取 root 权限并安装权限管理工具。因此低版本 root 和越狱的成功率较高。iOS 操作系统上的越狱工具种类繁多，Hexxa plus 支持 iOS 13.1，Chimera 和 Unc0ver 支持 iOS 12.4。前不久爆出的 iOS bootrom 硬件越狱漏洞，更是影响了 iPhone XR 之前版本的 iPhone 手机，况且苹果公司无法通过更新系统版本的方式修复。root 和越狱操作是有一定的风险的，很有可能造成手机系统瘫痪。需要说明的是，root 和越狱并不意味着设备一定是黑设备，只是可能性较高。

2.3.4 Xposed

Xposed 是一款 Android 操作系统常见的 hook 框架，可以直接从互联网免费下载，安装前需要先 root 手机。基于 Xposed 框架，开发者可以非常方便地修改 Android 操作系统的任意 Java 代码，如自动抢红包、修改步数、消息防撤回、一键新机等。绝大部分改机工具都使用了 Xposed 框架，如微 X 模块、QX 模块、幸运破解器、fakegps 等。

2.3.5 Cydia Substrate

CydiaSubstrate（原名为 MobileSubstrate）是一款 iOS 操作系统常见的 hook 框架，越狱时会同时安装该软件。基于 CydiaSubstrate 框架的 MobileHooker，开发者可以非常方便地替换 iOS 操作系统的 Objective-C/C/C++函数。几乎全部的改机工具都是通过 CydiaSubstrate 实现的，使用量较多的有 NZT、AWZ、iGrimace 等，iOS 操作系统的改机工具大部分都是要付费的。

2.3.6 Frida

Frida 是一款功能强大的轻量级 hook 框架，支持 Android 操作系统和 iOS 操作系统。它主要提供了功能简单的 Python 接口和功能丰富的 JS 接口，使得 hook()函数和修改 ELF 等操作可以通过简单编程实现。Frida API 接口包含了主控端与目标进程的交互接口，可以用于动态调试，即时获取信息并进行修改。使用 Frida 可以获取进程的信息（模块列表、线程列表、库导出函数），可以拦截指定函数和调用指定函数，可以注入代码，图 2.8 展示了使用 Frida 注入 twitter 并使用所有 recv 或 read 开头的函数，操作方便。如果你没有 root 手机或不想写 hook 代码，你也可以选择 objection。objection 是一个基于 Frida 开发的命令行工具，它可以很方便地 hook Java 函数和类，并输出参数，调用栈，返回值。

```
~ $ pip install frida-tools
~ $ frida-trace -i "recv*" -i "read*" *twitter*
recv: Auto-generated handler: …/recv.js
# (snip)
recvfrom: Auto-generated handler: …/recvfrom.js
Started tracing 21 functions. Press Ctrl+C to stop.
     39 ms        recv()
    112 ms        recvfrom()
    128 ms        recvfrom()
    129 ms        recvfrom()
```

图 2.8　Frida 注入 twitter 并使用所有 recv 或 read 开头的函数

2.3.7　硬改工具

Android 是开源操作系统，开发者可以自己定制 rom。一些不良动机的开发者，开发出可以随意修改手机操作系统参数的 rom 称为"硬改"。这种改机方式对于开发者难度较高，但在操作系统 framework 层面做了改动，APP 是完全无法检测的。从目前收集到的情报和数据分析来分析，确实有一部分群控和云真机在使用定制 rom 的方式，手机自带操作系统打包出售。那么这些硬改的设备参数是如何生成的呢？硬改的设备可以在本地随机生成设备参数，也可以从云端设备库动态下发其他设备的真实参数。

2.3.8　脱机挂

脱机挂是指把原有客户端代码逻辑使用程序模拟执行。脱机挂开发者需要先对客户端代码逻辑进行逆向和破解，然后使用自己编写的代码实现相应逻辑。脱机挂能够实现短时间的大批量请求，但制作脱机挂的门槛也是所有作弊手段中最高的。说起脱机挂，就不得不提易语言和精易论坛。易语言是一种以中文作为程序代码的编程语言，其易上手、门槛低的特点，使之成为大多数外挂的编程语言。最近还推出了 e4a 框架，可以使用易语言开发 Android 应用。如图 2.9 所示，某论坛是软件破解者和黑产工具的集中营，它具有各种封装好的破解库和现成工具线上担保交易。

获取并下载TX爱奇yi视频，有会员	￥100	需要	半小时前
分发平台有资源来联系了	￥200	需要	半小时前
求仿站高手，仿个站，全部功能	￥9999	需要	1小时前
K手刷D	￥5000	需要	1小时前
百度地图信息搜集	￥200	不需要	1小时前
Pj去一款软件验证加免改时间运行详情内附	￥200	需要	1小时前
QQzc	￥1500	不需要	1小时前
引流软件	￥8888	需要	1小时前
无源码软件加个API代理 急急急	￥500	需要	1小时前
网站定制，高手进	￥100	需要	1小时前
微商城小bug修复	￥200	不需要	1小时前
快手私信协yi	￥10000	不需要	1小时前
拼多多搜索出现验证码	￥200	不需要	1小时前
VX62取网页code	￥2500	需要	1小时前
有好心人推荐个接码平台吗？	￥500	不需要	1小时前
时间多有耐心的来，搬砖领钱	￥2000	不需要	1小时前
大量收ks直登老号 有的联系价格美丽	￥8888	不需要	2小时前
苹果手游 抓包 协yi 辅Zhu 修改	￥10000	不需要	2小时前

图 2.9　黑产社区的帖子

2.3.9　备份恢复/抹机恢复

由于改机工具对抗激烈，2019 年黑产将作案手段升级为了 iOS 设备备份恢复和抹机恢复。

备份恢复是对 iOS 设备某一特定时期的数据进行备份，以备在需要时将设备恢复到某一时期的操作。例如，在安装某一应用程序之前先进行备份，然后使用完应用程序后进行备份还原，就会将设备还原到备份时的状态，而且一些系统的属性如 idfa、idfv 等信息会发生变化。如图 2.10 所示，经过测试使用某助手进行备份还原的时间成本仅 1 分钟，并且可以批量操作。

抹机恢复就是将设备完全重置，恢复成出厂设置，如图 2.11 所示。在这个过程中，用户的所有数据信息都会被清理，即抹机后就是一个理论上的新设备，经过测试使用某助手抹机的时间成本在 3～5 分钟，并且可以批量操作。

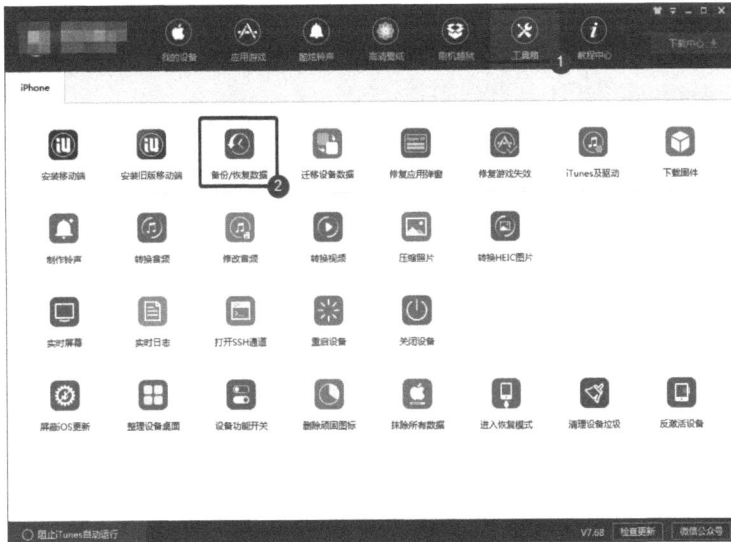

图 2.10　备份/恢复工具

图 2.11　抹机工具

2.3.10 模拟器

近两年，手机模拟器的新技术层出不穷。一是各种 Android 模拟器获得了 Windows、Linux、Mac 平台的支持，二是 Android 云模拟器的兴起，三是 iOS 模拟器的出现，四是在 Android 手机上运行模拟器。

说起云模拟器（见图 2.12），就不得不提红手指和河马云手机。在 ARM 主板上同时运行多个 Android 操作系统，然后通过远程控制工具实现近似于本机的用户操作，还可以实时分享给其他人观看。这种 SaaS 模式可以实现成本最小化。在平台租用一台模拟器，每天的平均成本不到 1 元。实际测试发现，模拟器上预装好了各种游戏外挂、改机工具，操作非常流畅，玩游戏没有任何卡顿。

图 2.12　云模拟器

2019 年，市场上新出现了 iOS 模拟器，可谓是新奇产品，如图 2.13 所示。iOS 模拟器目前已知的有黑雷和果仁。iOS 模拟器其实是在 Windows 环境中下载一个 vmdk 格式的 MacOS 虚拟镜像，然后在 MacOS 中使用 Xcode 里的 iOS 模拟器。iOS 模拟器不能直接运行 ipa 文件，需要经过专用工具转换。

虚拟大师（基于 Anbox）可以在 Android 设备上运行一个独立的 Android 模拟器，模拟器可以独立地运行各种 Android APP。这个模拟器并非系统本身的镜像，由于 apk 打包了一个 ROM（包含 system.img 和 data.img），所以模拟器有自己独立的版本和各项属性。在 Android 手机上流畅运行模拟器，对于作弊者来说非常方便。值得一提的是，模拟器已经预装好了各种作弊工具和软件，如图2.14所示为虚拟大师的界面。有意思的是，红手指和虚拟大师的开发是姐妹公司。

图 2.13　iOS 模拟器

图 2.14　虚拟大师的界面

2.3.11　定制浏览器

国外还有很多专业的公司售卖付费浏览器软件，如图 2.15 和图 2.16 所示，Antidetect 和 Multilogin 等工具通过修改 Chrome 和 Firefox 内核，自定义浏览器对象参数，达到伪造新浏览器的目的，此外还提供自动代理、群控、cookie 机器人、设备标准库等功能，可视化界面方便用户操作，功能十分强大。

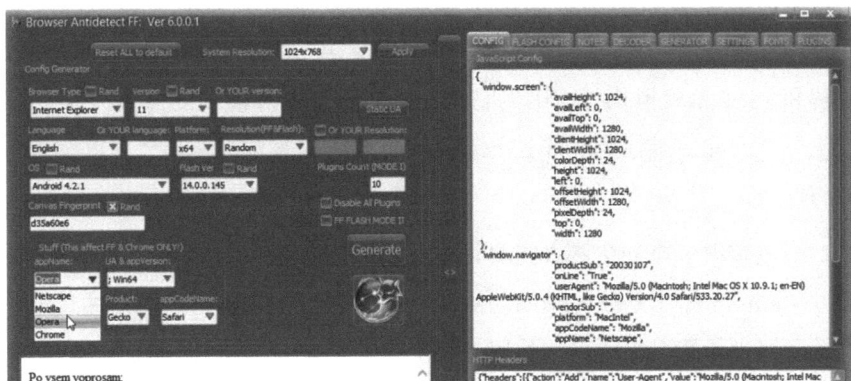

图 2.15　Antidetect 工具

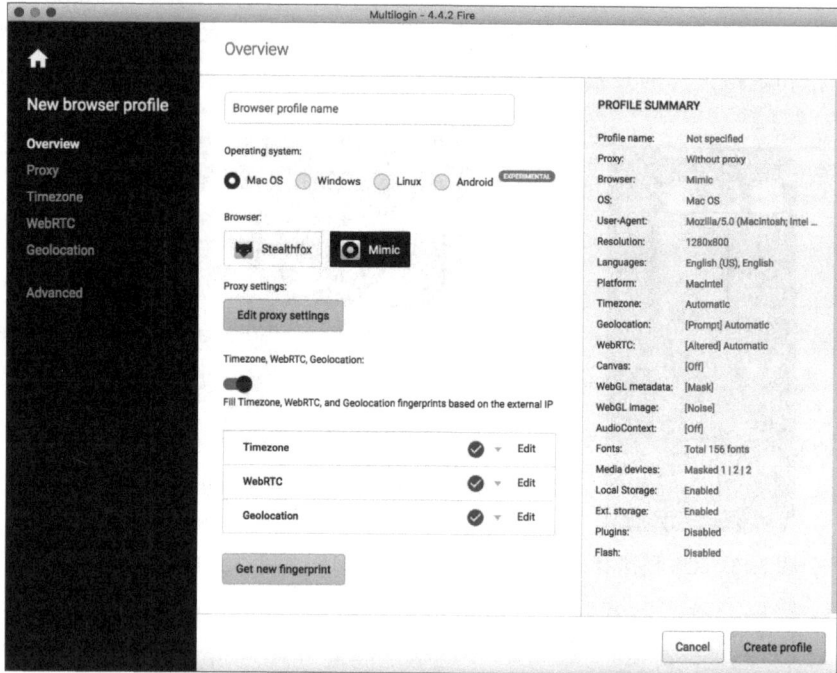

图 2.16　Multilogin 工具

2.3.12　自动化脚本

selenium、plantomJS、nightmareJS、puppeteer 都是 Web 应用程序的自动化框架，它们利用浏览器驱动实现自动化操作网页，支持无界面模式（headless）。如图 2.17 所示，使用者通过编写简单的脚本即可操作浏览器，任意更改浏览器属性。这种作弊方式不同于协议破解和 JS 引擎模拟执行，因为它是在真实浏览器环境下的操作，原有的 JS 代码会被完整执行，因此更难检测。并且 headless 模式在内存消耗、运行时间、CPU 占用上都有一定的优势。

在移动端也有很多自动化脚本工具，如按键精灵、触动精灵等。其原理分为两类：一类是通过 Android 操作系统的辅助功能服务，不需要 root；另一类是通过 root 权限直接注入事件。在一般情况下，自动化脚本工具会配合群控和改机工具配套使用。

```
1  var Nightmare = require('nightmare');
2  var nightmare = Nightmare({ show: true });
3
4  nightmare
5    .goto('https://duckduckgo.com')
6    .type('#search_form_input_homepage', 'github nightmare')
7    .click('#search_button_homepage')
8    .wait('#zero_click_wrapper .c-info__title a')
9    .evaluate(function () {
10     return document.querySelector('#zero_click_wrapper .c-info__title a').href;
11   })
12   .end()
13   .then(function (result) {
14     console.log(result);
15   })
16   .catch(function (error) {
17     console.error('Search failed:', error);
18   });
```

图 2.17　nightmareJS 代码示例

2.4　其他工具

上面介绍的虚假手机号、代理 IP 和虚假设备都是黑产武器库中比较常见的工具，还有一些其他类型的工具也常在黑产攻击事件中得到使用，下面选择几类工具进行介绍。

2.4.1　位置伪造工具

想要修改手机 GPS 定位，可以使用改机工具修改 GPS Location，也可以使用业余无线电设备发送虚假的 GPS 信号。相对于 Android 而言，iOS 多了一些特殊的方法，可以在不越狱的手机上修改位置信息。如图 2.18 所示，iOS 7-10 的系统可以利用备份还原开启系统地图自带的 Simulate Location 功能，方便地修改自己的 GPS 位置。较新的 iOS 版本也可以通过 Xcode 的 Simulate Location 功能，自定义 GPX 文件实现真机的位置修改。黑产常用的某助手、location-cleaned 等工具都是利用类似原理。

如图 2.19 所示的 plantomGPS，被称为全球最强大的 iOS 免越狱地球位置修改专家，支持 iOS 10-13。它最方便之处在于和 U 盘一样便携，无须连接电脑。配合配套软件，可以设置起始点、规划路径、模拟步行或驾车，功能强大。

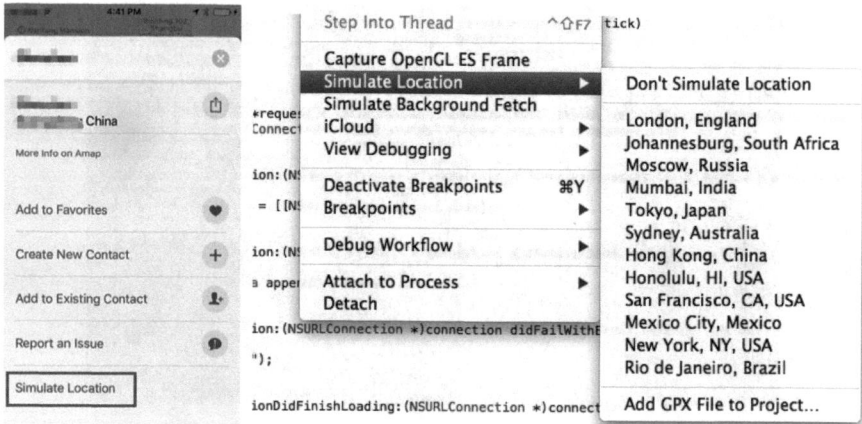

图 2.18　Simulate Location

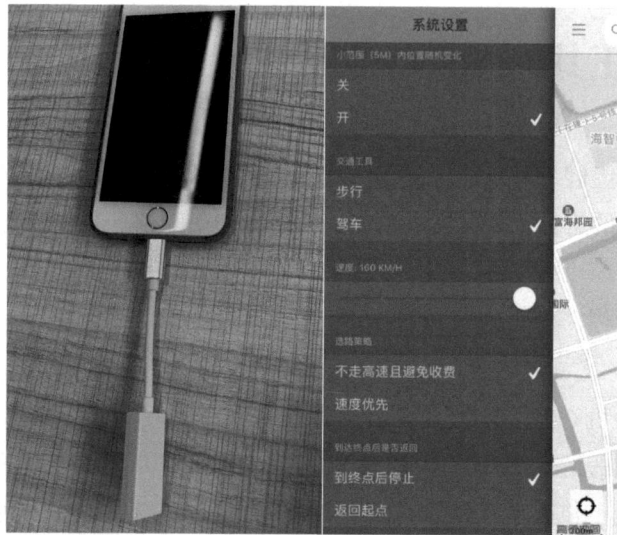

图 2.19　plantomGPS 硬件和软件界面

2.4.2　群控

"设备农场"也被称为"群控系统"，是指通过技术手段远程控制大量移动设备的系统。这项技术在很多领域都有成熟的应用，如云测平台、自动化测试。黑产在自动化测试框架基础上增加了改机功能，用于批量操作真机注册、养号、机器人等。

2015 年，Github 上出现了一个名为 OpenSTF（Open Smartphone Test Farm）的开源项目，其运行界面如图 2.20 所示，它提供了一种 Android 智能手机的可视化远程控制系统。设计之初是为了解决移动端 APP 自动化测试的问题。

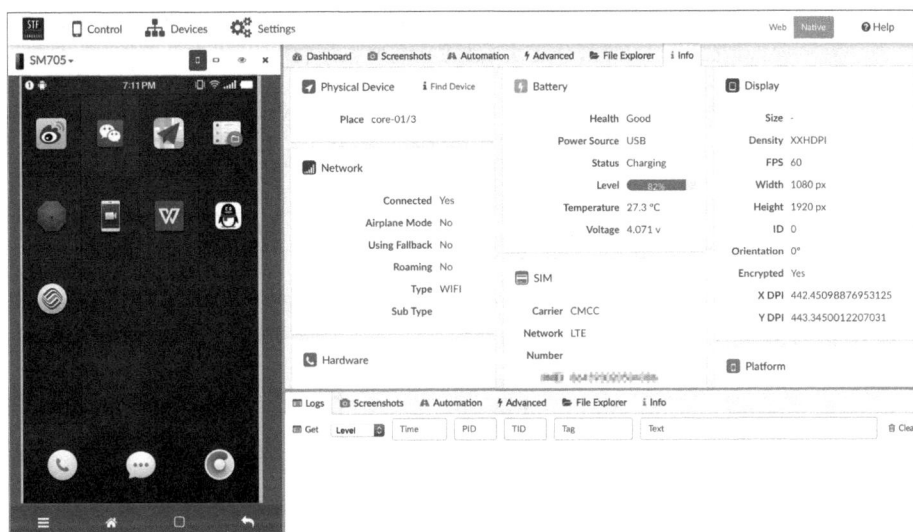

图 2.20　OpenSTF 运行界面

APP 每次发布新版本之前需要经过大规模的真机兼容性测试。移动互联网公司会购买一些特定机型的设备用于稳定性和兼容性测试。小型的公司负担不起购买设备的费用，会使用云测平台，借助 OpenSTF，通过 ADB 连接到移动设备上，在提供的图形化网页对移动设备进行操作，大大缩减了 APP 在各种机型上人工测试的时间和成本。

2016 年也是我国微商崛起的一年，群控技术在微商领域得到了很好的发展空间。一批专门开发和销售群控系统的厂商就是在这个时候出现的。一套 30 部 Android 手机的群控系统和配套软件，市场价在 2 万元左右。

早期的群控系统功能围绕微信营销展开，主要为微商服务。如图 2.21 所示，通路云群控系统提供了模拟定位、站街、摇一摇、批量导入通讯录等功能，来大量添加微信好友，再通过朋友圈发布、消息群发等功能进行定向的消息推送。某些群控中还加入了图灵机器人，可以和用户聊天，模拟产生真实的聊天记录。此前媒体报道过的微信红包诈骗机器人也是群控系统的产物。

图 2.21 通路云群控系统运行界面

早期的群控系统功能相对简单，虽然都是通过脚本来控制设备的各种动作，但是对设备有一定的要求。例如，只能使用某些平台的设备，并且对型号有要求（只适配安卓系统的某些机型），支持系统功能受限，不允许开发自定义脚本，如果需要定制化功能，必须找厂商来完成。

最早期做群控系统的一些公司，今天已经不存在了。其中通路云群控是群控系统中比较完善的一个公司，该公司已于 2019 年 7 月被公安机关查处。

此后，大批的互联网公司使用微信账号体系来绑定营销、投票活动，欺诈分子开始利用微信群控参加营销活动赚取毛利，群控技术也被进一步升级。

2017 年，群控技术开始应用到了微信之外的领域，如娱乐类的 APP，尤其是直播行业，深受群控系统的影响。在其他行业中，随着厂商对作弊工具、模拟器检测的加强，也陆续出现了使用真机群控来薅羊毛、刷单、刷点击、刷关注的作弊行为。

2018 年，群控技术进入成熟期。如图 2.22 所示的群控系统稳定、功能完善，兼容大部分品牌、型号手机，允许开发自定义脚本，并且提供完整的 API 文档。此外，群控还衍生出了一些附带的产业链，如专门面向群控设备的代理、群控设备专用的改机工具等。

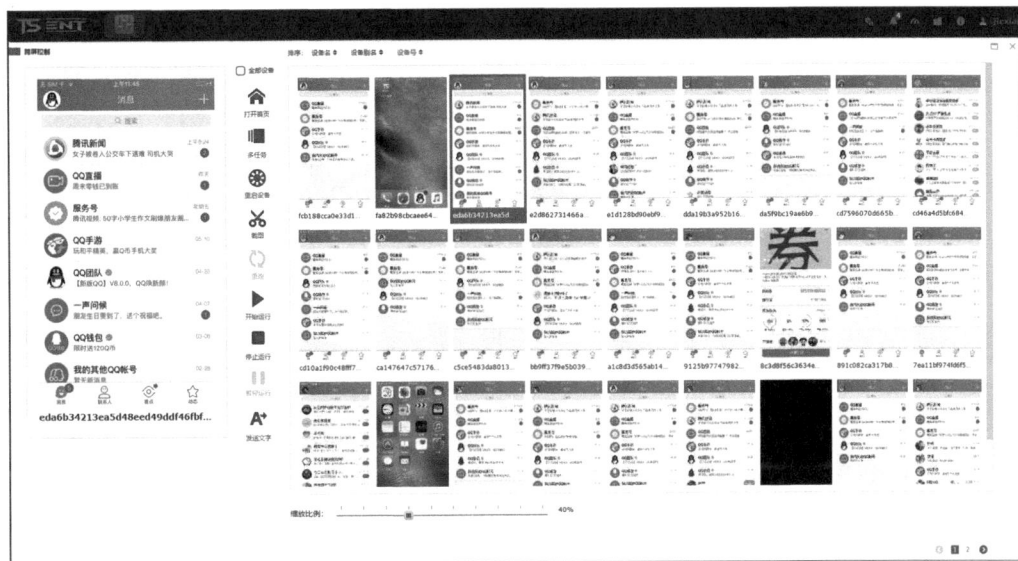

图 2.22　群控系统

因为 iPhone 手机的价格比较贵，各家厂商及群控的使用者都更偏向于 Android 群控，下面也以 Android 群控为例进行详细分析。

ADB（Android Debug Bridge）是 Android 群控技术的核心，了解 Android 的读者对此并不陌生。ADB 是 Android 系统自带的用于远程调试命令行的工具，它具有安装应用、传输文件、动态调试、模拟操作等功能，早期的 Android 系统都会默认开启这些功能，在新版本的 Android 系统中，需要开启开发者模式，才能使用相应的功能。只要开启 ADB 调试并且授权，就可以在电脑上完全控制一台 Android 设备。2017 年 3 月 15 日曝光的"公共充电桩"，会在 Android 用户连接 USB 充电时请求 ADB 调试权限，一旦用户授权，就会向用户的手机植入广告 APP 或其他恶意 APP。因此，有的系统出于安全考虑，会在使用 ADB 安装应用时向用户二次弹框确认。

UIAutomator 也是 Android 群控技术的核心,它是 Android sdk 自带的界面查看工具。通过 ADB 将当前界面信息返回控制端,帮助脚本判断下一步应该做什么操作。

为了集中控制,群控系统需要部署在一台服务器上,所有的受控设备均通过 USB 或网络连接到服务器。操作员使用专用的客户端程序连接到服务器上对设备进行控制,如图 2.23 所示。

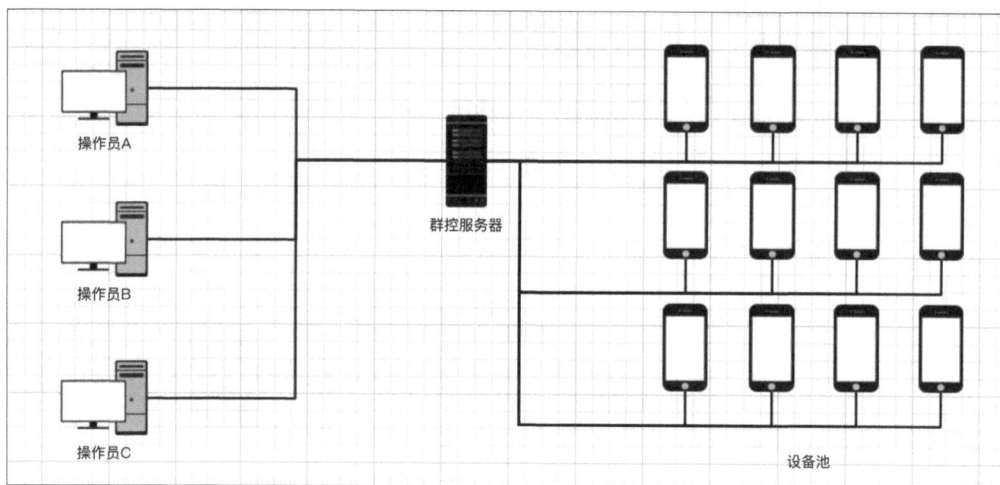

图 2.23　群控服务器

实现控制的逻辑也非常简单,服务器只不过是把操作员的操作,转化成对应的 ADB 指令,然后把 ADB 指令下发到所受控的设备上去执行。因为操作员在一个页面上操作,所以设备都执行相同的动作。

通过 ADB 控制 Android 设备,属于 Android 系统自带的功能,并不要求手机 root。这也给群控检测带来了一定的挑战。较为复杂的一些功能,如运行脚本、伪造设备信息等,往往需要 root 权限,也就需要对设备进行 root 或越狱。

随着群控技术的发展,群控脚本的编写也越来越简单。某些群控软件甚至提供了脚本市场,可以让开发者出售自己编写的脚本,或者让使用者提出自己的需求。

群控实现了通过对移动设备的批量控制,可以通过脚本来操控设备。如果再结合前文提到的各种改机工具,那么对于设备维度的风控来说,就成了巨大的挑战。市面上有些群控系统集成了各种作弊工具，可以完成深度刷机、修改设备信息、一键配置代理等。

如图 2.24 所示，一千台设备的群控系统可以同时注册一千个账号。配合改机工具，每台设备执行完一次脚本之后，一个新机又成为一个新的设备，继续注册新的账号。假设每个脚本的执行时间是 5 分钟，一天可以产生 20 多万个账号。假设每个账号拉新活动可以获取 1 元奖励，一天的收益可以超过 20 万元。

图 2.24　群控墙

群控系统可以通过操作大量真实设备完成欺诈。设备越多，欺诈的规模也就越大，黑产的利润就越高。但是由于设备的成本问题，大部分黑产使用的群控，设备数量控制在 200 台以内。我们也看到过一个总投资 3 亿元、有两万多台设备的群控中心。

大部分黑产在选择群控设备时，偏向于价格低廉、性能稳定的机型。

随着群控设备供应商的技术升级，黑产进一步压缩群控系统的搭建成本，出现了"箱式群控"（以下简称"箱控"），其造型如图 2.25 所示。

图 2.25　箱式群控

箱控将手机主板通过电路集成的方式集成到一个主板内进行统一供电，以实现一台箱控操作几百台手机的最终目的。毕竟一台设备的大部分部件（如外壳、屏幕、电池等）对于群控是可有可无的，只要能够运行系统群控就可以工作。

箱控的出现节约了硬件成本，不需要给手机充电，也不需要占用过多的手机架摆放空间，单个模块只剩下主板，价格远低于一台完整的手机。

2017 年，一批持有大量设备的群控中心推出了"云手机"服务。用户可以通过网页对设备进行控制，也可以编写脚本上传执行，按照设备的数量和使用时间付费。至此，群控进入 SaaS 时代，黑产不需要自建群控系统，就可以租到大量的真实设备。

2.4.3　工具集

前文已经介绍了大部分互联网黑产使用的各类技术和工具，在实际使用时黑产工具往往整合了这些工具的工具集成品。黑产开发出来的目的大多是为了简化操作，把原本相对复杂的人工操作变成傻瓜化的过程，使利益最大化。

黑产广泛使用易语言来开发工具，这种编程语言简单易学、容易上手、开发便捷，基本上可以满足各种定制化的需求。如图 2.26 所示为一个定制的自动化作弊工具，这是一个非常标准的成品化内置软件，每个模块对接了不同的平台（如接码平台、打码平台、代理 IP 等），单击不同的按键即可完成操作。此类软件可以使用在甲方的各种营销拉新活动中，绕过甲方风控获取奖励（红包、积分、话费、实物商品等）。

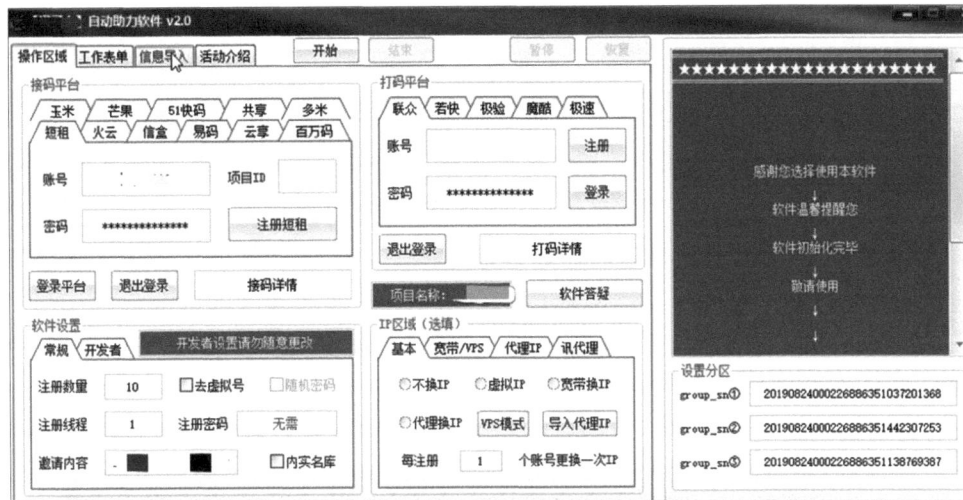

图 2.26　自动化作弊工具

　　自动化作弊工具具有很强的针对性，针对特定平台、特定活动，同时时效性也很短。一旦被发现作弊，平台就会针对性地修改协议和防控策略，导致作弊工具失效。这种自动化工具都有专门的开发者维护，开发者会长期关注一个或多个平台的活动，对于平台所使用的风控技术、风控策略有深入的了解。

2.5　本章小结

　　在业务安全领域中和黑产的对抗，很大程度上是技术和资源的对抗。新的欺诈手段层出不穷，驱使互联网平台和风控厂商不断构建更先进的防控体系来保证业务安全。而黑产团伙在金钱的驱动下也不断将新的技术用于欺诈攻击，突破现有的防御体系。对于风控从业者来说，必须对黑产的技术手段和攻击模式有深入了解，才可以在对抗的过程中游刃有余，遇到突发事件时"处变不惊"。本章的内容覆盖了黑产攻击常用的各类技术手段和作案思路，希望能够给读者在对抗黑产攻击的过程中有所帮助。

第二部分

体 系 构 建

第 3 章　反欺诈体系建设思路

互联网黑产攻击行为通常具有以下 4 个典型特点：

- 团伙化：黑产已经从单打独斗发展成了有组织的团伙，通过合理分工协同工作。

- 专业化：黑产上下游之间分工明确，相互协作，拥有大量的作案资源（身份证、银行卡、手机号、手机设备 IP 资源等），并且部分从业者具有非常高的技术水平，精通各种自动化脚本编写、逆向破解等，甚至涉及和使用机器学习技术。

- 强对抗性：黑产熟悉主流的风控技术手段，会根据业务实际情况不断试探、挑战和绕过现有的防护体系。

- 跨行业：黑产会在电商、广告、支付、航旅等多个平台流窜作案。

为了对抗互联网黑产猖獗的攻击、保障业务的健康发展，我们需要创建覆盖业务全流程的防控体系，形成"终端风险识别+云端风险决策+AI"的一体化反欺诈解决方案。

本章将从甲方和乙方的角度，探讨如何创建覆盖全场景、全业务流程的反欺诈体系。在具体的实践过程中，读者可以根据自己的业务情况进行灵活取舍。

3.1　动态防控理念

在和黑产的对抗过程中，我们总结了很多经验和教训，形成了覆盖全业务流程的防控能力，建立了贯穿事前、事中、事后的动态反欺诈体系，如图 3.1 所示。

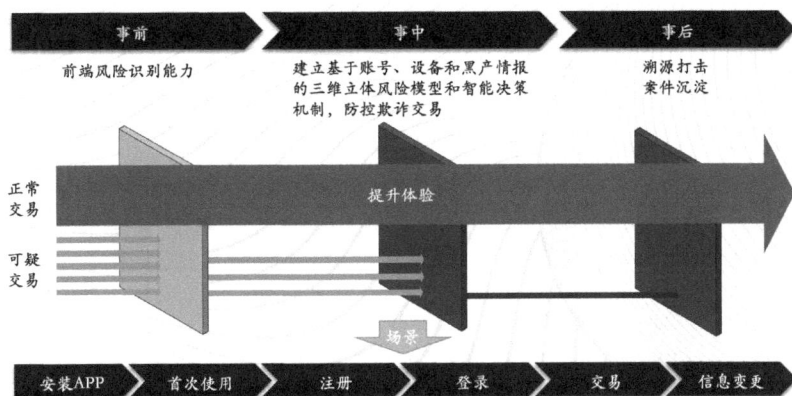

图 3.1　风险防控流程

在终端设备上，通过设备指纹体系进行设备信息采集、终端智能计算和云端的风险分析，为每一个用户的设备生成丰富的风险标签供业务决策使用。

在用户操作业务过程中，通过决策引擎为每一笔交易计算风险等级。为了保证决策引擎策略的丰富度和高效率，可以通过实时计算系统做指标计算，决策引擎可以通过各类指标快速完成全局策略的计算。

当欺诈案件发生时，我们会形成完整的分析结论并整理到案件库，同时对相关证据做溯源和存证，用于后续可能的司法流程。

整个防控体系建立后，还需要有相应的运营流程驱动它正常地运转和不断地进化。在系统运转的过程中，我们会通过态势感知系统为整体防控效果做监控，当业务指标发生非预期的波动时立即预警。对于防控的效果，策略运营人员会通过机器学习算法离线评估其准确性和风险覆盖率，同时结合欺诈情报从攻击者视角审视整个体系的防控能力和未能覆盖的风险点。我们期望能够通过运营驱动和红蓝对抗，形成一个动态闭环的、不断进化的体系。

3.2　防控体系构建

通过对反欺诈理念的不断实践，我们逐渐构建了一个三层的反欺诈防控体系，包含终端风控层、分析决策层和数据画像层，同时，威胁情报体系会贯穿这三层，其结构如图 3.2 所示。

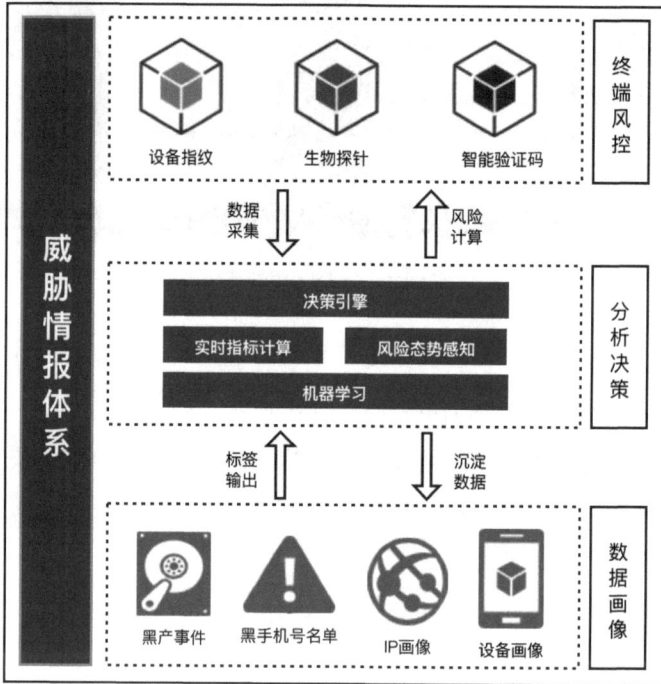

图 3.2　反欺诈防控体系

终端风控层主要由设备指纹、生物探针和智能验证码构成，其中最重要的一环是设备指纹。

设备指纹核心能力有以下两点：

- 采集设备硬件信息，使每一台移动设备成为唯一 ID，这个 ID 生成后不会因为用户对设备的日常使用而改变。

- 为每一台移动设备生成风险标签，标记这个设备潜在的业务风险，供分析决策使用。

生物探针通过采集终端的操作行为、传感器信息等数据综合建模，通过机器学习区分出操作业务的是自然人还是自动化工具。智能验证码则是一种常见的风控工具，本质上也是区分操作业务的是否为自然人。生物探针和智能验证码虽然功能大体一致，但是使用场景有所区别，前者适用于全业务场景检测是否是机器，后者适用于特定场景对抗机器批量行为，需要用户进行拖动、点击等交互操作。生物探针能够在应用后台自动识别人机，不影响用户交互，而智能验证码是一款有悖于用户交互体验的产品。利用生物探针的识别结果，对正常用户不会弹验证码，而对可疑用户才会发起挑战，两者结合使用能够在满足用户体验的前提下达到较好的风控效果。

分析决策层是各种数据、规则和模型汇总计算的中心。当一次业务请求被发送到决策引擎时，系统将业务数据、终端层采集的数据及生成的设备风险标签、系统风险数据标签等进行规则判断和模型运算，在极短的时间内判断是否阻断该次业务请求。对于一些可以事后判断的业务风险场景来说，后续由离线的风险决策系统进行事后判断。

分析决策层的实时指标计算系统为决策引擎的决策速度提供了重要的支撑。实时指标计算系统会根据决策引擎的策略配置情况，提前做好大量复杂的运算。例如，系统配置的某条策略可能需要计算某 IP 在一个较长时间内出现的次数，并且分析出该 IP 在此时间窗口内关联的用户账号的个数和风险分布情况。这类需要回溯过去一段时间的数据情况进行综合计算的策略，如果不提前计算好相关指标，那么决策引擎在判断风险时就会有非常大的时间开销，以至难以达到实时风控的效果。

风险态势感知系统侧重于宏观的统计分析，利用业务核心数据、设备信息及风险决策结果等各类数据，通过预置的分析算法模型进行实时、H+1、T+1 多种周期组合的分析计算。其核心功能是感知、展示和预测整个业务体系的风险事件变化趋势。当风险决策结果发生非预期的波动时，运营人员就必须人工分析策略漏杀、误杀的情况。运营人员结合数据分析和底层的机器学习的离线计算结果更新风控模型，实时调整决策引擎的风险策略。在推动优化风险策略的同时，风险态势感知系统还可以对黑产攻击事件做预警。

数据画像层包括黑产攻击事件、黑手机号名单、IP 画像、设备画像。黑产使用的手机号、IP、手机设备等资源是相对有限的，会重复用于针对各个不同互联网平台的攻击活动。在为多个客户提供 SaaS 防控的过程中，沉淀黑产风险数据形成画像体系是一个非常有效的"联防联控"技术手段。

欺诈情报体系作为贯彻整个流程的重要子系统，为整体的防控效果提供了"攻击者视角"的能力补充和评估。通过对黑产社区的监控、黑产动态的追踪和自动化分析研判，欺诈情报体系能够快速感知到防护体系中的弱点，驱动风控运营人员进行针对性的优化。黑产的攻击方式是不断变化的，防控策略也需要不断升级。

3.3　本章小结

本章简要介绍了通过实战总结提炼而成的动态防控理念。依据此风控理念，我们构建了贯穿"事前、事中、事后"的业务全生命周期风控体系，通过终端风险识别能力、云端智能决策和黑产数据画像实现多层次、全场景的业务风控。

由于互联网企业的业务模式不同，其风控理念和运营思路也会有所不同。企业可以根据业务风控目标、组织架构和资源投入来构建匹配自身的风控体系。

第 4 章　风控核心组件设备指纹

人类的指纹具有唯一性,两个人的指纹必然不同;同时指纹具备很强的稳定性,在手指不受到物理损伤的情况下不会随着人的年龄增长而变化。随着科技的发展和生物识别技术的普及,指纹已经成为人类的第二张身份证。在日常生活中,手机指纹解锁、指纹支付和上班指纹打卡等已经非常普及。

和人类的指纹一样,我们也可以为每一台设备生成一个唯一且稳定的标识,称为设备 ID。风控行业对设备的定义是指用户和业务系统交互的载体,可以是一个浏览器、一部手机,也可以是一个微信小程序。生成设备 ID 的产品和技术,行业内称为设备指纹(Device Fingerprint)。在通常情况下,设备指纹生成的设备 ID 不会因为用户对设备的使用而发生变化,两台不同的设备拥有的设备 ID 也完全不同。

设备 ID 可以用于统计业务运营数据(如 DAU、MAU、广告激活),也可以用于用户画像、广告精准营销、Bug 上报等。在互联网反欺诈对抗中,设备 ID 类规则是防刷单、防薅羊毛、虚假设备识别、反爬虫、账号安全等场景的核心规则。然而在各种改机工具面前,过度依赖设备 ID 会使风控策略变得容易突破。因此,设备指纹还需要拥有足够强大的异常环境检测能力及自我保护防破解能力。

4.1　设备指纹的原理

设备指纹通过收集客户端设备的特征属性信息并将其加密上传到云端,然后通过后台的算法分析为每台设备生成唯一设备 ID 来标识这台设备。手机操作系统和浏览器厂商为了方便用户与开发者获取用户的设备信息，预留了一些 API 供应用程序使用。用户和开发者可以通过这些 API 获取客户端相关的软硬件信息，这些信息因设备而异，设备指纹通过部分的差异信息来生成完全独立的设备 ID。

除通过各种 API 获取一些相关的软硬件信息外，不同的终端设备在数据处理、图形渲染，以及与服务器通信等过程中也会存在一定的差异，这些差异属于设备的隐性特征。在一般情况下，单一维度的差异并不能形成标识设备的稳定特征。但是可以大量收集这些隐性特征，通过数据分析建模等方式组合使用，也可以成为建立设备 ID 的重要因子。我们在日常生活中都见过双胞胎，他们长相相同、声音神似，但是他们处理某些事情的习惯还是有一定差别的。通过这些隐性信息构成的特征因子，可以有效降低同类机型的设备指纹碰撞率。

根据国家法律要求，设备指纹在生成设备 ID 的过程中，不能使用用户的个人隐私信息，如通讯录、短信、手机号和通话记录都是不可触碰的数据。尽管这些数据具有非常强的唯一性，可以有效地提高设备指纹的准确性。

就设备指纹技术本身而言其门槛不算高，无非就是采集一些字段生成一个设备 ID，在互联网上也有一些开源代码可以检索到。但是建立一个海量互联网用户场景下可以稳定使用的设备指纹系统，并不是想象中的那么容易。在构建设备指纹系统的过程中，不同浏览器型号和版本兼容、Android 碎片化机型适配、黑产伪造虚假设备手段识别及用户数据合规采集等方面均踩过坑，也收获了很多宝贵的经验，积累了很多技术方案。移动生态和黑产技术都在不断革新，很多方案在新系统上会失效设备指纹体系还需要不断克服诸多挑战。

4.2　设备指纹的技术实现

下面我们来详细介绍设备指纹的实现原理。

4.2.1　Android 设备指纹

设备 ID 需要兼具稳定性和唯一性，Android 系统的开源和碎片化导致 API 函数实现各不相同，所以兼容性是 Android 系统中设备指纹面临的最大挑战。表 4.1 列举了 Android 系统中比较稳定的设备参数。

表 4.1 Android 系统中比较稳定的设备参数

采 集 项	中 文 释 义	特 性
Android ID	设备首次启动时系统自动生成的随机数	不需要权限，相同型号手机有小概率碰撞
		恢复出厂设置会重置
IMEI/MEID	设备码，移动和联通获取 IMEI，电信获取 MEID	唯一性好，存在少量碰撞
		需要 READ_PHONE_STATE 权限
		不带卡槽的平板无法获取参数
IMSI	手机 SIM 卡识别码	需要 READ_PHONE_STATE 权限
		更换手机卡会变化
Wi-Fi MAC	网卡 MAC 地址	当手机没有连接 Wi-Fi 时有一定概率获取失败
		个别 ROM 恢复出厂设置会重置
Bluetooth MAC	蓝牙 MAC 地址	高版本 Android 系统无法获取参数
Serial	设备串号	同一型号手机碰撞概率很高
Fingerprint	设备的多个硬件信息拼接合成	同一型号手机碰撞概率很高
Storage	内存空间，磁盘空间	同一型号手机碰撞概率很高
Advertising ID	Google Play 广告 ID	仅限 Google 服务用户使用

从统计的系统版本分布图 4.1 来看，目前国内 Android 6 以上的手机占比已经超过了 85%。由于考虑到用户的隐私，高版本 Android 系统增加了设备信息采集的限制。

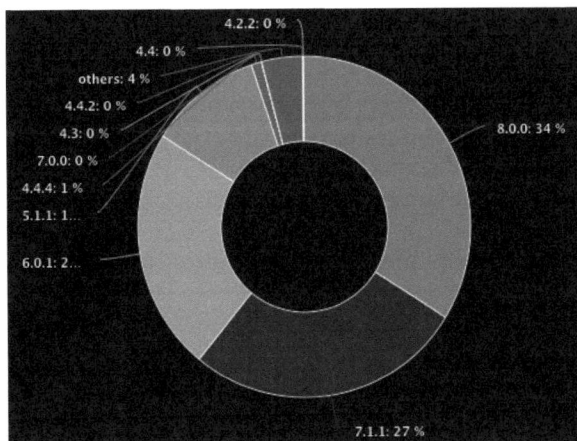

图 4.1 Android 版本分布（2019 年 12 月）

Android Q 于 2019 年 9 月份发布，出于对用户隐私的考虑，Android Q 限制了采集设备标识符，为 Android 设备指纹带来了前所未有的挑战。Android Q 禁止非系统应用访问用户不可更改的 ID，包括 IMEI 号、Serial、USB 序列号等。系统 Wi-Fi MAC 地址默认是随机生成的，不是固定的 MAC 地址，以防止用户隐私被追踪。我们实际测试发现，IMEI、IMSI、Serial、Bluetooth MAC 都已无法获取参数，Wi-Fi MAC 获取不到真实值，但与 BSSID 绑定。因此，Android Q 设备指纹的适配，不仅仅是采集函数的兼容，更重要的是设备 ID 恢复逻辑（当用户修改手机某些信息时保持设备 ID 不变的计算逻辑）的兼容。

从理论上来说，所有的采集项都是 Android 系统公开的 API，不可能在采集项被大面积篡改的情况下保持设备 ID 不变。因此，设备指纹还需要对 APP 运行环境进行监测，以识别异常环境。针对 Android 作弊环境的检测方法可以归纳为以下 5 个方面：

- 通过安装包检测安装的作弊工具。

- 通过特定特征识别 root 环境。

- 使用多种方案采集同一字段信息。

- 通过通用性的作弊原理识别运行的作弊框架 hook（Java/native）。

- 通过特定特征识别运行的作弊工具和模拟器。Android 黑产工具更新速度很快，样式层出不穷，需要通过黑产情报不断搜集最新的作弊方法。

4.2.2　iOS 设备指纹

iOS 相对于开源的 Android 而言，权限限制更加严格，手机型号和系统版本相对单一。iOS 能够获取的设备参数比较少，如 IDFA、IDFV、DeviceName、MAC。表 4.2 列举了 iOS 系统中比较稳定的设备参数。

表 4.2　iOS 系统中比较稳定的设备参数

采　集　项	中　文　释　义	特　　　性
IDFA	广告标识符	需要应用申请广告权限
		用户可以手动设置限制广告跟踪
IDFV	厂商标识符	不能跨合作方
		删除本合作方 APP 后重新安装会发生变化

续表

采　集　项	中 文 释 义	特　　　　性
DeviceName	手机名称	用户可以自行修改，默认值存在很大碰撞
		自定义值有比较强的特征
Wi-Fi MAC	网卡 MAC 地址	唯一性好，高版本不能稳定采集
Boottime	系统开机时间（μs）	存在极少量碰撞，重启会发生变化，采集多次也有可能会发生变化
Storage	内存空间，磁盘空间	同一型号手机碰撞概率很高

从统计的版本分布图 4.2 可以看出，iOS 13 正式版已经于 2019 年 9 月推出，因为 iOS 系统更新提示频繁，经过三个多月时间，iOS 13 占比已经达到 49%，超过 iOS 12 的 34%。

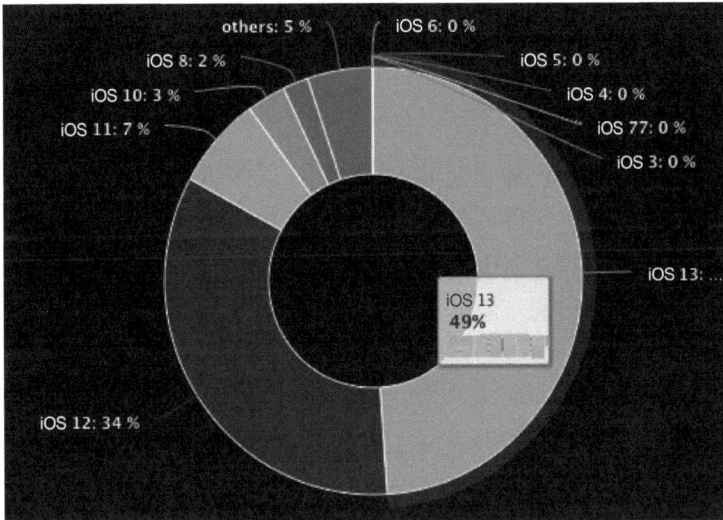

图 4.2　iOS 版本分布（2019 年 12 月）

大多数 iOS 作弊工具都是基于 hook 进行改机的，高级的改机工具甚至能够对抗 hook 检测。除用于真实设备改机的作弊工具外，市面上还有 iOS 模拟器。iOS 模拟器 实质上是在 x86_64 架构上运行 iPhone 自带的 iOS 模拟器，APP 需要特殊适配才能被 安装。

iOS 设备指纹风险识别技术可以归纳为以下 6 种：

● 通过通用 hook 原理识别技术检测运行的作弊工具。

- 通过特定作弊工具特征识别运行的作弊工具。

- 通过特定特征识别越狱环境。

- 寻找特定的空间存储设备标识。

- 对抗 hook 改机。

- 对抗备份和抹机。

4.2.3　Web 设备指纹

Web 设备指纹（又被称为浏览器指纹）是由用户设备硬件信息和浏览器配置信息综合计算产生的，它通过 JavaScript 脚本采集信息生成对应的设备 ID。与传统的 cookie 技术相比，Web 设备指纹更加稳定且对抗性更强。Web 设备指纹起源较早，学术界相关的研究论文也有很多，但是工业界能够有效运用在生产上的成熟实现方案较少。2019年，学术界披露的 Sensor ID 漏洞曾引起业内的广泛关注。制造商嵌入智能手机固件中的传感器都有系统误差，工厂需要在出厂前对其进行校准来补偿系统误差。这一校准数据具备了很强的唯一性，而且无法被修改，可用于唯一标识设备。但是在实际测试时发现，同一部手机两次获取的偏差值也会有一定概率是不同的。苹果公司已经在 iOS 12.2以后的版本中修复了该漏洞，因此该方案也并不具有通用性。表 4.3 列举了浏览器比较稳定的设备参数。

表 4.3　浏览器比较稳定的设备参数

采 集 项	中 文 释 义	特 性
UserAgent	浏览器客户端标识	可以任意修改
Gpu	设备 GPU 特性	碰撞率高，可以跨浏览器
Canvas	2D 指纹	唯一性好，不同浏览器的指纹不相同
Webgl	3D 指纹	碰撞率高，可以跨浏览器
PluginList	浏览器自带插件列表	除非安装特殊插件，相同浏览器很容易碰撞
FontList	字体列表	除非安装特殊字体，否则很容易碰撞
IP	内网 IP/外网 IP	切换网络环境会改变字体列表，内网 IP 采集有局限性
TCP	不同操作系统协议差异	不容易被修改，用户无感知，极易碰撞

微信小程序、支付宝小程序设备指纹是某种特殊环境的 Web 设备指纹，其运行环

境和 API 及标准浏览器不同，需要单独定制 SDK。小程序设备指纹采集到的字段也会有所增加，在用户授权的情况下可以采集蓝牙信息、Wi-Fi 信息、屏幕亮度、微信/支付宝用户标识等。

由于浏览器能够采集的唯一标识设备的信息非常少，因此 Web 设备指纹稳定性比移动端差很多，也比较容易被黑产绕过。常见的黑产作弊方式有普通浏览器隐身模式、无头浏览器、JS 模拟执行等。此外，兼容性也是 Web 设备指纹比较大的挑战，尤其是对较低版本浏览器的兼容问题。目前，很多银行还在使用 IE8 浏览器。新版本浏览器出于用户隐私的考虑，也会增加很多限制，如最新版本的 Chrome 浏览器已经默认禁用了内网 IP 的采集方法。

Web 设备指纹可以归纳为以下 4 个方面：

- 识别浏览器端异常环境。

- 通过特定特征识别 hook。

- 通过特定特征识别 JS 是否被篡改或正在被调试。

- 通过浏览器特殊方式存储设备标识，防止存储的标识被删除。

Web 设备指纹的实现过程主要分为两部分：其一为设备指纹的稳定性，即需要收集较为稳定的设备信息；其二是作弊环境检测，即保证当前 Web 设备指纹采集到的信息都是真实的。下面具体说明 Web 设备指纹中的一些异常检测原理。

1．无头浏览器的识别

- useragent 检测：/HeadlessChrome/.test(navigator.userAgent)。

- Webdriver 检测：'Webdriver' in navigator。

- Selenium 检测：window._selenium。

- 无头浏览器，如 phantomJS、nightmareJS 等不在这里逐一说明。

2．隐身模式检测

- safari 在隐身模式下：localStorage 对象存在，但执行 setltem 方法会报异常。

- firefox 在隐身模式下：indexedDB 执行 open 方法会报异常。

- chrome 在隐身模式下：FileSystem API 禁止，使用会报异常。

3．控制台开启检测

- console.log 隐式调用元素 id：(var element = new Image(); element._defineGetter_ ('id',function(){console.log('控制台已打开')}); console.log(element))。

- console.log 隐式调用 RegExp 的 toString 方法：(var regexp = /./; regexg.toString = function(){console.log('控制台已打开')}))。

4．hook 检测

- 自定义函数 hook 检测：在定义函数时将函数整体作为参数生成一个 hash 值，在执行函数时进行 hash 值的校验。

- 浏览器函数检测：采集调用 toString 方法，获取内容进行校验。

- 对象属性检测：对"通过 Object.defineProperty 方法更改的属性，是不可更改的"这一特性进行检测。前后两次调用 Object.defineProperty 方法，第一次正常，第二次会报错。如果不符合预期，则说明被 hook。

4.2.4　设备 ID 生成与恢复逻辑

设备指纹 SDK 采集终端设备信息完成后，会计算生成一个唯一 ID 来标识设备，如图 4.3 所示为设备 ID 生成逻辑示意图，需要注意的是，设备 ID 是在后端生成的。从前端的角度考虑，无论采用多强的加固和混淆，都能够逆向还原代码。如果由前端生成设备 ID，那么只要逆向出相关逻辑就能批量生成合法的设备 ID。同理，如果将设备 ID 直接返回前端，在前端做风控策略，就很容易被绕过。此外，特征与设备 ID 的关系是多对一的映射，特征会碰撞但设备 ID 必须满足唯一。

设备 ID 恢复逻辑，就是从采集到的设备信息中筛选特征组合。如果新采集的设备特征与数据库中已有的设备特征相同或相似，就认为新采集的设备是同一台设备，赋予相同的设备 ID。如果没有查找到相似的设备，就认为是一台新设备，生成新的设备 ID。恢复逻辑需要权衡稳定性和唯一性。唯一性和稳定性是一个权衡的过程，一个高另外一个就低。稳定性表示设备经过改机或恢复出厂设置以后还能保证设备 ID 不变。唯一性表示不同设备，尤其是同一型号的设备 ID 不一致。如图 4.4 所示为设备 ID 恢复逻辑示意图。

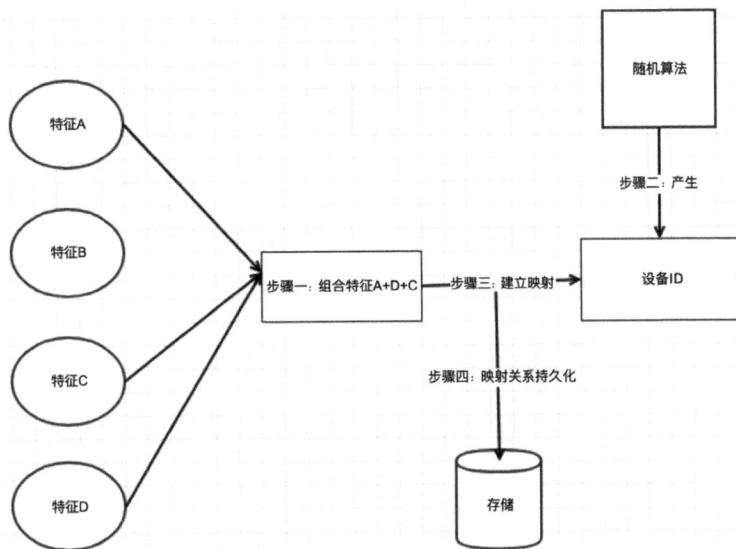

图 4.3　设备 ID 生成逻辑

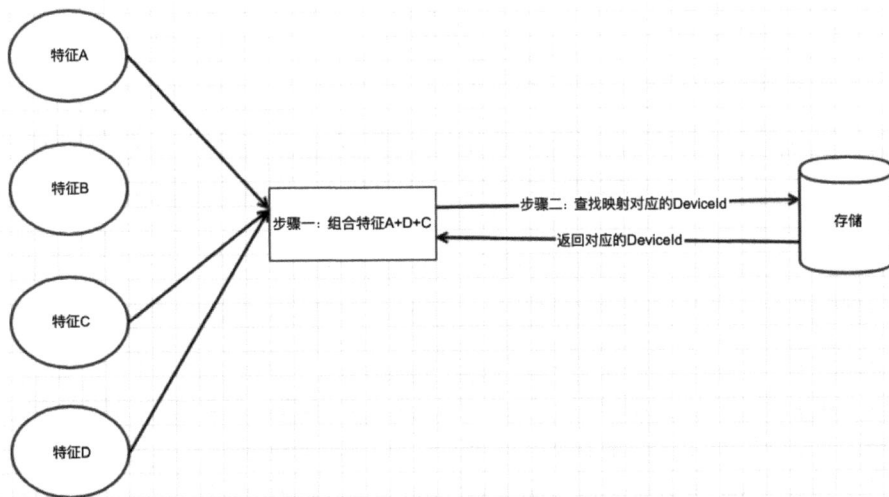

图 4.4　设备 ID 恢复逻辑

目前，SaaS 服务已有数十亿台设备，设备 ID 恢复逻辑会优先保证唯一性，即在保证唯一性的前提下保证稳定性。从恢复逻辑的定义可以看出，即使同样的算法逻辑，SaaS 设备指纹和企业级私有化部署的设备指纹生成的设备 ID 也是不一致，原因是存储不互通。SaaS 是指数据直接传到云端服务器，由云端设备指纹后台服务生成设备 ID；企业级是指数据传到客户服务器，由部署在客户服务器上的设备指纹后台服务生成设备 ID。

如何设计一套好的设备恢复逻辑呢？这个问题没有最好的答案。如果希望稳定性高，那么可以采用单一设备参数进行恢复，大部分厂商都是采用的这种方案；如果希望唯一性强，那么可以采用多个设备参数进行恢复。恢复逻辑是否合理，需要依赖海量数据的积累和验证。例如，华为的某款手机，Wi-Fi MAC 和 Serial 都一样，采用单一设备参数做恢复就会导致设备 ID 大量碰撞。在大多数情况下，厂商招标时的 POC 测试只关注稳定性而忽略了唯一性。如果想要测试设备 ID 唯一性，那么必须依赖上线以后的大规模测试。一个设备指纹厂商只有企业级私有化部署形态的产品，没有 SaaS 形态的产品和服务，这就难以把设备 ID 做好。更高级一点的设备 ID 恢复，可以使用设备特征相似算法生成设备 ID。这种技术方案主要面临以下几种挑战：

- 海量数据的高性能检索。

- 相似度权重如何选取。

- 每个参数根据特点挑选不同的相似算法。

- 两个设备判定是否相似的阈值如何设定，同一型号设备相似度很高容易碰撞。

实际测试的效果，相似算法比传统算法更加灵活，而且在保证唯一性的前提下稳定性更好。

无论何种恢复逻辑，都无法对抗修改大部分设备信息的情况。再强大的设备 ID 在高级的改机工具面前，也是无法做到稳定恢复的。关于设备 ID 跨浏览器及 APP 跨浏览器，从业务角度分析该需求具有一定合理，从技术角度上判断是一个伪命题。受到浏览器的限制，JS 本身能采集到的信息非常有限。想要做到跨浏览器（稳定性好），就可能会导致设备 ID 的大量碰撞（唯一性差）。在大规模使用的情况下，跨浏览器 ID 无法直接用于策略。

4.2.5　被动式识别技术

在设备指纹中会应用一些被动式识别技术，行业称为被动式设备指纹。这种设备指纹是指在终端设备与后台服务器建立连接的过程中，从网络报文中提取多个维度的特征集，在后台使用机器学习算法识别终端设备。这类被动式的设备指纹，在没有完全流量的情况下，仅利用建立连接的过程数据是很难生成一个唯一设备 ID 的，但是可以用于设备验真（验证设备参数是否真实，未被篡改）。

在实战中，通过 IP 及 TCP 头部中的一些字段可以做到操作系统类型检测、特定类型模拟器识别及网络状态的探测等；在应用层使用 SSL/TLS 协议指纹，可以做到虚假浏览器识别、客户端设备类型和恶意工具识别等。图 4.5 列出了不同类型操作系统的协议特征差别，供读者参考。

OS	TTL	SYN packet length	IP Identification	MSS	Window scale	SYN window size	TSopt	Options order
Mac OS X 10_13	51(64)	64	0	1460	5	65535	yes	020103010108040000
Mac OS X 10_10	50(64)	64	RANDOM	1460	5	65535	yes	020103010108040000
Windows 7	51(64)	52	MONOTONIC	1460	2	8192	no	020103010104
Windows 10	114(128)	52	MONOTONIC	1460	8	64240	no	020103010104
CentOS 7.4	52(64)	60	MONOTONIC	1460	7	29200	yes	0204080103
Ubuntu 14.04	47(64)	60	MONOTONIC	1424	7	29200	yes	0204080103
Android 8.0	51(64)	60	MONOTONIC	1460	8	65535	yes	0204080103
夜神 on Windows 10	115(128)	52	MONOTONIC	1460	5	65535	no	020103010104
Mumu on Mac OS X	51(64)	64	RANDOM	1460	5	65535	yes	020103010108040000

图 4.5　不同类型操作系统的协议特征差别

被动式设备指纹能够获取的特征比较少，虽然攻击者不易伪造特征，但是唯一性较差。因此，主被动式结合是设备指纹的一种可尝试的思路。

4.3 代码保护

互联网平台安全和风控是业务防御方和黑产进攻方在黑盒状态下的动态对抗博弈。终端风控使用的 SDK 受限于其工作原理，必须嵌入业务的 APP 应用或 H5 页面中，直接暴露在黑产眼前。黑产团伙中的技术人员通过逆向分析和修改 SDK 采集的设备信息字段试探云端的防控策略，也可以制作工具针对性地伪造大量的虚假设备用于后续攻击活动。因此，风控技术人员需要对 SDK 进行安全加固保护，保护其核心代码逻辑，提升黑产逆向分析的技术难度和消耗的时间成本。

从 SDK 代码保护的防护效果来看，Android 相对防护效果较好，iOS 次之，而 JS 的防护效果较差。

Android 的 SDK 分为 Java 代码实现和 C 代码实现。Java 代码实现部分逆向难度较低，通过 Dex 反编译工具直接得到可读性极高的源码。而 C 代码实现的部分，逆向难度则相对较高。

iOS 的 SDK 分为 Object-C 代码实现和 C 代码实现，由于苹果公司对 APP Store 上架 APP 的限制不支持代码动态加载和高强度的混淆，因此，其加固强度相对 Android SDK 而言要低一个级别。

JavaScript（以下简称 JS）是一种解释型语言，暴露在 H5 页面的 SDK 程序本身就是源代码状态。从理论上讲很多代码混淆保护技术（包括代码虚拟化保护技术）都适用于 JS 语言。Google 的 BotGuard 是业内公认在安全性、兼容性和性能方面综合表现优秀的方案。该方案运用了代码虚拟化保护技术，在浏览器中使用 JS 构建了一个虚拟机执行核心代码。在细节上，它充分使用了字节码动态加密、反调试等各类传统二进制代码保护领域的技术手段。虽然如此，BotGuard 依然可以被破解。

在 JS 代码保护领域中，asm.js 和 WebAssembly 也是常被提及的方案，但是对于风控 JS SDK 而言，浏览器生态环境的兼容性要求极高，适应性就不是很好。总体而言，在浏览器环境下需要考虑更多的兼容性从而加固保护强度，因此，现有的 JS 代码保护强度相对 APP 原生 SDK 要低很多。

下面从 JS 代码混淆技术开始，依次介绍 JS SDK 和 APP SDK 的代码保护技术方案。

4.3.1　JS 代码混淆技术

代码混淆（obfuscation）是增加黑产静态分析难度而牺牲运行效率的一种技术方案。JS 代码混淆是指通过逻辑变换算法等技术手段将受保护的代码转化为难以分析的等价代码的一种技术方案。"难以分析"是混淆的目的，"等价代码"则是要确保混淆后的代码与源代码功能表现保持一致。通俗来说，混淆代码 P 就是把 P 转换为 P'，使 P'的行为与 P 的行为一致，但是攻击者却很难从 P'中分析获取信息。

对于混淆的分类，普遍以 Collberg 的理论为基础，分为布局混淆（layout obfuscation）、数据混淆（data obfuscation）、控制混淆（control obfuscation）和预防混淆（preventive obfuscation）4 种类型。本节将按照以上分类依次介绍 JS 的混淆方法。

4.3.1.1　布局混淆

布局混淆原是指删除或混淆与执行无关的辅助文本信息，增加攻击者阅读和理解代码的难度，具体到 JS 就是指源代码中的注释文本、调试信息等。布局混淆也包括采用技术手段处理代码中的常量名、变量名、函数名等标识符，增加攻击者对代码理解的难度，具体的方式包括以下几个方面。

1．删除无效代码

这里所说的无效代码包括以下内容：

- 注释文本：详细的注释文本对用户促进代码理解意义重大，生产环境需要删除。

- 调试信息：调试代码在开发环境中对开发者调试 Bug 有极大帮助，但是生产环境就没存在的必要了，具体的有 console 对象调用，如 console.log（'test'）、debugger、alert（调试用）。

- 无用函数和数据：在开发过程中，由于需求更改或重构无意遗留下来的内容，虽然未调用或使用，但是对攻击者来说可以猜测开发者的意图和思路。

- 缩进和换行符：由于 JS 可以通过分号进行分句，所以删除所有的代码缩进和换行符增加了代码的阅读难度，这也能大大减少代码的体积。需要注意的是，与以上的删除项相比，该项是可逆的，即攻击者可以通过格式化工具恢复。

2. 标识符重命名

标识符一般指常量名、变量名、函数名，标识符的字面意义有利于攻击者对代码的理解，所以需要将标识符变为无意义、难以阅读的名字，示例代码：

```
1.    // 源代码
2.    var name = 'bob';
3.    // 重命名
4.    var a = 'bob';
```

我们发现原本的变量名"name"变成了无意义的"a"，对于解释器来说，该变量名不影响代码执行，而且更改命名也不会增加内存消耗。标识符重命名是少数几种无明显副作用的混淆方法之一，下面介绍几种业内常见的变形方式：

- 单字母：如上述示例代码，变量名由单个英文字母组成，这种方法最为常见，因为这种形式在一定程度上可以缩减代码的体积。要特别注意这种命名方式最多只包含 52 个大小写字母，所以容易碰到在一个作用域链内标识符名不够用导致标识符碰撞的情况发生，这时需要扩展这种形式，如增加数字与字母组合"a1"，或者双字母组合"aa"等。

- 十六进制字符：以"_0x"开头随机十六进制数字结尾的形式，如"_0x465ab1"。这种形式的命名优点明显：形式相似，攻击者难以辨认。缺点是标识符太长容易造成代码的膨胀。

- 蛋形结构：将以上两种形式的优缺点进行中和，创造以大小写字母"O"、数字"0"、字母"Q"为基础、随机非零首位的组合，如"QO0O"，这类形式不好辨认、样本数量适中。

根据上面介绍的 3 种变形结构，我们再强调以下两点内容：

- 作用域链内标识符名不够用导致标识符碰撞的情况，并不是单字母特有的，即使像十六进制字符这种大样本的形式也有一定的碰撞概率，所以在实际的实现混淆标识符过程中都伴随着作用域链内的变量碰撞检查。

- 为了增加攻击者的分析难度，我们更希望以最少的名字重命名所有的标识符。换句话说，在同一个作用域链内要避免命名碰撞；在不同作用域链中标识符命名尽可能重复。如果能够分析出某标识符只在本作用域使用，那么同作用域链上都应该尽可能碰撞。

我们可以发现布局混淆相关的方法并不会影响源程序的执行过程、内存开销，甚至代码体积没有膨胀反而缩小了，最重要的是这种改变很容易保证混淆后的代码等价输出。

4.3.1.2　数据混淆

JavaScript有7种数据类型：数字（number）、字符串（string）、布尔值（boolean）、undefined、null、对象（object）和 ECMAScript 第 6 版新定义的符号（symbols），其中对象类型包括数组（Array）、函数（Function）、正则（RegExp）和日期（Date）。这些数据类型是构成 JavaScript 代码的基本元素，也是语义分析的重要根据，所以对数据进行混淆能够提升代码攻击者的分析难度。下面我们将针对不同的数据类型介绍一些常规的混淆手段，并且分析这些混淆手段的效果和引入的代价。

4.3.1.2.1　数字混淆

数字混淆主要是使用进制转换、数字拆解等方法对代码进行混淆保护。

1．进制转换

JavaScript 除常用的十进制表示形式外，还有二进制、八进制、十六进制表示形式，分别以 "0b"、"0" 和 "0x" 开头。虽然它们在程序中无论如何转换对于机器都是等值的，但是对于人类而言，除十进制外，其他进制都不易识别其具体数值，对于攻击者而言就难以根据不同进制的数值静态分析出代码的逻辑和运行流程。下面以十进制的数字 233 展示不同进制的表示形式，示例如下：

```
1.   // 二进制
2.   var number = 0b11101001;
3.   // 八进制
4.   var number = 0351;
5.   // 十进制
6.   var number = 233;
7.   // 十六进制
8.   var number = 0xe9;
```

细心的读者可能已经联想到一个问题：浮点数是否也能用类似的进制方法进行混淆

呢？答案是否定的，因为操作系统底层的存储其实并不存在小数，而十进制的小数形式只是迎合数学上的表达，大部分语言都不支持除十进制外的其他进制形式的小数表达式，该类方法只适合整数类型的数字，所以在进行代码转换前需要对数据类型进行校验。虽然浮点数不能用进制转换方法进行混淆，但是 JavaScript 本身支持科学计数法"e"或"E"来表示浮点数，示例如下：

```
1.    // 浮点数
2.    var ft = 2.33;
3.    // 科学计数法 e
4.    var ft = 233e-2;
5.    // 科学计数法 E
6.    var ft = 233E-2;
```

通过科学计数法我们同样能对浮点数进行一定程度的混淆，从而达到隐蔽的目的，该方法对部分整数（如 10 的倍数）同样有效，但是隐蔽效果不明显。

2. 数学技巧

有时数字型的字面量在其代码环境中具有一定的规律或作用范围，而我们可以通过某些数学技巧将它的表现形式转换为一种更难分析攻击的新形式，程序中所有对该字面量的操作也都必须是对新的表现形式进行操作。这样描述似乎太过抽象，下面我们通过一段代码演示这个过程，示例如下：

```
1.    var i = 1;
2.    var A = [];
3.    while (i < 1000) {
4.      A[i] = i * 16;
5.      i++;
6.    }
```

通过观察可以发现 i 作为一个数字型的变量，与其相关的代码并不复杂，单看这段代码还是很容易明白代码逻辑，那么可以设定一个新的变量 i'，其公式满足 $i'=a\times i + b$，a 和 b 都为常量，下面的代码即为当"a=8"及"b=3"时转换出的结果：

```
1.    var i = 11;
2.    while (i < 8003) {
3.      A[(i-3)/8] = 2*i - 6;
4.      i+=8;
5.    }
```

对比转换前后的代码，它们的语义等价，但是理解难度大不相同，这便是我们通过数学技巧获得的结果。在实践中，对于许多通过数学技巧混淆数字的算法来说，转换后的数据类型所能表示的值的范围往往会与原来的数据类型所能表示的值的范围不同。例如，当使用 $v=v×2^{10}$ 来替代整数 v 时，v 原本的范围为 $[0,2^{53}-1]$，但是混淆后 v' 可表示的范围变为 0、1024、2048……，所以在分析、构造相应的数学公式时需要仔细分析相关代码环境，尽量避免引起因表示范围改变而导致的 Bug。

3. 数字拆解

对于数字而言，大多时候可以通过将字面量的数字以某种等价的公式拆分为表达式来提升代码的分析难度，例如：

```
1.    // 转换前代码,计算100天总共有多少秒
2.    var time = 0;
3.    for (var i = 0;i < 100;i++) {
4.        time += 24 * 60 * 60; // 小时 × 分钟 × 秒数
5.    }
6.
7.    // 转换后的代码
8.    var time = 25 - 16 - 9;
9.    var p = Math.PI / 2 * Math.random()
10.   for (var i = 169-144- 24;i < 5*5*4;i += Math.pow(Math.cos(p), 2)+Math.pow
11.   (Math.sin(p), 2))
12.   {
13.       time += (30-6) * 6 * 10 * 5 * 12;
14.   }
```

我们通过勾股定理构造 0 值的表达式，如"25-16-9 =0"，更容易理解的形式为"3×3 + 4×4 = 5×5"，这类的数字拆解主要是为了隐藏原有值，而将"24 × 60 × 60"转换为"（30-6）× 6 × 10 × 5 × 12"则主要是为了破坏其代表的具体语义，即"小时×分钟×秒数"。

数字拆解为表达式的方式会引发另外一个问题：运行拆分代码是否会降低运行效率？例如，在 for 循环中"i < 100"变为"i<5×5×4"是否会计算 100 次"5×5×4"？答案是否定的，在浏览器引擎编译过程中都会对代码进行优化，以 V8 引擎为例，遇到以上代码时会触发一条"常量折叠"的优化策略，即在编译器里进行语法分析时，将常量表达式进行计算求值，并用求得的值来替换表达式，放入常量表。换句话说，在编译过

程中"i < 5×5×4"会转换为"i < 100"以达到最佳性能。我们列举这样的优化策略并不意味着鼓励大家使用数字拆解这种混淆方式，毕竟也有优化策略无法涉及的情况，在实践过程中还需要读者自行测试。

4.3.1.2.2 布尔混淆

布尔类型的取值范围比较固定且范围非常小，JavaScript 隐式类型强转机制也使得布尔值相对较为容易，混淆手段也多种多样，我们挑选几种比较典型的类型进行介绍。

1. 类型转换

"类型转换"是指将一个值从一个类型隐式地转换到另一个类型的操作，如 var a = 1 + "运行后，a 变量会被赋值为字符串类型的"1"，可以利用这个特性将我们的布尔值隐藏起来。在具体的实现过程中，需要理解 JavaScript 在强制转换 boolean 值时遵循以下规则：

- 如果被强制转换为 boolean，那么将成为 false 的值。
- 其他的一切值将变为 true。

JavaScript 语言规范给那些在强制转换为 boolean 值时将会变为 false 的值定义了一个明确的、小范围的列表，这个列表在 ES5 语言规范中定义的一个 boolean 抽象操作中可以找到。

- undefined
- null
- false
- +0、−0 and NaN
- ""

这些值会被转为 false，其他的值都会转为 true。接下来的问题就是如何触发强转。触发强转有很多条件，为了避免代码膨胀，我们采用最简单的逻辑表达式"!"来触发，这样就能得到等价的布尔值。

- !undefined

- !null

- !0

- !NaN

- !""

- !{}

- ![]

- !void(0)

上面的示例在运行后都能得到等价的 true 或 false 的布尔值,用它们替换布尔值可以在一定程度上加大静态分析的难度。

2．构造随机数

因为布尔类型取值范围极小,所以我们可以利用乘法操作构造特定的随机数混淆布尔值。例如,可以设定能被 3 整除的整数表示 true,能被 5 整除的整数表示 false,那么就可以产生以下的构造函数:

```
1.    // 随机生成整数
2.    function random() {
3.      return parseInt(Math.random() * 100000, 10)
4.    }
5.    // 生成符合条件的随机数
6.    function generateNumber(b1) {
7.      return b1 ? 3*(5*(random()%10000) + random()%4 + 1)
8.              : 5*(3*(random()%10000) + random()%2 + 1)
9.    }
```

当调用 generateNumber(true)时就会生成一个含有因数 3 且不含有因数 5 的整数,而当调用 generateNumber(false)时就会生成一个含有因数 5 且不含有因数 3 的整数。生成这样的特定随机数后,只需要将布尔值替换为一个条件表达式,就可以隐藏原有值。

我们在上面示例的基础上演示混淆后的具体代码:

```
1.    // 源代码
2.    vart vTrue = true;
```

```
3.    var vFalse = false;
4.
5.    // 混淆后代码
6.    //添加一个辅助解密的函数
7.    function dc(num) {
8.      return num%3===0 ? true : false
9.    }
10.   var vTrue  = dc(26904);
11.   var vFalse = dc(62740);
```

观察上面的示例代码可以发现，如果要进行静态分析，那么攻击者不得不进行计算才能跟踪变量的真实值，而布尔值大多数代码应用场景在代码控制流中，这变相地将代码的控制流走向变得模糊，无疑增加了代码分析的难度。

4.3.1.2.3　字符串混淆

字符串是最常见的常量数据，它往往包含一些重要的语义信息，如页面密码输入错误系统会提示用户"账户与密码不一致"，那么破解者只需要查找代码中"账户与密码不一致"的字符串，就能找出整个登录模块的校验、加密逻辑。有许多隐藏这类数据的技巧，可以把关键字符串（如加密密钥）分解成许多片段，并把它们分散在程序的各个角落；用一个常量对字符串进行异或操作；或者对字符串进行常规的加解密操作等。下面我们介绍几种较为复杂的字符串混淆手段。

1. Mealy 机

Mealy 机属于有限状态机的一种，它是基于当前状态和输入生成输出的有限状态自动机，这意味着它的状态图每条转移边都有输入和输出。与输出只依赖于机器当前状态的摩尔有限状态机不同，它的输出与当前状态和输入都有关，即次态=f（现状，输入），输出=f（现状，输入）。根据 Mealy 机的特性，可以将字符串的每一个 bit 位和当前状态输入，输出实际的字符串。下面通过 Mealy 机对字符串"mimi"和"mila"进行混淆处理来举例如何使用：调用 Mealy（'01002'）将会产生字符串"mimi"，调用 Mealy（'01102'）将会产生字符串"mila"。

如图 4.6 所示为有限状态机的状态转换图及相应的 next 表和 out 表。

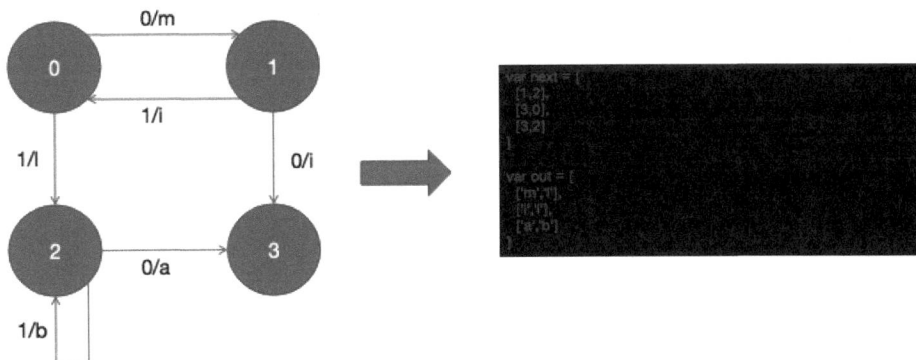

图 4.6　有限状态机的状态转换图及相应的 next 表和 out 表

实现 Mealy 机的方法有多种，其中最简单的就是直接查询 next 表和 out 表。

```
1.     var next = [
2.       [1,2],
3.       [3,0],
4.       [3,2]
5.     ];
6.
7.     var out = [
8.       ['m','l'],
9.       ['i','i'],
10.      ['a','b']
11.    ];
12.
13.    function mealy(bit) {
14.      var str = [];
15.      var state = 0;
16.      var newBit = bit.split('');
17.      var num = 0;
18.      while (num < newBit.length) {
19.        var input = newBit[num];
20.        str.push(out[state][input]);
21.        state = next[state][input];
22.        num++;
23.      }
24.      return str.join('')
25.    }
26.  mealy('0100');  //输出'mimi'
27.  mealy('0110');  //输出'mila'
```

2. 字符编码

JavaScript 允许直接使用码点表示 Unicode 字符，写法是"反斜杠+u+码点"，如字母 a 可以表示为"\u0061"，这对于机器来说没有区别，但是对于人类而言就无法直接阅读了，从而达到了需要的混淆效果。

我们可以将代码中的所有字符串转为 Unicode，这样做只需要消耗少量的空间代价，对执行效率影响非常小。这种方法对于防御者而言也有一个致命的弱点——可以轻易地运用编译方法逆混淆，为了增加此种方法逆混淆的难度，可以在字符串编码时添加一些随机性来增大难度，如对字符串"abc"进行混淆时，我们随机选择其中一个或几个不编码字符，"abc"混淆得到的结果可以为"a\u0062\u0063"、"\u0061b\u0063"和"\u0061\u0062c"等，因为样本的多样化导致逆向混淆时判断难度的提升。

3. 其他

由于字符串这一数据类型的灵活多变，其混淆方法种类繁多，如字符串拆分、字符串加密等，而且还可以衍生出多种混淆方法的复用，在这里就不逐一列举。

4.3.1.2.4 undefined 和 null 混淆

对于 undefined 和 null 来说，在大多数情况下，可以利用 JavaScript 语言的特性进行混淆，如 undefined 可以转为 void 0 或一个声明却未赋值的变量，这个比较简单，在此不再赘述。

4.3.1.3 控制混淆

控制混淆是对程序的控制流进行变换，更改程序中原有的控制流达到让代码非常难以阅读和理解的目的。控制混淆是混淆方法中效果相对较好的代码防护手段，它不同于数据混淆只是在形式上有对源代码有所更改，还会对源代码的结构产生一定影响，所以其混淆的风险也较高。

4.3.1.3.1 不透明谓词

不透明谓词的概念源于数理逻辑，通过严格的逻辑推理证明某些复杂的表达式成立，而这些成立的表达式称为不透明谓词表达式，表达式成立的结果是已知的，而表达式结果表面上是不明显的，称为不透明。常见的经典表达式如下：

$$\forall x \in \mathbb{Z} : 2 \,|\, (x^2 + x)$$

$$\forall x, y, z \in \mathbb{Z}, D > 0, D = z^2 : x^2 - Dy^2 \neq 2$$

不透明谓词的模糊性和不透明性为代码保护提供了强有力的工具，其在代码混淆中有广泛且成熟的研究和具体用途，在这里只需要理解不透明谓词在嵌入代码前，谓词表达式的值已经确定。在一般情况下，我们会在分支语句和循环语句中使用布尔类型的不透明谓词表达式作为判断条件，从而改变程序的控制流向。我们用记号 P^T 表示结果实际上总是为真的不透明谓词，用 P^F 表示结果实际上总是为假的不透明谓词，用 $P^?$ 表示结果真假不定的不透明谓词。如图 4.7 所示，假设目前有一段代码，由 A 和 B 两个代码块组成，图中展示了 3 种不透明谓词的使用方式。

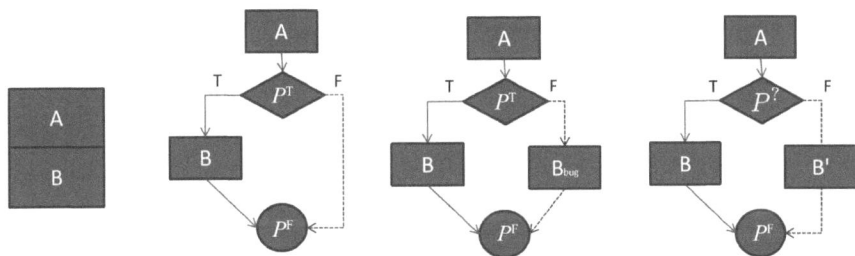

图 4.7　不透明谓词结构图

- 构造一个恒为真的不透明表达式 P^T 作为判断表达式插入 A、B 之间，因为 P^T 恒为真，所以分支语句一定会在 A 代码块执行完之后执行 B 代码块，并且改变了原有的代码结构。

- 构造一个恒为真的不透明表达式 P^T 插入 A、B 之间，与上面一种不同的是，在另一个值为假的分支上添加一个存在 Bug 的代码块。因为 P^T 恒为真，所以存在 Bug 的分支永远不会执行，但是从攻击者的角度分析，他们并不清楚实际的代码逻辑，所以这会令代码难以理解。

- 构造一个真假不确定的不透明谓词表达式 $P^?$，再构造一段与 B 代码块效果等同但形式不同的 B' 代码块，因为 $P^?$ 真假不定，所以程序的执行流可能执行 B 代码块也可能执行 B' 代码块，但对于攻击者来说，却增加了 1 倍的阅读时间。

不透明谓词作为有效的代码保护策略，在理论上可以在代码的任何需要判断的位置插入，也可作为单独语句存在于代码的任何位置。虽然上述内容是以逻辑公式为例构造不透明谓词表达式的，但是在混淆 JavaScript 代码的过程中也可以替换为具有 JavaScript 语言特色的表达式，如利用 "Math.random() > 0.5" 表达式等。然而，对于复杂化的不透明谓词也会给程序的性能带来额外的开销，降低程序运行的性能。因此尽量选择在程序的核心算法或容易受到攻击的位置注入不透明谓词以提高程序的安全性和阅读的可理解性，平衡由于不透明谓词带来的性能开销。

4.3.1.3.2　插入冗余代码

所谓的冗余代码是指与程序中的其他代码没有任何调用关系的代码，死代码是指在程序中永远不会被执行到的代码。将其插入程序中并不会对其造成任何影响，同时还可以增加破解者的阅读难度。插入代码的方法可以借助上文的不透明谓词。

4.3.1.3.3　控制流平坦化

控制流平坦化是指将程序的条件分支和循环语句组成的控制分支结构转化为单一的分发器结构，可以使用这种方法对代码中原有的控制流进行混淆，增加控制流的复杂度。在正常代码中，程序的条件分支和循环语句块可能通过串联、分层嵌套等形式形成复杂的控制结构，控制流图的分支或循环条件语句也随之形成复杂的关系。控制流平坦化正是将这些复杂的控制结构替换为单一的分发器结构的代码混淆方法。一个简单的分发器大多是由 switch 语句组成的，图 4.8 就是一个简单地将一段代码流程替换为控制流平坦化后的结构。

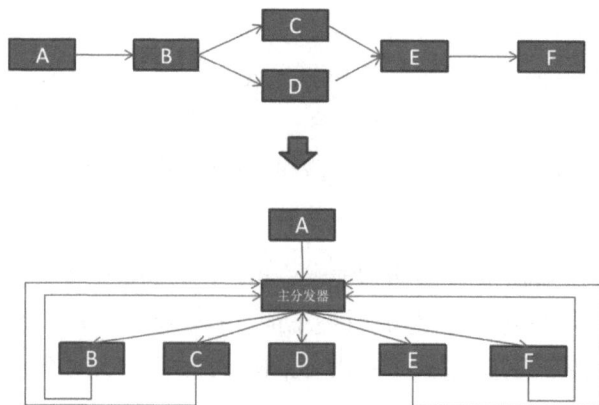

图 4.8　控制流平坦化结构图

根据图 4.8 可以发现，除起始代码 A 外，所有的代码块执行顺序都由主分发器控制，其余所有代码块都在同级。换句话说，攻击者在阅读代码时无法线性地阅读整个代码的运行逻辑和流程，必须按照主分发器的逻辑模拟代码运行的轨迹，从而在代码结构上提升了阅读代码的能力。

下面参照一个示例介绍控制流平坦化的具体实现过程，先展示一段代码混淆前后对比：

```
1.    // 混淆前
2.    var i = 1;
3.    var s = 0;
4.    while (i <= 100) {
5.      s += i;
6.      i++;
7.    }
8.
9.    // 混淆后
10.   var swVar = 1;
11.   while (swVar != 0) {
12.     switch(swVar) {
13.       case 1: {
14.         var i = 1;
15.         var s = 0;
16.         swVar = 2;
17.         break
18.       }
19.       case 2: {
20.         if (i <= 100)
21.           swVar = 3;
22.         else
23.           swVar = 0;
24.           break
25.       }
26.       case 3: {
27.         s += i;
28.         i++
29.         swVar = 2;
30.         break
31.       }
32.     }
33.   }
```

观察混淆前后的代码，可以发现这两段代码执行效果是等价的，但是它们的代码结构和复杂度已经完全不一样。通过控制流平坦化将代码的整个执行流程交由 switch 语句来控制，代码的运行流程已经无法线性阅读，因为代码块之间的关系完全隐藏在分发器上下文的控制操作中。为了更加直观地对比两者的区别，可以通过观察两者的流程图进行对比，如图 4.9 所示。

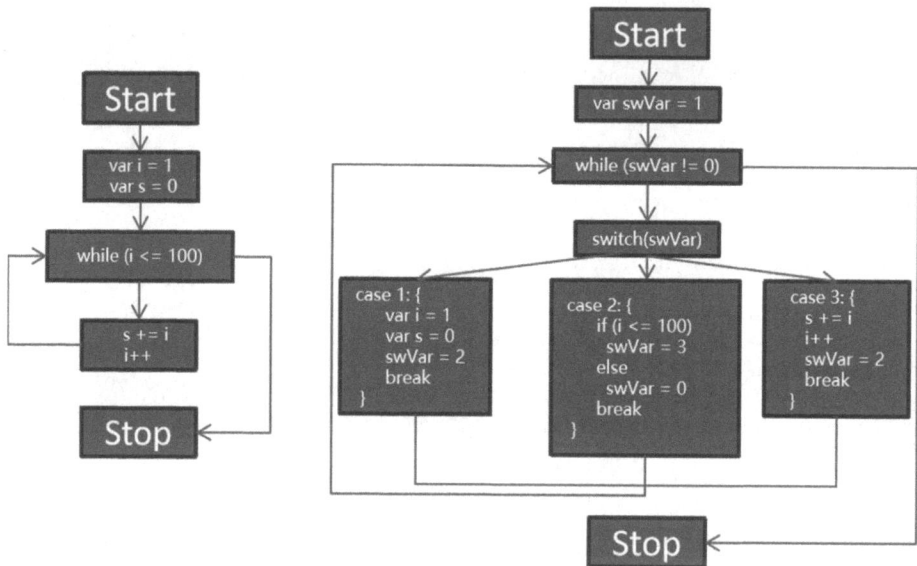

图 4.9　控制流平坦化流程图

通过对比控制流平坦化流程图可以清晰地观察到，代码由简单的由上至下的线性流程变为由以 switch 构成的分发器为流程控制其余平行代码块的结构。而且在控制平坦化后的流程图中，我们还可以加入上文所述的死代码、废代码等其他代码块来增加对源代码的保护。

4.3.1.4　预防混淆

预防混淆与布局混淆、数据混淆及控制混淆等方法有极大的区别，它的目的不是通过混淆代码增加人们阅读代码的复杂度，而是提高现有的反混淆技术破解代码的难度或检测现有的反混淆器中存在的问题，并针对现有的反混淆器中的漏洞设计混淆算法，增加其破解代码的难度。

4.3.2　Android/iOS SDK 加固保护

4.3.2.1　变量名与函数名混淆

Proguard 是一款 Java 语言的压缩器、优化器、混淆器，它能够检测并删除未使用的类、变量、方法和属性；分析并优化方法的字节码；将实际使用的类、变量、方法重命名为无意义的短名称，使字节码更小、更高效，并且更难进行逆向分析。混淆不会改变源代码逻辑，只会使反编译出来的代码不易阅读。Android 支持在编译过程中 Proguard，通常为了安全考虑，release 版本的 apk 都会开启 Proguard 功能。在配置 Proguard 规则时，需要保证最小 keep 原则（尽可能多地混淆）。在默认情况下，会使用英文字母 a、b、c 进行混淆。也可以通过 -obfuscationdictionary/-classobfuscationdictionary/-packageobfuscationdictionary 配置字典，使用指定的字符集。如图 4.10 所示为 Proguard 混淆前后代码可读性的差异。

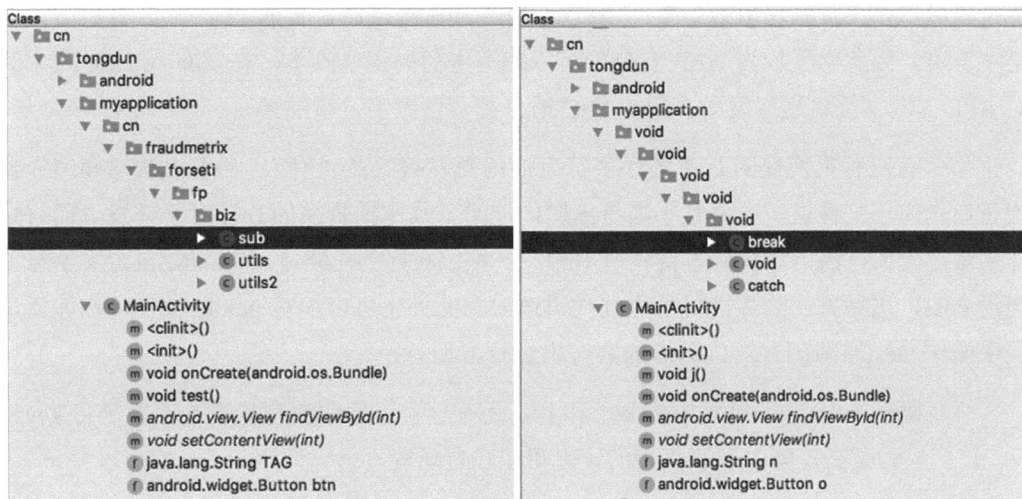

图 4.10　Proguard 混淆前后代码可读性的差异

C 语言没有现成的工具，需要自行编写替换脚本。比较简单的方法是对源代码进行正则匹配，还有一种方法——解析语法树。如图 4.11 所示为 C 语言函数名的混淆，变量名本身在编译时就已经优化了。

```
𝓕 MQLXMI_zGAmRegvNtsZhpAEWUxSwwSjggAJ...
𝓕 MVkULGDNHluPHCkXGUTgGR_bEtIYjbwOPje
𝓕 MqvblsDxDfqBCxWjjUkfxkxtFEDjGaecbuCAYm...
𝓕 MznXLXVaFsJCFzDlcWZaBAxbUhNEualDGUw...
𝓕 NZrAoyTwJeMgdBhvyKNgvqHFHAtulrkAliZrwd...
𝓕 NgCS_FAuLgaLVMskqqRkrZyGlKuIZfdNKDsvis...
𝓕 NmpNMKyGCPpqQhVfkRPxMOYsRuvkecGXw...
𝓕 OForZcSQzaZcewrGgWEdhrUFJzzbgUwhbjgU...
𝓕 OlziglummgpKOdZSilcWmXHFPgmpLyDisyPc...
```

图 4.11   C 语言函数名与变量名替换

4.3.2.2   字符串混淆

在进行 APP 逆向静态分析时，研究人员往往会通过特定字符串定位代码执行的位置。如分析网络请求，先通过抓包找到 URL，然后全局搜索域名快速定位网络请求相关的代码；当 C 语言调用 Java 的函数时，类名和方法名都需要使用字符串传入，通过字符串可以很快找到调用的函数；当进行 AES 加密处理时，传入 key、iv、分组方式都是字符串。因此为了加强 APP 安全，可以编写专门的混淆脚本，在发布 release 版本时对 APP 内的字符串进行混淆。Java 和 C 语言都可以做字符串混淆。

那么有没有更便捷的方式进行字符串混淆呢？答案是"有"。利用语法树和编译器代替原先的正则替换，省事且不容易出错。混淆工具出错带来的 Bug 对于开发者而言是非常难排查的，因为源代码本身没有 Bug。一种比较好的思路是用 LLVM 自定义字符串混淆 Pass，这种方式兼容性好且无须代码适配。此外也可以编写 gradle 插件，在编译过程中操作 Dex 字节码，对代码中的字符串进行混淆替换。

想要隐藏 AES 加密过程中的 key 和 iv，还有一种方案叫白盒加密，原理是将 key、iv、轮变换隐藏在矩阵中，感兴趣的读者可以自行研究。

4.3.2.3   Dex 加固与抽取

Dex 加固即将需要保护的代码单独生成 Dex，加密后保存在 assets 目录下，在 so 加载时解密 jar 并通过 DexClassLoader 加载到内存里。该方案的主要问题在于解密后的 Dex 会以文件形式存储在手机内存中，而且通过内存 dump 的方式能够获取解密后的 jar 包，而没有生成文件加载的方式存在很多兼容性的问题。

4.3.2.3.1　Dex 抽取

Dex 抽取指的是将 Dex 字节码中的函数代码片段提取出来，生成一个方法结构体为空的 Dex，并将代码片段保存在 so 中。然后在函数运行时实时补全函数的代码。Dex 抽取有两种级别粒度的还原，即类级还原和函数级还原。类级还原是指在类加载时补全该类的全部函数；函数级还原是指在执行函数时才补全函数。目前，市面上主流的加固工具均能实现 Dex 抽取的效果。这种加固方案能够防止通过内存 dump 方式获取原始 Dex，但是通过定制 rom 与 hook 特定函数的技术手段还是能够还原出原始 Dex 的。

4.3.2.3.2　Dex-Java2C

在实际对抗环境下，Dex 无论如何保护，都有方法还原原始的 Dex，进而反编译得到 Java 代码。而 C 代码相对而言较难逆向。Java2c 是指将原有的 Java 代码抽取出来，通过 jni 在 native 层反射实现。

流程如下：Dex→smali→抽取+native 化→生成 so

抽取后的原始 Java 函数，反编译出来是 native 函数，在运行过程中也不会还原。Java2c 配合 C 语言的代码混淆技术和字符串混淆技术，可以对 Android 的 Java 代码起到很好的保护效果。同时也不需要对原始 Java 代码进行重写。如图 4.12 所示为加固处理前后反编译出的代码可读性差异。

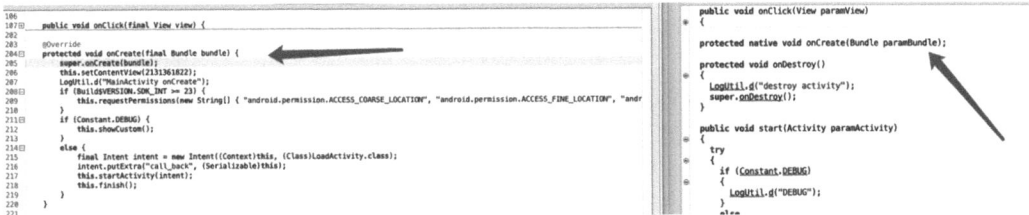

图 4.12　Java2c 加固前后对照

4.3.2.4　LLVM

LLVM 是 Low Level Virtual Machine 的缩写，其定位是一个比较底层的虚拟机。然而 LLVM 本身并不是一个完整的编译器，LLVM 是一个编译器基础架构，把很多编译器需要的功能以可调用的模块形式实现出来并包装成库，其他编译器实现者可以根据自己的需要使用或扩展，主要聚焦于编译器后端功能，如代码生成、代码优化、JIT 等。

编译器前端和后端就是编译器经典的三段式设计中的组成，如图 4.13 所示。

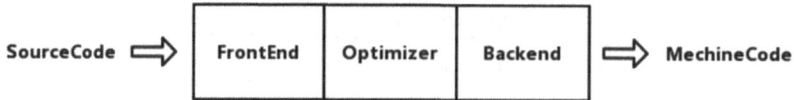

图 4.13 Java2c 加固前后对照编译器前端和后端三段式设计

LLVM 采用经典的三段式设计，如图 4.14 所示。前端可以使用不同的编译工具对代码文件做词法分析以形成抽象语法树 AST，然后将分析好的代码转换成 LLVM 的中间语言 IR（Intermediate Representation）；中间部分的优化器只对中间进行 IR 操作，通过一系列的 Pass 对 IR 做优化；后端负责将优化好的 IR 解释成对应平台的机器码。LLVM 的优点在于，中间语言 IR 兼容性设计优良，不同的前端语言（C/C++或 ObjC 等）最终都转换成同一种的 IR；然后经过不同的后端编译器，编译成不同平台构架（x86/x64/arm/arm64 等）的机器码。

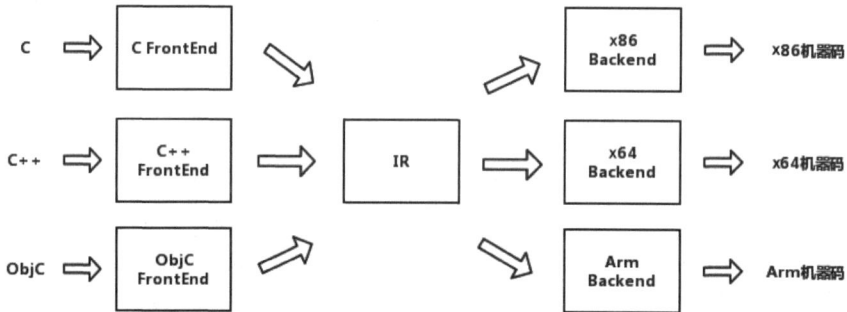

图 4.14 LLVM 转换 IR

4.3.2.4.1 Clang 与 LLVM 的关系

LLVM 与 Clang 是 C/C++编译器套件，整个 LLVM 的框架包含了 Clang，其关系如图 4.15 所示。因为 Clang 是 LLVM 的框架的一部分，是 LLVM 的一个 C/C++的前端。Clang 使用了 LLVM 中的一些功能，目前，已知的主要是对中间格式代码的优化，或许还有一部分生成代码的功能。从源代码角度来讲，通过 Clang 和 LLVM 的源码位置可以看出，Clang 是基于 LLVM 的一个工具。从功能的角度来讲，LLVM 可以认为是一个编译器的后端，而 Clang 是一个编译器的前端，它们的关系就更加明了，一个编译器前端想要程序最终变成可执行文件，是缺少不了对编译器后端的支持的。

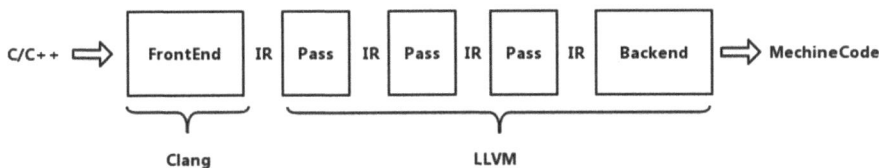

图 4.15　Clang 和 LLVM 的关系

与 GCC 相比，Clang 具有如下优点：

- 编译速度快：在某些平台上，Clang 的编译速度要比 GCC 的编译速度快（在 Debug 模式下编译 OC 的速度比 GCC 快 3 倍）。
- 占用内存小：Clang 生成的 AST 所占用的内存是 GCC 的 1/5 左右。
- 模块化设计：Clang 采用基于库的模块化设计，易于 IDE 集成及其他用途的重用。
- 诊断信息可读性强：在编译过程中，Clang 创建并保留了大量详细的元数据（metadata），有利于调试和错误报告。
- 设计清晰简单：容易理解，易于扩展增强。

4.3.2.4.2　LLVM IR

IR 可以理解为一种通用的中间语言，C 语言和 C++语言可以对应成 IR，对应关系可以是一对多，也可以是多对一。LLVM IR 有以下 3 种表示形式，其本质是等价的。

- text：便于阅读的文本格式，类似于汇编语言，拓展名为 ".ll"。命令为 "clang -S -emit-llvm main.m"。
- memory：内存编译器格式。
- bitcode：实时编译器格式，拓展名为 ".bc"，命令为 "clang -c -emit-llvm main.m"。

如图 4.16 所示为 text 格式 IR 的一个示例。

```
; Function Attrs: nounwind uwtable
define void @MD5Decode(i32* nocapture, i8* nocapture readonly, i32) local_unnamed_addr #0
!dbg !133 {
  call void @llvm.dbg.value(metadata i32* %0, metadata !132, metadata !DIExpression()),
  !dbg !482
  call void @llvm.dbg.value(metadata i8* %1, metadata !137, metadata !DIExpression()),
  !dbg !483
  call void @llvm.dbg.value(metadata i32 %2, metadata !138, metadata !DIExpression()),
  !dbg !484
  call void @llvm.dbg.value(metadata i32 0, metadata !139, metadata !DIExpression()),
  !dbg !485
  call void @llvm.dbg.value(metadata i32 0, metadata !140, metadata !DIExpression()),
  !dbg !486
  %4 = icmp eq i32 %2, 0, !dbg !487
  br i1 %4, label %40, label %5, !dbg !488

; <label>:5:                                      ; preds = %3
  br label %6, !dbg !489

; <label>:6:                                      ; preds = %5, %6
  %7 = phi i32 [ %37, %6 ], [ 0, %5 ]
  %8 = phi i32 [ %36, %6 ], [ 0, %5 ]
  %9 = zext i32 %7 to i64, !dbg !489
  %10 = getelementptr inbounds i8, i8* %1, i64 %9, !dbg !489
  %11 = load i8, i8* %10, align 1, !dbg !489, !tbaa !150
  %12 = zext i8 %11 to i32, !dbg !490
  %13 = or i32 %7, 1, !dbg !491
  %14 = zext i32 %13 to i64, !dbg !492
  %15 = getelementptr inbounds i8, i8* %1, i64 %14, !dbg !492
  %16 = load i8, i8* %15, align 1, !dbg !492, !tbaa !150
  %17 = zext i8 %16 to i32, !dbg !492
  %18 = shl nuw nsw i32 %17, 8, !dbg !493
  %19 = or i32 %18, %12, !dbg !494
  %20 = or i32 %7, 2, !dbg !495
  %21 = zext i32 %20 to i64, !dbg !496
  %22 = getelementptr inbounds i8, i8* %1, i64 %21, !dbg !496
```

图 4.16　text 格式 IR 示例

IR 基本语法的注意事项如下：

- 注释以分号“;”开头。
- 全局标识符（函数和全局变量）以“@”开头，局部标识符（寄存器和结构体）以“%”开头。
- alloca 表示在当前函数栈帧中分配内存。
- 32bit 表示 4 个字节。
- align 表示内存对齐。
- store 表示写入数据。
- load 表示读取数据。
- call 表示调用函数。
- !表示 metadata，保存源码调试信息。
- 其他 IR 语法的注意事项参考 LLVM 官网。

4.3.2.4.3　LLVM 源码编译

首先需要通过 git 下载 LLVM 和 Clang，使用的命令如下：

```
$ git clone https://git.llvm.org/git/llvm.git/
$ cd llvm/tools
$ git clone https://git.llvm.org/git/clang.git/
```

虽然 Clang 是 LLVM 的子项目，但是它们的源码是分开的，因此我们需要将 Clang 存储在 llvm/tools 目录下。下载完成后编译即可，使用的命令如下：

```
$ mkdir build
$ cd build
$ cmake ../../../llvm
```

4.3.2.4.4　OLLVM

Obfuscator-LLVM 是由瑞士西北应用科技大学安全实验室于 2010 年 6 月发起的一个开源项目，该项目在 LLVM 开源分支的基础上改造，能够通过代码混淆和防篡改，增加对逆向工程的难度，提供更强的安全性。OLLVM 的混淆操作就是在中间表示 IR 层，通过编写 Pass 来混淆 IR，然后后端依据 IR 生成的目标代码也就被混淆了。得益于 LLVM 的设计，OLLVM 适用 LLVM 支持的所有语言（C、C++、Objective-C、Ada 和 Fortran）和目标平台（x86、x86-64、PowerPC、PowerPC-64、ARM、Thumb、SPARC、Alpha、CellSPU、MIPS、MSP430、SystemZ 和 XCore）。

整个项目包含了 3 个相对独立的 LLVM Pass，每个 Pass 实现了一种混淆方式，通过这些混淆手段，可以隐藏源代码或某一部分代码。

- Instructions Substitution　（整数二进制操作，如加、减、逻辑运算的等效替换）。
- Bogus Control Flow（流程伪造）。
- Control Flow Flattening（流程平坦化）。

在实际使用中，需要针对自身实际情况配置 OLLVM 三种混淆方式的混淆强度。一段比较简单的代码，高强度混淆可能需要数十分钟甚至几小时，产生的可执行文件体积也会膨胀数百倍。此外，对于某些不重要的函数，可以通过设置 attribute 注释不进行混淆。在实际使用中，应用开发厂商非常在意 APP 的体积，因此，需要折中混淆强度和安全性。

4.3.2.5 代码虚拟化

代码虚拟化保护技术是一种比 Dex 文件保护、Java2c 技术更强的安全防护技术，可以更有效地对抗黑产逆向工程或破解，避免造成核心技术和风控逻辑被泄密的问题。我们的终端风控 SDK 使用了自主研发的 TDVM 虚拟机实现自我保护。

4.3.2.5.1 源码虚拟化

TDVM 是基于 Clang 编译器扩展实现的 VM 虚拟机编译器，在 C、C++、Object-C 项目编译时对指定函数进行代码保护。依赖自定义的CPU，在编译过程中将代码翻译成自定义的CPU 指令。如"ADD X1 X2 #1"可以翻译成"XE #1 R1 R2"。该指令无法直接在 CPU 上执行，必须利用对应的解释器执行指令。代码被虚拟化后，如果想要还原源代码，就需要通过反复调试理解自定义指令集的实际功能。因此，代码虚拟化极大地提高了安全性，增加了破解难度。如图 4.17 所示为虚拟机代码编译过程示意图。

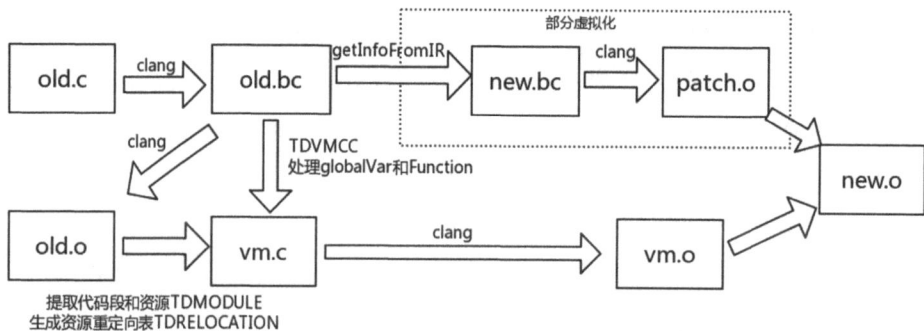

图 4.17　虚拟机代码编译过程示意图

TDVM 的逻辑流程如下：

- 使用源文件 old.c 通过 clang 编译生成 old.bc 的 IR 文件。

- IR 文件通过 clang 编译生成 old.o。

- old.bc 通过 TDVMCC 提取全局变量和虚拟化的函数，生成 vm.c 框架。

- 提取 old.o 中的代码段和数据段，生成 TDMODULE，并生成资源重定向表 TDRELOCATION，填充进 vm.c。

- 将 vm.c 通过 clang 编译生成 vm.o。

- 如果是部分代码虚拟化，就需要将未虚拟化的函数从 IR 文件中提取出来，生成 new.bc。

- new.bc 通过 clang 编译生成 patch.o。

- vm.o 和 patch.o 链接生成 new.o，即虚拟化后的可执行文件。

4.3.2.5.2　指令集设计

TDVM 指令集完全参照 arm 官方文档规范，定义了大部分常用指令，根据指令的类型可以分为如下几类：

- 数据处理指令（立即数）：对数据进行加、减、乘、除等运算。

- 跳转和执行指令：根据条件判断后的结果跳转或执行函数调用指令。

- 加载和存储指令：加载数据或存储数据指令。

- 数据处理指令（寄存器）：寄存器中的数据处理。

- 数据处理指令（向量寄存器和浮点数处理）：主要进行向量寄存器或浮点数的处理。

- 其他指令：自定义 CPU 指令包含以下元素。

  - 栈空间：创建虚拟机时分配的栈，用来存储函数的参数或局部变量等。

  - 寄存器信息：第一，通用寄存器；第二，浮点数寄存器，用来存储浮点数（目前不支持浮点数寄存器）；第三，向量寄存器，用来储存由向量处理器运行 SIMD（Single Instruction Multiple Data）指令所得到的数据；第四，pc 寄存器，当前程序运行的 pc 值；第五，标志寄存器。

相关定义的代码如下：

```
1.    typedef struct reg_info{    //自定义寄存器
2.        int64_t        ARM64_REG_X0;
3.        int64_t        ARM64_REG_X1;
4.        int64_t        ARM64_REG_X2;
5.        int64_t        ARM64_REG_X3;
6.        int64_t        ARM64_REG_X4;
```

```
7.      int64_t      ARM64_REG_X5;
8.      int64_t      ARM64_REG_X6;
9.      int64_t      ARM64_REG_X7;
10.     int64_t      ARM64_REG_X8;
11.     int64_t      ARM64_REG_X9;
12.     int64_t      ARM64_REG_X10;
13.     int64_t      ARM64_REG_X11;
14.     int64_t      ARM64_REG_X12;
15.     int64_t      ARM64_REG_X13;
16.     int64_t      ARM64_REG_X14;
17.     int64_t      ARM64_REG_X15;
18.     int64_t      ARM64_REG_X16;//ARM64_REG_IP0
19.     int64_t      ARM64_REG_X17;//ARM64_REG_IP1
20.     int64_t      ARM64_REG_X18;
21.     int64_t      ARM64_REG_X19;
22.     int64_t      ARM64_REG_X20;
23.     int64_t      ARM64_REG_X21;
24.     int64_t      ARM64_REG_X22;
25.     int64_t      ARM64_REG_X23;
26.     int64_t      ARM64_REG_X24;
27.     int64_t      ARM64_REG_X25;
28.     int64_t      ARM64_REG_X26;
29.     int64_t      ARM64_REG_X27;
30.     int64_t      ARM64_REG_X28;
31.     int64_t      ARM64_REG_INVALID;
32.     int64_t      ARM64_REG_X29;  //FP
33.     int64_t      ARM64_REG_X30;  //LR
34.     int64_t      ARM64_REG_NZCV; //标志寄存器
35.     int64_t      ARM64_REG_SP;
36.     int64_t      ARM64_REG_WSP;
37.     int64_t      ARM64_REG_WZR;
38.     int64_t      ARM64_REG_XZR;
39.     int64_t      ARM64_REG_PC;
40.     arm64_float_reg  float_reginfo;
41.     arm64_dword_reg_info dword_reginfo;
42.  #if defined(__aarch64__)
43.     arm64_dq_reg_info  dQ_reginfo;
44.  #endif
45.     arm64_Dx_reg_info  dD_reginfo;
46.  }reg_info_arm64;
```

4.3.2.5.3 翻译模块

翻译模块是指将源代码用 Clang 编译成 IR 文件（中间语言），然后对 IR 中的函数进行指令处理，将指令翻译成自定义 CPU 的指令，再用新生成的指令替换原先的指令。在翻译过程中，要对原有指令中的操作数和资源等进行特殊处理。

在虚拟机中执行指令时，需要加载的字符串、常量数组或外部函数等统称为资源。例如，在执行 bl strlen 时，需要根据当前 pc 值找到对应的 bl strlen 再调用函数值。同样，在 arm64 中需要加载某个字符串"ABCDEFGHIJKLMNOPQRSTUVWXYZabcdefghijklmn opqrstuvwxyz0123456789+/"时，我们需要在自定义的资源重定位表中定位到字符串的位置，然后加载到自定义的虚拟机中，这个过程称为资源重定位。

以 base64 中的 base64_encode() 函数为例进行虚拟化操作，源代码如图 4.18 所示。

```c
16  unsigned char *base64_encode(unsigned char *str)
17  {   long len;
18      long str_len;
19      unsigned char *res;
20      int i,j;
21      unsigned char *base64_table="ABCDEFGHIJKLMNOPQRSTUVWXYZabcdefghijklmnopqrstuvwxyz0
22      str_len=strlen(str);
23      if(str_len % 3 == 0)
24          len=str_len/3*4;
25      else
26          len=(str_len/3+1)*4;
27      res=malloc(sizeof(unsigned char)*len+1);
28      res[len]='\0';
29      //以3个8位字符为一组进行编码
30      for(i=0,j=0;i<len-2;j+=3,i+=4)
31      {   res[i]=base64_table[str[j]>>2]; //取出第一个字符的前6位并找出对应的结果字符
32          res[i+1]=base64_table[(str[j]&0x3)<<4 | (str[j+1]>>4)]; //将第一个字符的后位与第二
33          res[i+2]=base64_table[(str[j+1]&0xf)<<2 | (str[j+2]>>6)]; //将第二个字符的后4位与
34          res[i+3]=base64_table[str[j+2]&0x3f]; //取出第三个字符的后6位并找出结果字符
35      }
36      switch(str_len % 3)
37      {   case 1:
38              res[i-2]='=';
39              res[i-1]='=';
40              break;
41          case 2:
42              res[i-1]='=';
43              break;
44      }
45      return res;
46  }
```

图 4.18　base64_encode() 函数源代码

如图 4.19 所示为原始函数在 IDA 中的反编译效果，整个逻辑清晰明了。代码经过编译器优化和 IDA 反编译，实现方式有所变化，但是执行效果是完全一致的。

```
unsigned __int8 *__fastcall base64_encode(unsigned __int8 *str)
{
  unsigned __int8 *v1; // x19
  __int64 v2; // x0
  __int64 v3; // x8
  bool v4; // zf
  signed __int64 v5; // x20
  signed __int64 v6; // x8
  signed __int64 v7; // x21
  unsigned __int8 *result; // x0
  int v9; // w8
  signed __int64 v10; // x8
  unsigned __int8 *v11; // x10
  unsigned __int64 v12; // x13
  unsigned __int8 v13; // x15
  unsigned int v14; // w14
  unsigned int v15; // t1

  v1 = str;
  v2 = strlen();
  v3 = ((unsigned __int128)(v2 * (signed __int128)6148914691236517206LL) >> 64)
     + ((__int64)((unsigned __int128)(v2 * (signed __int128)6148914691236517206LL) >> 64) >> 63);
  v5 = v2 - 3 * v3;
  v4 = v2 == 3 * v3;
  v6 = 4 * v3;
  if ( v4 )
    v7 = v6;
  else
    v7 = v6 + 4;
  result = (unsigned __int8 *)malloc(v7 | 1);
  v9 = 0;
  result[v7] = 0;
  if ( v7 >= 3 )
  {
    v10 = 0LL;
    v11 = v1 + 2;
    do
    {
      v12 = *(v11 - 2);
      v13 = &result[v10 + 3];
      *(v13 - 3) = aAbcdefghijklmn[v12 >> 2];
      v14 = *(v11 - 1);
      *(v13 - 2) = aAbcdefghijklmn[(v14 >> 4) & 0xFFFFFFCF | 16 * (v12 & 3)];
      v15 = *v11;
      v11 += 3;
      *(v13 - 1) = aAbcdefghijklmn[(v15 >> 6) & 0xFFFFFFC3 | 4 * (v14 & 0xF)];
      *v13 = aAbcdefghijklmn[v15 & 0x3F];
      v10 += 4LL;
    }
    while ( v10 < v7 - 2 );
    v9 = v7;
  }
  if ( v5 != 2 )
  {
    if ( v5 != 1 )
      return result;
    result[v9 - 2] = 61;
  }
  result[v9 - 1] = 61;
  return result;
}
```

图 4.19　base64_encode()函数反编译后的代码

我们将 base64_encode()函数进行虚拟化后使用 IDA 反编译，效果如图 4.20 和图 4.21
所示，整个 base64_encode()函数的源指令全部被隐藏了。

```
 1  __int64 __fastcall base64_encode(__int64 a1)
 2  {
 3    __int64 v2; // [xsp+58h] [xbp-18h]
 4    __int64 s; // [xsp+60h] [xbp-10h]
 5    __int64 v4; // [xsp+68h] [xbp-8h]
 6
 7    v4 = a1;
 8    s = a1;
 9    v2 = 0LL;
10    vm_do_arm64(&v2, 0LL, 252LL, &TDCODE, 1328LL, &TDXX, 22LL);
11    return v2;
12  }
```

图 4.20　base64_encode()虚拟化函数反编译后的代码

```
                      EXPORT base64_encode
base64_encode                                ; DATA XREF: .data.rel.ro:0000000000007804

; var_70          = -0x70
; var_5C          = -0x5C
; var_58          = -0x58
; var_50          = -0x50
; var_48          = -0x48
; var_40          = -0x40
; var_38          = -0x38
; var_34          = -0x34
; var_30          = -0x30
; var_28          = -0x28
; var_1C          = -0x1C
; var_18          = -0x18
; s               = -0x10
; var_8           = -8
; var_s0          = 0

                      SUB       SP, SP, #0x80
                      STP       X29, X30, [SP,#0x70+var_s0]
                      ADD       X29, SP, #0x70
                      SUB       X8, X29, #-var_18
                      MOV       W9, WZR
                      MOV       W2, #0xFC
                      ADRP      X10, #TDCODE@PAGE
                      ADD       X3, X10, #TDCODE@PAGEOFF
                      MOV       X4, #0x530
                      ADRP      X10, #TDXX@PAGE

loc_F4
                      ADD       X5, X10, #TDXX@PAGEOFF
                      MOV       X6, #0x16
                      MOV       W7, #1
                      SUB       X10, X29, #-s
                      MOV       W11, WZR
                      MOV       X12, #8
                      STUR      X0, [X29,#var_8]
                      MOV       X0, X10 ; s
                      UXTB      W1, W11
                      STUR      W2, [X29,#var_1C]
                      MOV       X2, X12 ; n
                      STUR      X10, [X29,#var_28]
                      STUR      X8, [X29,#var_30]
                      STUR      W9, [X29,#var_34]
                      STR       W7, [SP,#0x70+var_38]
                      STR       X3, [SP,#0x70+var_40]
                      STR       X4, [SP,#0x70+var_48]
                      STR       X5, [SP,#0x70+var_50]
                      STR       X6, [SP,#0x70+var_58]
                      BL        memset
                      LDUR      X8, [X29,#var_8]
                      STUR      X8, [X29,#s]
                      STUR      XZR, [X29,#var_18]
                      LDUR      X0, [X29,#var_30]
                      LDUR      W1, [X29,#var_34]
                      LDUR      W2, [X29,#var_1C]
                      LDR       X3, [SP,#0x70+var_40]
                      LDR       X4, [SP,#0x70+var_48]
                      LDR       X5, [SP,#0x70+var_50]
                      LDR       X6, [SP,#0x70+var_58]
                      LDR       W7, [SP,#0x70+var_38]
                      LDUR      X8, [X29,#var_28]
                      STR       X8, [SP,#0x70+var_70]
                      BL        vm_do_arm64
                      LDUR      X8, [X29,#var_18]
                      STR       W0, [SP,#0x70+var_5C]
                      MOV       X0, X8
                      LDP       X29, X30, [SP,#0x70+var_s0]
                      ADD       SP, SP, #0x80
                      RET
; End of function base64_encode
```

图 4.21　base64_encode()虚拟化函数的汇编代码

　　我们将翻译后的自定义指令、常量、资源写到.data 段。vm_do_arm64 对应的是虚拟机的解释器函数，用于解释执行自定义指令，如图 4.22 所示。

```
TDCODE          ; ORG 0x1FC
                DCB 0xF5, 0xF, 0x1D, 0xF8, 0xF4, 0x4F, 1, 0xA9, 0xFD, 0x7B
                                ; DATA XREF: base64_decode+18↑o
                                ; base64_decode+1C↑o ...
                DCB 2, 0xA9, 0xFD, 0x83, 0, 0x91, 0xF3, 3, 0, 0xAA, 0
                DCB 0, 0, 0x94, 0xE8, 0xF3, 0, 0xB2, 0xC8, 0xA9, 0x8A
                DCB 0xF2, 8, 0x7C, 0x48, 0x9B, 8, 0xFD, 0x48, 0x8B, 9
                DCB 5, 8, 0x8B, 0x14, 0, 9, 0xEB, 8, 0xF5, 0x7E, 0xD3
                DCB 9, 0x11, 0, 0x91, 0x15, 1, 0x89, 0x9A, 0xA0, 2, 0x40
                DCB 0xB2, 0, 0, 0, 0x94, 8, 0, 0x80, 0x52, 0x1F, 0x68
                DCB 0x35, 0x38, 0xBF, 0xE, 0, 0xF1, 0xAB, 3, 0, 0x54, 8
                DCB 0, 0x80, 0xD2, 0xA9, 0xA, 0, 0xD1, 0x6A, 0xA, 0, 0x91
                DCB 0xB, 0xC, 0, 0x91, 0xC, 0, 0x90, 0x8C, 1, 0, 0x91
                DCB 0x4D, 0xE1, 0x5F, 0x38, 0xAE, 0xFD, 0x42, 0xD3, 0x8E
                DCB 0x69, 0x6E, 0x38, 0x6F, 1, 8, 0x8B, 0xAE, 0xD1, 0x1F
                DCB 0x38, 0x4E, 0xF1, 0x5F, 0x38, 0xD0, 0x7D, 4, 0x53
                DCB 0xB0, 5, 0x1C, 0x33, 0x8D, 0x49, 0x70, 0x38, 0xED
                DCB 0x1F, 0x38, 0x4D, 0x35, 0x40, 0x38, 0x38, 0x7D
                DCB 0x46, 0xD3, 0xD0, 0xD, 0x1E, 0x33, 0x8E, 0x49, 0x70
                DCB 0x38, 0xEE, 0xF1, 0x1F, 0x38, 0xAD, 0x15, 0x40, 0x92
                DCB 0x8D, 0x69, 0x6D, 0x38, 0xED, 1, 0, 0x39, 8, 0x11
                DCB 0, 0x91, 0x1F, 1, 9, 0xEB, 0x8B, 0xF4, 0xFF, 0x54
                DCB 0xE8, 3, 0x15, 0xAA, 0x9F, 0xA, 0, 0xF1, 0xC0, 0, 0
                DCB 0x54, 0x9F, 6, 0, 0xF1, 0xC0, 0, 0x54, 9, 0xC0
                DCB 0x28, 0x8B, 0xAA, 7, 0x80, 0x52, 0x2A, 0xE1, 0x1F
                DCB 0x38, 8, 0xC0, 0x28, 0x8B, 0xA9, 7, 0x80, 0x52, 9
                DCB 0xF1, 0x1F, 0x38, 0xFD, 0x7B, 0x42, 0xF4, 0x4F
                DCB 0x41, 0xA9, 0xF5, 7, 0x43, 0xF8, 0xC0, 3, 0x5F, 0xD6
                DCB 0xF5, 0xF, 0x1D, 0xF8, 0xF4, 0x4F, 1, 0xA9, 0xFD, 0x7B
                DCB 2, 0xA9, 0xFD, 0x83, 0, 0x91, 0xF3, 3, 0, 0xAA, 0
                DCB 0, 0, 0x94, 0xF4, 3, 0, 0xAA, 1, 0, 0x90, 0x21
                DCB 0, 0x91, 0xE0, 3, 0x13, 0xAA, 0, 0, 0, 0x94, 0
                DCB 1, 0, 0xB4, 0x88, 0xE, 0, 0x91, 0x9F, 2, 0, 0xF1, 8
                DCB 0xB1, 0x94, 0x9A, 8, 0xFD, 0x42, 0x93, 8, 5, 8, 0x8B
                DCB 0x15, 9, 0, 0xD1, 0xC, 0, 0, 0x14, 0xA1, 7, 0x80, 0x52
                DCB 0xE0, 3, 0x13, 0xAA, 0, 0, 0x94, 0x88, 0xE, 0, 0x91
                DCB 0x9F, 2, 0, 0xF1, 8, 0xB1, 0x94, 0x9A, 8, 0xFD, 0x42
                DCB 0x93, 9, 5, 8, 0x8B, 0x29, 5, 0, 0xD1, 0x1F, 0, 0
                DCB 0xF1, 0x15, 1, 0x89, 0x9A, 0xA0, 6, 0, 0x91, 0, 0
                DCB 0, 0x94, 0x1F, 0x68, 0x35, 0x38, 0x9F, 0xE, 0, 0xF1
                DCB 0x6B, 3, 0, 0x54, 8, 0, 0x80, 0xD2, 0x89, 0xA, 0, 0xD1
                DCB 0xA, 8, 0, 0x91, 0x6B, 0xE, 0, 0x91, 0xC, 0, 0, 0x90
                DCB 0x8C, 1, 0, 0x91, 0x6D, 1, 8, 0x8B, 0xAE, 0xD1, 0x5F
                DCB 0x38, 0x8E, 0x79, 0x6E, 0x38, 0x8F, 0xAF, 0xE1, 0x5F, 0x38
                DCB 0x8F, 0x79, 0x6F, 0x38, 0xF0, 0x1D, 4, 0x53, 0xE, 0xA
                DCB 0xE, 0x2A, 0x4E, 0xE1, 0x1F, 0x38, 0xAE, 0xF1, 0x5F
                DCB 0x38, 0x8E, 0x79, 0x6E, 0x38, 0xD0, 0x1D, 2, 0x53
                DCB 0xF, 0x12, 0xF, 0x2A, 0x4F, 0xF1, 0x1F, 0x38, 0xAD
                DCB 1, 0x40, 0x39, 0x8D, 0x79, 0x6D, 0x38, 0xAD, 0x19
                DCB 0xE, 0x2A, 0x4D, 0x35, 0, 0x38, 8, 0x11, 0, 0x91, 0x1F
                DCB 1, 9, 0xEB, 0xAB, 0xFD, 0xFF, 0x54, 0xFD, 0x7B, 0x42
                DCB 0xA9, 0xF4, 0x4F, 0x41, 0xA9, 0xF5, 7, 0x43, 0xF8
                DCB 0xC0, 0x5F, 0xD6, 0xF3, 0xF, 0x1E, 0xF8, 0xFD, 0x7B
                DCB 1, 0xA9, 0xFD, 0x43, 0, 0x91, 0, 0, 0x90, 0, 0
                DCB 0, 0x91, 0x7B, 0xFF, 0xFF, 0x97, 0xF3, 3, 0, 0xAA
                DCB 0, 0x90, 0, 0, 0, 0x91, 0xE1, 3, 0x13, 0xAA
                DCB 0, 0, 0, 0x94, 0xE0, 3, 0x13, 0xAA, 0xB3, 0xFF, 0xFF
                DCB 0x97, 0xE1, 3, 0, 0xAA, 0, 0, 0x90, 0, 0, 0, 0x91
                DCB 0, 0, 0x94, 0, 0, 0x80, 0x52, 0xFD, 0x7B, 0x41
                DCB 0xA9, 0xF3, 7, 0x42, 0xF8, 0xC0, 3, 0x5F, 0xD6, 0
                DCB 0, 0, 0, 0, 0, 0, 0, 0, 0, 0, 0, 0
```

图 4.22　自定义指令

4.3.2.5.4　解释模块

解释模块的功能是根据虚拟化后的代码，在执行函数时解释自定义的指令，然后将指令执行的结果保存到自定义的 CPU 寄存器、自定义的栈或内存中。整个过程不需要还原代码指令，极大地提升了代码保护的强度。

由于每个架构汇编指令都不一样，每个架构都要实现一套解释器，iOS 的 runtime、bitcode 和 Android 的 jni 也需要单独处理，因此，解释器的实现工作量较大。目前，TDVM 实现了 Android 的 x86、armv7、arm64 三套解释器和 iOS 的 armv7、arm64 两套解释器。

例如，指令 ADD X9, X8, #4 表示的汇编指令含义是 X9=X8+4（取出寄存器 X8 的值，再加上操作数 4，然后将结果存储到 X9 寄存器）。

在对应的解释模块中，首先解释器要取出自定义 CPU 的寄存器 X8 的值，其次再加上操作数 4，最后将结果存储到自定义 CPU 的 X9 寄存器中。

以 MUL 指令为例，其实现代码如下：

```
1.    void arm64_MUL(vm_context_arm64 *vm_context,void * output_h,
2.    void * output_l,void * value_1,void * value_2,int64_t size_)
3.    {
4.        if(size_  <= sizeof(int64_t))
5.        {
6.            uint64_t v1 = 0;
7.            uint64_t v2 = 0;
8.            memcpy(&v1, value_1, size_);
9.            memcpy(&v2, value_2, size_);
10.           uint64_t test = 1;
11.           test = (test<<(size_*4));
12.           uint64_t v1_h = v1/(test);
13.           uint64_t v1_l = v1%(test);
14.           uint64_t v2_h = v2/(test);
15.           uint64_t v2_l = v2%(test);
16.           uint64_t result_h = (v1_h * v2_h)+(v1_h* v2_l)/(test)+ v2_h*v1_l/(test);
17.           uint64_t result_l = v1*v2;
18.           if (output_h)memcpy(output_h, &result_h, size_);
19.           if (output_l)memcpy(output_l, &result_l, size_);
20.
21.       }else
22.       {
23.           LOGERRO;
24.       }
25.   }
```

通过阅读本节内容，读者可以发现，JS SDK 和 APP SDK 的代码保护原理有很多相似之处，各种技术方案本质上都是围绕编译原理展开的。如果读者对代码保护感兴趣，则可以深入地学习编译原理相关知识。

4.4 本章小结

本章详细介绍了风控体系中为移动终端生成唯一标识的设备指纹体系，也介绍了 SDK 代码加固保护的相关技术细节，希望对读者有所帮助。设备 ID 的稳定性和唯一性是对立的，在设计设备 ID 恢复逻辑时需要权衡考虑。设备指纹除生成设备 ID 外，还需要具备设备环境风险识别能力，单纯依赖设备 ID 恢复逻辑是无法保证设备 ID 稳定性的。设备指纹是终端风控体系的核心组成部分，其工作流程包括采集终端设备的真实数据、将数据加密后上报到云端、云端系统生成设备 ID 和设备风险标签。设备指纹体系的效果非常依赖终端 SDK 的数据采集和加密逻辑的安全强度，被黑产破解后就会产生数据污染，所以安全加固保护非常重要。

设备指纹的应用场景非常广泛，常见的如网银 APP 的设备识别、APP 推广安装激活计费、APP 注册营销活动及业务接口反爬虫拉取数据等。在这些业务场景下，设备指纹如何结合后台系统和策略发挥防控作用是我们要考虑的问题。

第 5 章　基于用户行为的生物探针

通过历史事件统计，我们发现在互联网场景下，黑产的网络欺诈攻击大多发生在用户登录认证之后。因此，如何安全、有效且无伤用户体验进行用户身份验证就显得尤为关键和重要。如图 5.1 所示为身份认证的层次。

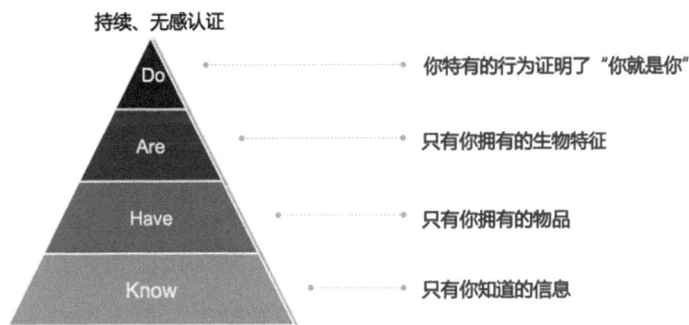

图 5.1　身份认证的层次

身份认证是网络安全和风控领域的核心技术，其主要经历了以下 4 个阶段：

- 第一阶段 Something you know（只有你知道的信息）：包括但不限于账户、密码、手机号、身份证信息。

- 第二阶段 Something you have（只有你拥有的物品）：包括但不限于动态密码卡、IC 卡、磁卡。

- 第三阶段 Something you are（只有你拥有的生物特征）：包括但不限于指纹、声纹、虹膜、人脸。

- 第四阶段 Something you do（你特有的行为证明了"你就是你"）：包括但不限于用户的点击、按压、滑动、滚动、击键操作。

在第一阶段、第二阶段，典型的认证方式包括单因素认证（账户+密码）、双因素认证（账户+密码+U盾）等。用户需要记忆复杂的密码、携带验证设备，非常不方便，用户体验较差。并且随着黑产攻击能力的提高，这些认证方式已经不足以保护用户的账号安全。

第三阶段发展到生物识别，其认证的唯一性、丰富性、稳定性得到了提升，典型的认证方式包括指纹识别、声纹识别、虹膜识别、人脸识别等，虽然相较于前两个阶段各方面都得到了极大提升和长足进步，但是其安全性、准确性、方便性仍然存在一些欠缺，不能进行持续、无感的身份验证。

第四阶段为生物行为模式识别，也属于生物识别的范畴，但它不依赖单一维度的生物特征，而是通过机器学习对用户的点击、按压、滑动、滚动、步态、姿态等行为进行智能计算和验证。黑产几乎不可能大批量复制或模仿正常用户的操作行为习惯，每个人的操作习惯和身体语言特征都是由社会和心理因素所塑造的，具有独特性。

5.1 生物探针

生物探针通过采集用户使用智能终端设备（如手机、电脑等）时的传感器数据和屏幕轨迹数据，然后通过特征工程、机器学习，为每一位用户建立多维度的生物行为特征模型，生成用户专属画像进行人机识别、本人识别。移动设备可采集的传感器如图 5.2 所示，生成用户画像使用的是非敏感生物学特征（不采集用户人脸、声纹等敏感信息和隐私数据），通过算法模型确保唯一性，并且能够对抗伪造和复制。

因为每个用户使用手机的习惯都有很大差异性，智能手机可以记录这些用户的使用习惯数据。对这些数据进行分析建模，就可以得到用户的身份认证算法，通过这个算法可以有效地进行用户身份验证，保障用户的账户安全。智能手机有很多传感器，包括加速度计、陀螺仪、重力加速度计、磁场传感器计等。这些传感器能够记录用户使用手机时的状态数据，如加速度传感器能够记录手机的线性加速度大小，重力加速度记录手机的重力加速度，陀螺仪记录手机的角加速度。每个用户使用手机的习惯是完全不同的，所以用户在操作手机时，这些传感器的状态及滑动屏幕时的轨迹都是不一样的，可以通过机器学习的方法对这些数据进行综合建模，用于辅助识别用户身份。

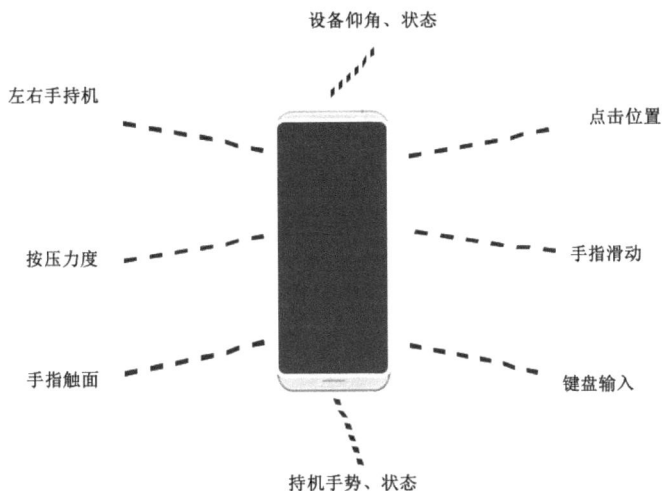

图 5.2　移动设备可采集的传感器

5.2　无感认证

无感认证可以在用户登录场景提供轻量级的风控能力，如图 5.3 所示，应用场景包括欺诈作弊检测、身份认证（涵盖真人与机器、本人与非本人）等。该技术可与传统风控手段和认证方式共同使用，在大幅提升用户体验的同时，有效保障用户的账号、资金和隐私安全。

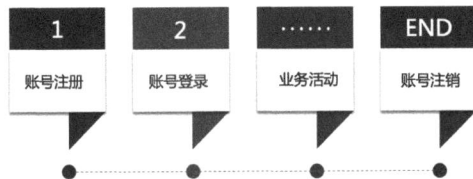

图 5.3　无感认证的应用场景

生物探针相较其他用户认证方式，其主要优势如下：

- 无须其他硬件支持。

- 在风险检测、用户认证过程中用户无感知。

- 无须用户被动参与交互，提升用户体验。

- 可进行持续在线验证。

- 用户行为习惯不易窃取和仿冒。

- 安全合规，满足行业、政策要求。

5.2.1 无感认证的基础

用户在使用手机操作时大体可分为 3 类：点击屏幕、滑动屏幕、输入文字。可以看到当用户进行不同操作时，传感器会有相应的变化，产生不同的数据集。*You Are How You Touch: User Verification on Smartphones via TAPPing Behaviors* 这篇论文给出了算法模型分析的结果。如图 5.4 为自然人和机器人操作的模型差别，不难发现，自然人与机器人的操作区别性还是很大的。

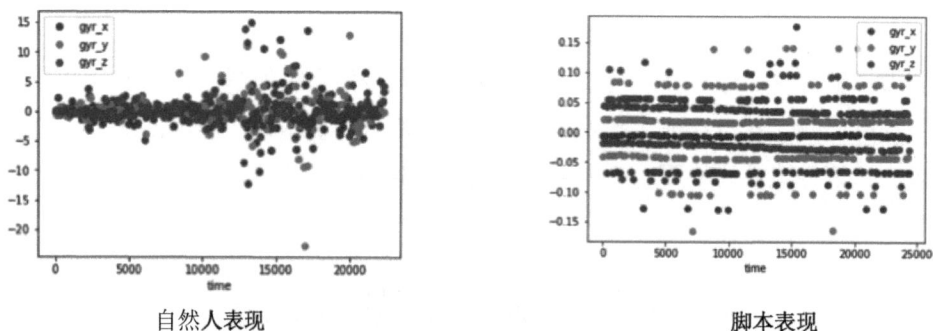

自然人表现　　　　　　　　　　　　　　脚本表现

图 5.4　自然人和脚本的传感器表现差异

如图 5.5 所示为 3 个不同的用户在同一场景下使用手机的习惯，不同用户之间的差异也是比较明显的。

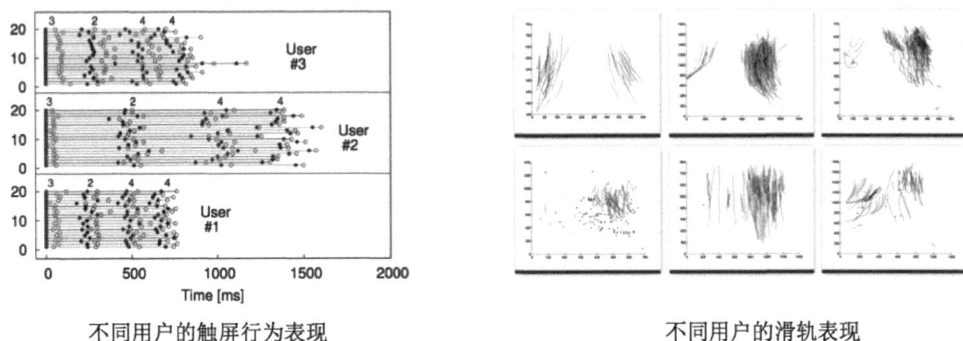

不同用户的触屏行为表现 不同用户的滑轨表现

图 5.5 不同用户使用手机的习惯表现

最后总结如下:

- 自然人、机器人的操作行为存在差异。

- 每个人都有自己不可复制的行为习惯。

- 通过这些差异即可识别用户的身份。

5.2.2 无感认证的构建

通过手机采集用户使用手机的数据,然后对数据做特征工程,将抽取的特征输入训练好的算法里,算法给出是用户本人还是非本人的决策,特别是当新的操作数据与源数据集差异较大时,也可认为存在较大的风险。目前,我们正在该领域进行积极的探索和研究,如图 5.6 所示为已实现的无感认证验证系统的构建思路。本节主要介绍一些算法模型和工程实现,供读者参考。

如图 5.7 所示为识别自然人和机器人的演示效果,第一组为在模拟器上的机器模仿正常用户操作,可以发现模型不仅能够识别出模拟器类别,同时可以给出当前操作的风险系数,另外,也可以发现当在模拟器环境下或机器操作时,用户的相关行为生物特征与正常手机环境和正常用户操作时存在明显差别。

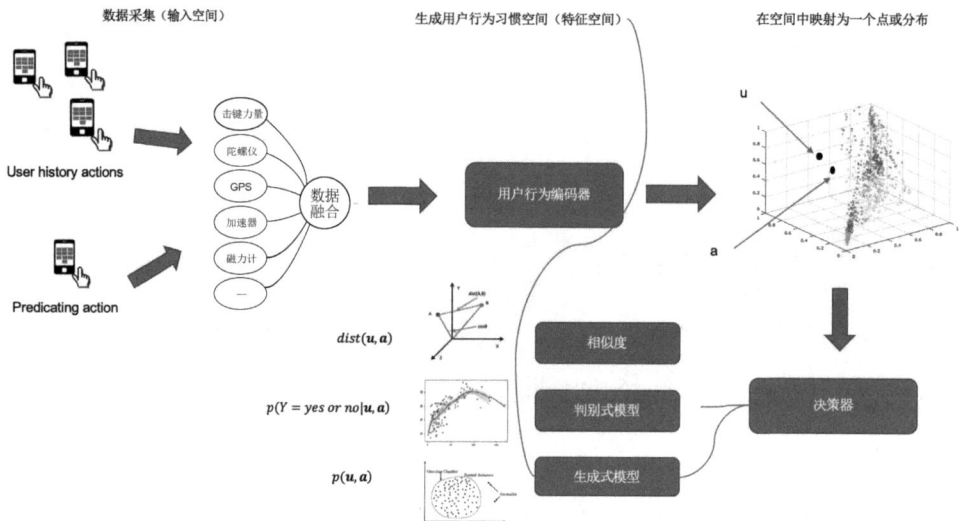

图 5.6　无感认证的验证系统的构建思路

名称	类型	结果
设备 ID	设备 ID	c6ae97f6-6ef4-4a3f-8dd8-76168fe83bc1
手指触面	面积范围	0 ～ 0
	均值	0
	方差	0
	概率分布占比	数据量小于 3, 无法计算概率分布
按压力度	按压力度范围	1 ～ 1
	均值	1
	方差	0
	概率分布占比	数据量小于 3, 无法计算概率分布
左右手	左手次数	0
	右手次数	0
	惯用手	未知
设备仰角（度）	仰角范围（度）	0 ～ 0
	均值	0
	方差	0
	概率分布占比	数据量小于 3, 无法计算概率分布
持机手势	当前操作用手	未知 (-1)
人机识别	模拟器	Mumu 模拟器
	机器（如：脚本）	是

图 5.7　识别自然人和机器人的演示效果

如图 5.8 所示为识别不同自然人的演示效果，在正常手机环境、相同场景下（某 APP 的登录页面），两个不同的用户分别输入相同的信息，本人和非本人的识别也是比较明显的，同时我们也可以通过其他用户行为生物特征（如设备仰角、持机手势、手指触面、按压力度、用手习惯等）观察，验证不同人的操作表现。

名称	类型	结果
设备 ID	设备 ID	e347becf-7cf6-46b4-9c2d-18ac13fcc5bf
手指触面	面积范围	0.027450982481241226 ～ 0.09019608050584793
	均值	0.55424839506546655
	方差	0.0003196035831714729
	概率分布占比	0.03 ～ 0.05：40.0% 0.05 ～ 0.07：33.33% 0.07 ～ 0.09：26.67%
按压力度	按压力度范围	1 ～ 1
	均值	1
	方差	0
	概率分布占比	1.0：100%
左右手	左手次数	2（50%）
	右手次数	2（50%）
	惯用手	未知
设备仰角（度）	仰角范围（度）	24.74 ～ 37.23
	均值	29.528700000000004
	方差	9.550725309999999
	概率分布占比	24.74 – 28.9：49.0% 28.9 – 33.07：37.0% 33.07 – 37.23：14.0%
持机手势	当前操作用手	右手（0.8514904601934632）
人机识别	模拟器	否
	机器（如：脚本）	否（99.87%）
本人识别	用户本人	否（144.69）

图 5.8　识别不同自然人的演示效果

5.3 生物探针的应用场景

基于行为生物识别技术的生物探针产品在不同领域有很多应用场景，可以保护用户的账户、资金、隐私安全，同时提高用户体验等。

生物探针的主要应用场景如下：

- 登录场景：采集用户在使用终端设备（手机、电脑）的行为数据，如按压力度、设备仰角、手指触面、屏幕滑动和鼠标轨迹等使用习惯，为其建立专属的行为模型。当模型训练完成后，该账号再次发生登录行为时，生物探针 SDK 就会采集当前用户的登录行为数据，传输到后端进行匹配。后台算法模型进行计算，给出当前登录行为是否为用户本人操作的决策，决定是否允许用户成功登录。

- 小额转账免短信场景：基于上述同样的原理，通过匹配用户当前采集的数据与用户行为档案库进行匹配，若行为匹配则免短信认证，否则要求用户进行指纹识别、人脸识别等进行二次认证。

- 支付免密场景：与上述小额转账免短信原理一致。

- 信用卡、消费、借贷申请场景：此类申请场景一般是一次性行为，不存在重复性操作，主要的需求是有效区分机器操作和真人操作，以及是否是用户本人操作，生物探针能够在提升用户体验的同时有效避免恶意申请、盗卡盗刷等欺诈行为。

5.4 本章小结

本章主要介绍了生物探针的技术原理及在反欺诈领域的应用场景，当前行业内较多用于识别机器行为，在识别不同自然人方面则因为安卓操作系统和机型碎片化、训练数据不足、算法准确性等原因仍然有一定的限制。

生物探针与设备指纹相比，其缺点是采集上报的数据包较大，容易受网络波动影响，未来可以通过终端智能计算、5G 边缘计算解决网络传输带来的问题。生物探针的优点非常显著，设备指纹采用设备参数大多是静态信息并且有着显式的意义，容易被黑产团伙精准定向伪造。而生物探针则是大量地采用传感器信息进行机器学习建模，采集的数据和后端模型结果并不具有很好的可解释性，黑产伪造生物探针参数的技术难度和成本比较高，可成功伪造的用户数量有限。当然这并不意味着黑产团伙不能伪造生物探针的相关参数，在一些案件中我们发现黑产团伙依然可以通过破解、恶意集成生物探针 SDK 的方式定向收集目标用户群体的特征参数，进而在攻击中伪造用户的模型绕过风控策略。

生物探针未来在风控领域必然有着广阔的应用前景，它融合了移动安全、5G 和机器学习三大技术领域，能够提供更强的风控效果和更优雅的客户体验。

第6章 智能验证码的前世今生

在 1950 年，随着阿兰·图灵在《计算机和智能》文章中提出了一个著名的问题"机器能思考吗？"。围绕对这个问题的探索，人机识别领域的篇章被正式开启。在这篇文章里阿兰·图灵用了大量的篇幅反驳当时一些主流的观点，来论证机器是可能有能力思考的。阿兰·图灵针对这个问题设计了一个思维实验：人类询问者需要通过一些问题区分回答者是机器还是人类。

这个测试就是著名的"图灵测试"，如图 6.1 所示。在后来的研究中，这个测试被当作检验某个机器是否真的具有人工智能的评判标准。

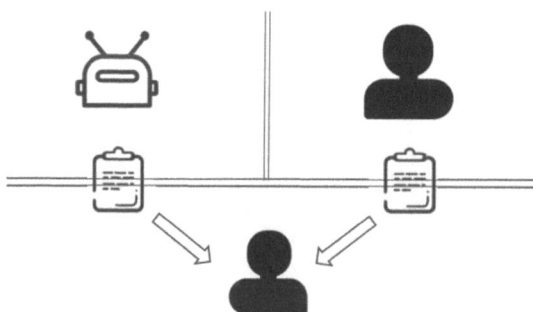

图 6.1 图灵测试

6.1 验证码的诞生

在 2000 年，雅虎公司正面临着一些令工程师团队非常头疼的问题：一些恶意的计算机程序伪装成青少年出现在各个在线聊天室中，收集聊天者的个人信息并且散发其他公司产品的促销广告。还有一些恶意程序，不停地利用雅虎的邮件服务发送各种类型的垃圾邮件。

为了对抗这些恶意程序的攻击，雅虎的工程师们依照"图灵测试"的思路，设计了一种完全由计算机自动生成，并判断回答者是否是一个真实人类的反向图灵测试，如图 6.2 所示。

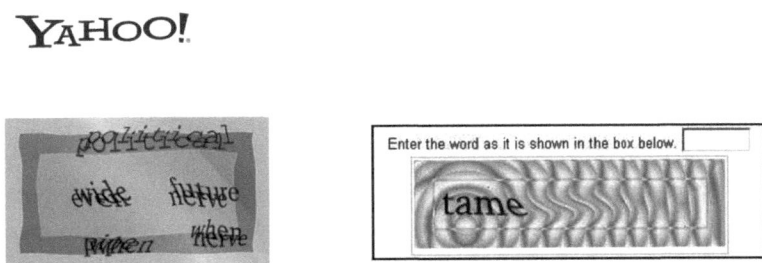

图 6.2 反向图灵测试-雅虎字符验证码

之所以被称为"反向图灵测试"，是因为在这个测试中，询问者变成了机器，角色恰好与"图灵测试"相反，这个技术为当时的雅虎抵挡了大量的恶意程序侵袭。

6.1.1 验证码的本质

在 2003 年，负责设计雅虎反向图灵测试的 Louis Von Ahn 专门写了一篇论文来给这项技术做了一个更加清晰的定义。这篇论文就是 *CAPTCHA：Using Hard AI Problems For Security*，Louis Von Ahn 把这个测试命名为 CAPTCHA（Completely Automated Public Turing Test to Tell Computers and Humans Apart，全自动区分计算机和人类的图灵测试），也就是我们所熟知的验证码。这篇论文也非常清晰地阐明了验证码的本质，它其实就是一系列绝大部分人类能够解答，但机器无法解答的问题。

在这篇论文里，Louis Von Ahn 认为验证码会是一个"双赢"的产品。因为如果这类问题无法通过机器来自动化地解答，那么它就能达到区分人机的效果，可以很好地服务拦截网络攻击的场景。反之，如果这个问题被 AI 攻破了，那么在机器学习领域里，这将会是一个非常重大的进展。所以无论如何，其结果对人类都是有帮助的。

我们以之前雅虎的验证码为例，如果机器已经可以识别这种扭曲、粘连的字符，那么 OCR 技术在手写文档、证件、街景路牌等复杂场景下的文字识别都能得到一个长足的进步。

验证码被发明后，互联网上就充斥着各种各样、不同类型的验证码。据统计，每天人们需要解答 6000 多万张验证码图片，对于真实人类来说，假设识别一张图片需要 10 秒钟，那么每天验证码将消耗超过 160 000 小时（约 19 年）的人力成本。

首次将"双赢"理念在验证码上发挥到极致的是 Louis 等人于 2007 年在卡耐基梅隆大学推出的 reCaptcha 服务，如图 6.3 所示。该验证码一经推出就迅速被多个网络平台采用。受"互联网档案馆"非营利性组织的委托，科学家们开始考虑利用大量的众包人力，在抵御机器程序攻击的同时，也能更好地利用这些资源。"互联网档案馆"有超过 200 000 本经典书籍和报纸的电子版，其中一些书籍制作精良，但是花哨的排版和样式也让当时的计算机无法准确地识别书中的文字。

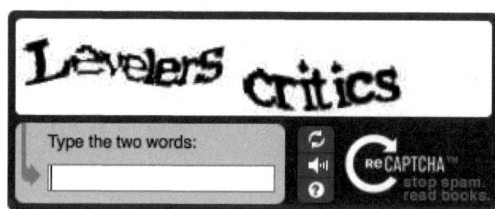

图 6.3　Google reCaptcha 第一代验证码

reCaptcha 服务将 OCR 程序识别出的不合法单词展示在验证码组件上，让人们来识别。同时还设计了如下机制尽可能地保证识别的准确率：

- 每次图片中会出现两个单词，如果回答者正确识别了一个单词，那么另一个单词就有较大概率可以被正确识别。

- 一个单词会多次下发给不同的回答者，如果大部分回答者的答案都是同一个，那么有较大概率就是这个单词的正确拼写。

- 通过下发已知答案的图片，能够计算出某一个回答者的答题准确率，对于高准确率的回答者，他的答案也更加可信。

- 一些低识别率的单词会被标记为难以阅读。

正如他们的产品口号"Stop spams, read books"。截止到 2011 年，reCaptcha 已经完成了纽约时报当时所有报纸的录入。Google 在收购 reCaptcha 之后，街景图片（门牌号、红绿灯、小汽车等）也被使用，验证素材也进一步得到丰富。

6.1.2　验证码的发展

在验证码诞生的 10 多年时间里，机器学习领域也在蓬勃发展，文字识别也早已不再是计算机难以解决的问题。所以验证码产品设计者也在认真贯彻着 *CAPTCHA: Using Hard AI Problems For Security* 这篇论文的精神，把当时 AI 技术尚不能完成的课题变成了多种样式的验证形式。

图片字符验证码带来的问题是，在与攻击者的强对抗下，字符、背景风格变得越来越扭曲和抽象，一些基于色彩的安全强度增强机制也让其对一些视力存在缺陷的人士（包括色盲、盲人等）非常不友好，有的图片字符验证码甚至连正常人也无法分辨。于是又出现了五花八门的新型验证码，如音频、视频、图文理解、语义理解、空间（2D/3D）旋转、逻辑推理、智能无感验证码等。新型验证码解决了图片字符验证码存在的一些问题，也暂时弥补了字符容易被 AI 识别的弱点。图 6.4～图 6.10 分别展示了音频、视频、图文理解、空间旋转、3D 空间旋转、3D 空间逻辑推理、智能无感验证等新型验证码。

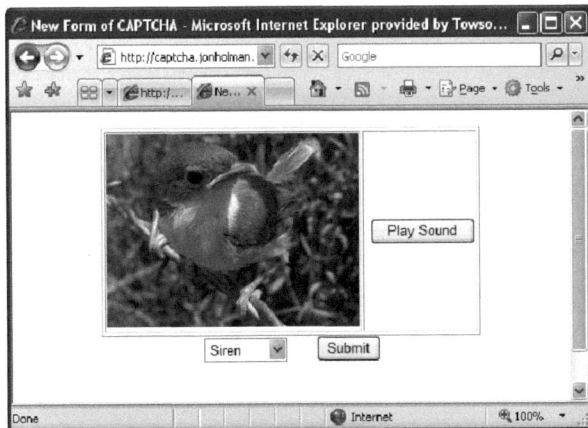

图 6.4　音频验证码

图 6.5　视频验证码

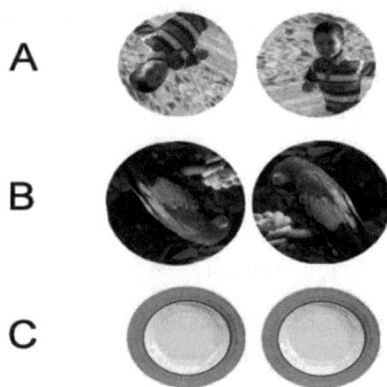

图 6.6　图文理解验证码

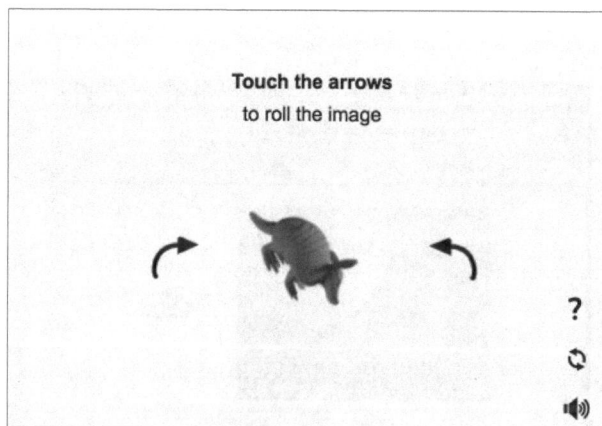

图 6.7　Arkose Labs 公司的空间旋转验证码

请转动立方体点击图片　卡车　　　　请转动立方体点击文字　关照

图 6.8　3D 空间旋转验证码

请点击绿色的字母对应的小写　　　　请点击与红色的字母形状相同的物体

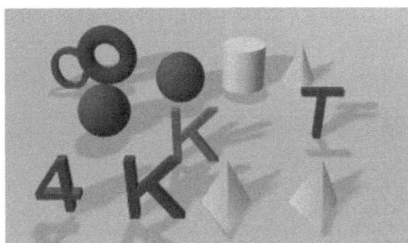

图 6.9　3D 空间逻辑推理验证码

绑定式

用户名　　admin

密码　　　••••••••••••

验证码　　🔲 点击完成验证

登录

图 6.10　智能无感验证码

6.2 验证码的攻防

验证码在诞生之初，就是当作对抗网络攻击的第一道防线。对攻击者来说，在对业务系统进行批量的自动化攻击之前，需要先解决这道防线。因此，针对验证码的攻防研究从未停止过。

在本节，我们将会以攻击者视角介绍几种常用的自动化识别验证码方法，以帮助验证码设计者、使用者更好地理解和使用验证码。

6.2.1 字符验证码的识别

黑产对字符验证码的识别已经有了多个成熟的技术手段，下面从攻击者视角分别进行介绍，读者可以在设计验证码的过程中重点关注这些技术。

6.2.1.1 传统识别方法

如图 6.11 所示为传统的字符验证码，这种验证码曾经是互联网服务商的标配。识别这一类验证码，就是要识别图片中的 4 个字符。

图 6.11 字符验证码像素图

我们先来分析这类字符验证码，这里只用了一张图片作为展示，真正在攻击时，需要获取大量的图片样本来分析。

这个验证码包含的字符只可能是阿拉伯数字或小写的英文字母。通过观察大量样本后发现，它的字符不会出现 9 或英文 o。因为数字 9 和字母 g，字母 o 和数字 0 形状十分相似，不利于人们分辨。为了增加真人的识别率和提升用户体验，这套验证码系统剔除了一些容易造成误解的字符。

这个验证码单个字符的可能性只有 34 种，即阿拉伯数字或小写英文字母里其中一个，而 4 个字符组合的可能性就上升了好几个数量级。

所以，我们尝试分割验证码的字符进行逐个击破，这样识别率将得到大幅提升。从原始图片到单个字符的数据集，需要经过一些处理工作。

第一步，我们对图片做二值化处理，如图 6.12 所示。二值化的意思就是把原来彩色图片变成一张黑白的图片，它的像素值是 0 或 1，这样能够减少图片包含的色彩冗余信息，方便计算机识别。

图 6.12　二值化处理

第二步，通过腐蚀去除剩下的噪点，如 a 和 u 之间的噪点，如图 6.13 所示。

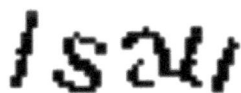

图 6.13　噪点处理

第三步，利用一种垂直投影的方法，根据图片绘制一条曲线，这个曲线波谷的位置基本上就是字符相连接的位置。我们在这个位置进行一次切割，就得到了 4 张包含单个字符的图片，如图 6.14 所示。

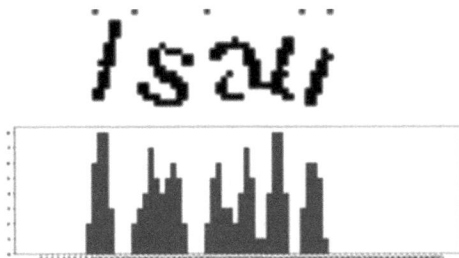

图 6.14　投影分割

第四步，在构建数据集之前，会对所有的字符进行规范化。由于这种验证码字符旋转的角度是随机的，如有的"A"向逆时针转了 30°，而有的"A"向顺时针转了 30°，所以我们需要把字符校正到一个标准角度。总而言之，就是把旋转后的"A"转正，如图 6.15 所示。

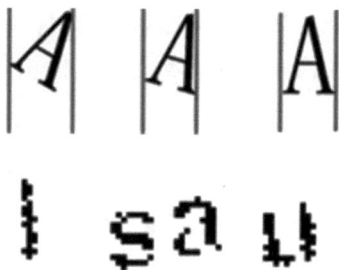

图 6.15　旋转校正

这里我们用了一个非常有意思的方法，即"旋转卡壳法"。把分割后的字符从逆时针转 30°，再向顺时针转 30°，每转一度都计算当前字符的宽度。当宽度最窄时，就是这个字符正确的角度。当然，前提是该验证码字符集旋转的角度均不超过30°。

综上所述，使用二值化、腐蚀、投影分割、旋转校正 4 个步骤，就能完成一整张验证码图片到单个字符图片的转换。

6.2.1.2　AI 识别方法

在拥有了数据集之后，识别单个字符的算法就有非常多的选择了。从简单的 K 最邻近算法（KNN）到卷积神经网络（CNN），对于这种类型的图片验证码，都能达到一个极高的识别率。

在字符分割比较困难或字符数不确定的情况下，我们也可以直接使用 LSTM 算法实现端到端的识别，如图 6.16 所示。

当然，我们其实也可以不去做上面这些烦琐的预处理的工作，而直接使用 CNN 等方法进行训练。但是，这样会需要大量的训练数据集，研究表明，想要识别 Google reCaptcha 这种字符验证码，需要超过 200 万张样本图片，才能达到一个比较高的准确率。

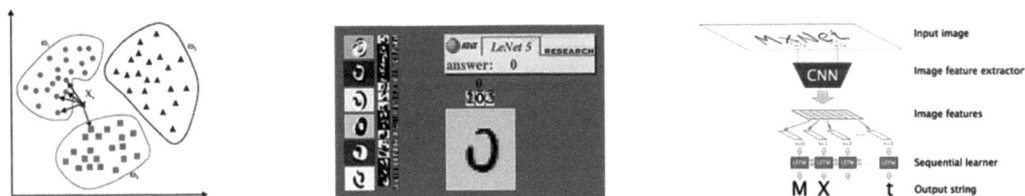

图 6.16　AI 识别算法（KNN、CNN、LSTM）

　　这也是为什么字符验证码至今还存在的原因，黑产攻击的成本要大于厂商去微调或直接更换一个验证码的成本。厂商的思路是就算当前验证码被破解了，换一个新的验证类型，攻击者仍需要收集大量的样本来重新训练模型。

　　近几年，一种名为对抗生成网络（GAN）的技术，打破了字符验证码设计者、使用者的侥幸心理。对抗生成网络是一种无中生有的技术，它可以无限地生成你想要的数据。所以我们可以利用它的这个特性，来解决在字符验证码识别中需要的样本问题。我们假设识别一种字符验证码需要 200 万张图片样本，以现在市场上人力打码成本一张验证码图片 0.0005 元来计算，需要花费至少 1 万元。而使用对抗生产网络生成样本不花费钱，并且生成的样本量是无限大的。

　　如图 6.17 所示为 2018 年中国西北大学公布的一个利用对抗生成网络识别验证码的框架。他们提出的验证码识别工具主要包括 3 个模块：验证码生成网络、预处理模型和最终的求解器。这里我们主要关注第一个模块，看看这个验证码生成网络是如何工作的。一个对抗生成网络由一个生成器和一个判别器组成，在这里生成器的功能是按照真实验证码图片的样子生成近似的图片，而判别器的功能则是判断输入的图片是否是生成器生成的。当生成器有超过 95% 的概率可以骗过判别器时，我们认为它生成的图片已经基本可以替代真实验证码图片来用于训练了。

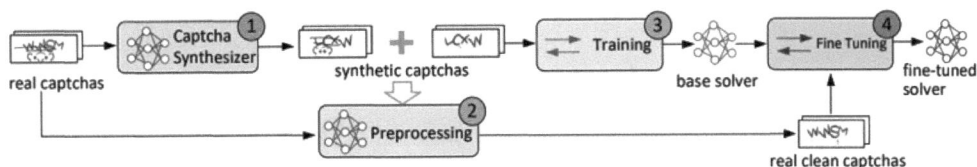

图 6.17　对抗生成网络识别验证码的框架

这个方法仅仅使用了 500 张真实图片，就能够达到比使用 200 万张图片样本训练更高的准确率。对抗生成网络方法的出现基本宣告了字符验证码退出历史舞台。

6.2.2 新型验证码的识别

近几年，腾讯、网易、极验等厂商都相继推出了"滑块拼图"和"图文点选"两种类型的验证码，"滑块拼图"要求用户拖动滑块，去完成这个拼图。"图文点选"要求用户按照给定的文字顺序，依次点击图中的文字。这些新出的形式，比字符验证码更加符合一般人的认知，对人类更加友好，同时也引入了一个新的机器学习的领域，将目标检测加入人机对抗之中。由于 AI 技术的快速发展，这类图片验证码比字符验证码更容易被攻破。

6.2.2.1 滑块拼图验证码识别

如图 6.18 所示为一个常见的滑块拼图验证码。

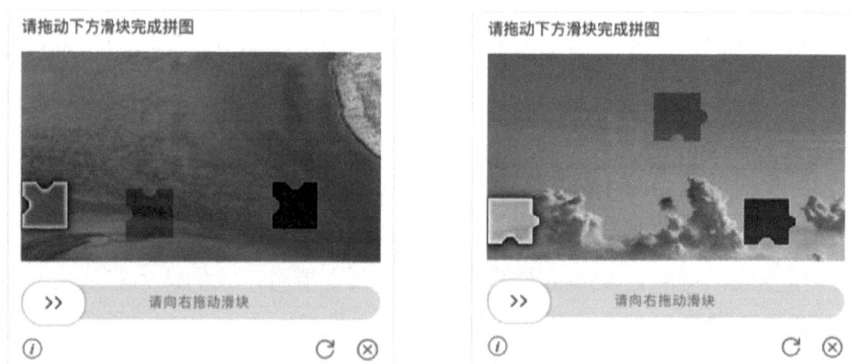

图 6.18 滑块拼图验证码

对于滑块拼图验证码，我们需要检测的特征目标就是滑块的缺口。想要识别缺口，一个简单的方法是遍历寻找色差最大的矩形。如果希望达到非常高的准确率，那么可以利用机器学习模型。按照最常规的目标检测任务的步骤进行样本打标、模型训练，最后就可以通过该模型非常简单地得到滑块需要滑到的位置。当然，还有更便捷的方法，OpenCV 提供了强大的 API 库，如图 6.19 所示，只需要提供带有缺口的验证码图片，不需要训练样本就可以匹配出缺口的位置，识别准确率高达 95%。在识别滑块位置以后，还需要模拟滑动轨迹，每家验证码厂商的轨迹识别算法各不相同，但总体而言都有很大概率被绕过。因此，滑块拼图验证码在对抗 AI 方面的效果逐渐消失。

```
# 使用cv库，在还原后的验证码图片里寻找缺口
result = cv2.matchTemplate(target, template, cv2.TM_CCOEFF_NORMED)
# 找到相关度最大的点的位置
x, y = np.unravel_index(result.argmax(), result.shape)
```

图 6.19　滑块拼图验证码缺口识别

6.2.2.2　图文点选验证码识别

图文点选验证码如图 6.20 所示，我们在定位到图形或文字的位置后，会增加一步分类的工作。找到了图形或文字所在位置，还需要知道它是第几个点击目标。从原理中可以看出，图文点选并未大幅提升破解的难度和成本。还有一种带有语义理解的图文点选验证码，问题中并未说明依次点击什么文字，而是需要用户将图片中的文字自行组合成词语。因其需要依赖于用户的语文基础将文字组成一个顺畅的词语，再依次按顺序点击，大大提高了破解的难度和成本。但是从真实用户的角度分析，用户体验并不友好，往往需要尝试多次才能通过验证。

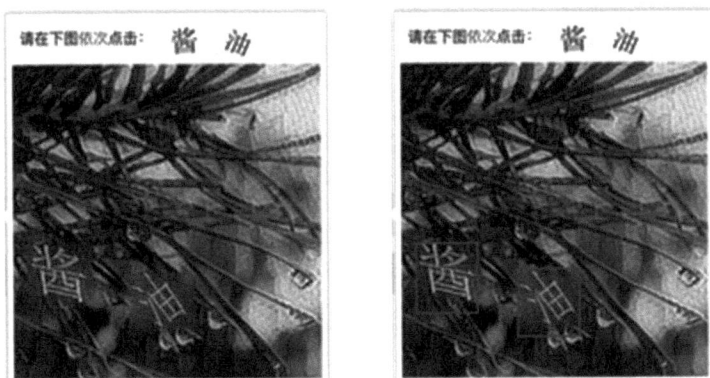

图 6.20　图文点选验证码

6.2.2.3　打码平台

以上提到的所有验证类型，包括字符、滑块和图文点选都是基于图片识别的。本来

它们的破解难度基于现有 AI 技术的发展程度,但是打码平台的出现,打破了验证码的这个约定。打码平台聚集了大量想在网上赚钱的劳工。攻击者在拿到验证码的图片后,上传给打码平台,打码平台会把图片下发给这些劳工,由他们来解答,然后把正确答案返回。

打码平台把自己包装成了一个网络兼职平台。现在大家可能依然会在 QQ 上收到各种招聘打码员工的广告,如"急招打字员,200 元一天"这类信息。

如图 6.21 所示为打码软件,只要注册一个账号,无须审核,就可以开始为打码平台服务。

图 6.21　打码软件界面

刚开始,它还会有一个新手教程,告诉你各种类型的验证码应该如何解答。在完成这个教程之后,就可以开始接单了。他们的黑话把识别验证码称为"答题",每一题会有相应的分数，在积累到一定的分数之后就可以去提现。打码平台制定了这一系列的规则保证打码员工的产出质量。在打码软件界面左边一栏，打码员工可以看到这一题的类型及对应的分数。晚上答题也会有积分翻倍的奖励，保证平台可以全天候运行。每张验证码会设有超时时间，以避免客户等待时间过长，这些打码员工答题速度很快。

由于打码平台的存在，验证码的图片到底是什么类型，已经变得不重要了。因为我们对抗的不是机器，而是真实的人类。这样的话，图灵测试就完全失去了它的意义。因为屏幕对面操作者都是真人，没有机器。

当然，打码平台也会有各种各样的问题，如打码员工数量不足、正确率低，由于工资较低，没有那么多人愿意应聘该职业。

在现在的黑色、灰色产业链里，打码平台已经成为像手机号、代理 IP 一样的基础设施和作案工具。如图 2.26 所示，某软件开发者放在网络上公开售卖一个自动化批量注册工具。当时这个被薅的平台在做一个新用户注册送礼的活动，可以看到自动化批量注册工具内置了短信验证码接码、打码平台及代理 IP 的模块，使用者无须懂得任何技术，就可以开始大规模薅羊毛了。

6.2.3　对抗黑产的方案

我们来回顾验证码面临的问题：字符与大部分的基于图片的验证码，已经可以用机器学习来识别，并且已经能达到较高的准确率。如果我们一味地用之前的思路强化验证码，只会导致它无法通过人类的验证。而且打码平台基本可以以非常低廉的成本通杀这些图片验证码，对接打码平台已经成为黑产一劳永逸的事情。

所以，人机识别随着这类众包平台的出现，也必将进入新的时代，我们不再单纯地依赖 Hard AI Problems，验证码需要加入多维度的挑战。

6.2.3.1　新的验证类型

在验证类型上我们尝试加入 AI 技术。我们使用了 GAN（对抗生成网络技术）来无限地生成各种色彩斑斓的鸟。验证的问题可以是"这个鸟的某个部位是什么颜色？"，这种方式不仅仅省去了维护验证码题库的成本，而且 AI 技术对动物的肢体部位也无法做到很好地区分。

此外，我们引入了空间旋转验证的方式，为破解又增加了一道门槛，也带来了一些类似游戏闯关的趣味性。区别于传统验证码，空间旋转验证由于设计了需要拖动才能出现正确答案的逻辑，黑产也就无法通过直接截图的方式来获取所有的可选答案。

之前我们评价一个验证码更多的是它的安全性。但是作为一个产品，验证码的易用性、友好程度也是在设计时应着重考虑的一个因素。

2014 年，Google 推出了 reCaptcha 第二代验证码，如图 6.22 所示，用户只要单击一个框就可以完成验证。

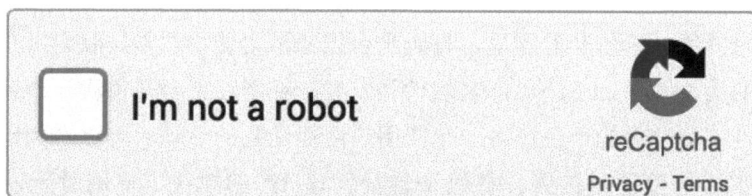

图 6.22　Google reCaptcha 第二代验证码

这种无感验证形式，在保证安全性的前提下，尽可能地保障了正常用户的体验。

reCaptcha 可以被认为是当前比较先进的验证码，它拥有强大的人机识别算法。然而，reCaptcha 也存在一定的漏洞。2019 年，UnCaptcha 项目利用 Google 提供的语音识别技术通过了 reCaptcha 的语音挑战（为视觉障碍者提供了识别音频中播放单词的验证码），识别准确率高达 90%。

6.2.3.2　轨迹模型

大部分验证码厂商均有使用基于用户行为轨迹的生物探针技术。用户使用智能终端设备在通过验证码的过程中，产生的生物行为数据（传感器、屏幕滑动轨迹或鼠标移动数据、操作频率间隔数据等）是难以伪造和模仿的，因此，可以通过机器学习建模的方式来区别真实用户和机器。

通过数据分析可以看到人类的操作会有非常多的抖动，而且轨迹并不是直接走向下一个目标，而是会有思考时的犹豫间隔，整体操作相对无序、分散。

反观机器模拟的轨迹，在弹出验证码之后，会有一定时间的停顿，可能是在等待打码平台或自动识别工具的处理，它的间隔也不像真实人类一样流畅，同时整体操作更加有顺序、有规律。尽管脚本在模拟滑动点击时，可能也会增加一些方向上的随机抖动，但在大多数情况下，模型还是能够成功地识别出这种机器行为。

6.2.3.3　多维度赋能

打码平台唯一的功能就是识别图片。如果图片识别只是验证码其中的一道防线，那么它在整个攻击中的重要性就将被大大削弱。所以，在验证码前端，我们需要做高强度的动态代码混淆，防止黑产轻易得到验证码的交互逻辑。在攻击者获取验证图片的这个步骤前，我们也增加了门槛。每张图片从后端传输到前端的过程中都是经过切割打乱处理的，所以攻击者无法通过抓包的方式直接拿到最终展示给用户的图片。同时验证码也会检测用户的设备环境是否存在异常，如是不是模拟器、有没有安装作弊工具、是否是真实浏览器环境等。

除此以外，我们也为验证码加入了各种防控维度，包括 IP 画像、设备画像等。通过画像数据补充，对来源的 IP 和设备有清晰的了解，如它的 IP 地址类型（是普通宽带还是 IDC 机房）、归属地、是否是代理、设备是否有历史风险行为等。

6.3　设计一款优秀的验证码

了解了黑产自动识别验证码采用的各种技术手段之后，我们一起设计、构建一款可以抵御大部分自动识别方案的优秀验证码。

6.3.1　设计标准

在大多数已有的研究中，对于一种验证码优劣的评判标准更多的是基于它的安全性来考量的。在学术界有一个公认的评判标准是，如果机器对这个验证码识别率超过了1%，则认为这个验证码是无效的。

但在实际的产品设计中，除安全性外，可用性或易用性也是极其重要的衡量标准。

如果一个正常人需要花 10 秒以上才能完成一次验证，那么这就是一个不友好的验证码。

验证码是一种为了限制请求频率而迫不得已的产物，对于真实用户实际上不需要每次都进行交互验证。因此，一款优秀的验证码需要能够智能识别风险，知道何时应该一键通过，何时需要弹出验证码。

6.3.2　设计实战

基于持续多年的黑产对抗经验和积累，我们在设计新一代智能验证码时，遵循 3 个基本原则，即对人容易、对机器难、有趣好玩（Easy for Human、Hard for Bot、A better Experience）。现在，我们已经有 8 种不同类型的智能验证码投入使用，包括无感验证、滑块验证、图文点选、文字点选、语序点选、空间旋转文字点选、空间旋转图文点选、空间推理，如图 6.23 所示。

图 6.23　验证码智能处理逻辑

智能验证码通过持续对用户的终端设备、网络环境和生物行为等非敏感特征进行风险检测、关联分析，并引入行为生物识别算法，实时判断当前用户是否存在风险、对应的风险程度，根据用户配置的策略进行风险决策。

为了避免对正常用户造成干扰，智能验证码提供了自动智能预判处理机制，例如，用户无风险一键通过，用户有风险则根据不同风险等级弹出不同难度的验证码进行挑战。同时，用户可以根据实际情况需要选择不同的验证类型、验证素材、验证语言、验证策略等。不同类型的验证码产品能力对比如表 6.1 所示。

表 6.1 不同类型的验证码产品能力对比

验 证 类 型	防 御 能 力	用 户 体 验	综 合 评 价
滑块拼图验证	★★	★★★★☆	低
图文点选验证	★★★	★★★★	中
文字点选验证	★★★	★★★★	中
语序点选验证	★★★★	★★★	中
空间旋转验证	★★★★	★★★★	高
空间推理验证	★★★★★	★★★	高

另外,传统验证码大部分基于二维空间,这使得一些工具(如 Puppeteer)模拟线性的路径相对容易。从新颖性、趣味性和安全性 3 个方面出发,我们提出了空间旋转验证,在二维空间上模拟三维空间,实现答案的隐藏和解空间难度升级,大大提升了验证码的趣味性和安全性。空间旋转验证和空间推理验证各有优劣,下面简单介绍空间旋转验证和空间推理验证的技术实现。

6.3.2.1 空间旋转验证码

空间旋转验证码(见图 6.24)具有如下特点:

图 6.24 空间旋转验证码

- 答案面由 1 面提升到 6 面。
- 支持文字、图片等多种形式。
- 答案面默认不在当前用户可见面。
- 验证码默认有一个旋转速率,增加打码和机器人截取的难度。

- 答案在面上随机分布。

- 当答案面转动时，任意角度皆可以通过，只要答案正常。

空间旋转验证码实现过程如图 6.25 所示。

图 6.25　空间旋转验证码技术

- 后台服务随机生成立方体所有面的图像编码和初始角度，并传递到网页端。

- 网页端基于 CSS 3D 并根据后台传递的参数绘制立方体。

- 当用户操作点击时，前端 JS 获取空间的相对点位信息用于答案的验证，用户面的转动角度不影响答案的计算。

6.3.2.2　空间推理验证码

空间推理验证码（见图 6.26）具有如下特点：

- Java 3D 提供问题和答案建模的数据模型。

- 基于 ThreeJS 完成问题和答案的生成，生成服务采用离线策略，确保产品的兼容性和速度。

- 客户端的验证码基于三维平面的一张图片，通过视觉视差实现三维效果。

- 建模数据中使用了一些方便人理解，但是机器难以理解的描述语言，增加解空间难度。问题可以是"绿色的字母对应的小写字母"，也可以是"与圆柱体颜色相同的最下方的物体"。

- 在出题时需要保证有且仅有一个正确答案。

- 所有校验算法都在后端，前端只负责最基础的展现，安全性有保障。

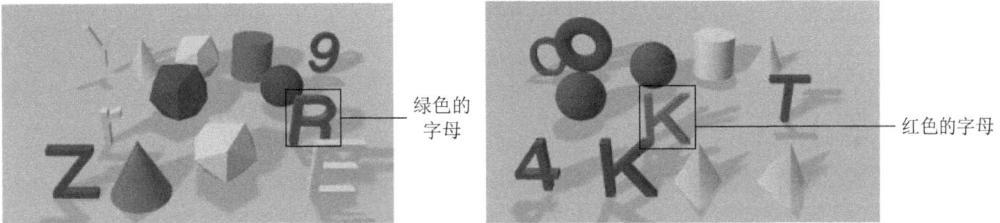

图 6.26　空间推理验证码

空间推理验证技术实现方式如图 6.27 所示。

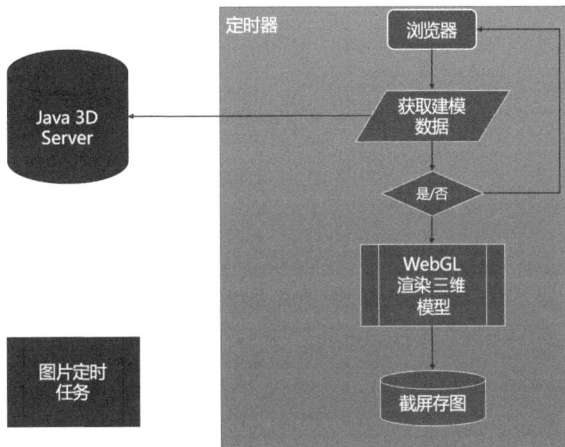

图 6.27　空间推理验证码技术

- 后台动态生成 ThreeJS 3D 建模数据、验证码的问题和答案数据。

- 基于 ThreeJS 完成三维建模，通过灯光、相机、场景的组合得到三维立体空间展示。

- 离线生成三维验证码的三维空间问题图片展示在客户端。

- 问题图片结合了知识、常识、语序、语义、空间推理等多种维度算法，解空间难度大大提升，增加了 AI 破解的难度。

随着互联网技术的提高，黑产也逐渐呈现分工专业化、组织团伙化、全网流窜化的特点，对企业造成的危害也越来越严重。智能验证码已经由单点对抗演进到体系对抗，采用新型的验证形式，能够在提升用户体验的同时增强安全防御能力。

6.4 本章小结

本章介绍了验证码的诞生和发展过程，从攻、防两个角度深入探讨了如何设计一个高对抗能力、用户体验相对优雅的新型智能验证码。

验证码是历史悠久的风控产品。从风控的角度分析，验证码是抵御攻击的最后一道防线；从用户体验的角度分析，验证码又是一个有可能影响用户体验感受的风控产品。验证码的最理想状态是对正常用户无感，对异常用户弹框。自 2016 年起，风控方和黑产团伙都在积极运用机器学习算法进行对抗，验证码的高水平攻防博弈还将持续下去。

第7章　风控中枢决策引擎系统

决策引擎是整个风控体系的核心枢纽，它是面向风控运营人员设计的，以规则编辑和规则执行为主要任务的计算平台，通常还包含灰度测试、数据统计分析等功能。作为风控体系的中枢系统，决策引擎会对接终端风控系统、实时指标计算平台、风控数据画像、机器学习和模型平台等各类风控子系统，集中进行风险计算和决策。

决策引擎系统具有以下特点：

- 灵活性：决策引擎面向泛业务场景设计，可以灵活支持注册、登录、交易、发帖、弹幕等大量场景，只需要为不同场景编辑不同的规则即可。

- 易用性：决策引擎面向风控运营人员设计，使用者不需要任何编程基础，只需要通过鼠标按钮点击和拖曳，简单键盘输入，即可完成场景的规则设计和数据引用。

- 实时性：决策引擎的实时性包含两个层面，第一个层面是规则生效的实时性，即任何的规则修改，线上决策集群的多台机器可以秒级生效；第二个层面是规则执行的实时性，即在不包含数据获取的情况下，大量规则（几百条或上千条以上）的执行时间可以控制在几十毫秒以内。

7.1　规则引擎

规则引擎是决策引擎的核心，模块主要包括规则管理、规则推送、规则执行等。规则引擎是一种集成在应用程序中的组件，使用预先定义的语言进行编写，实现业务规则和程序代码的分离。

规则引擎的应用场景主要包括以下特点：

- 流程分支非常复杂，条件判断非常多，常规的（if...else）编码难以实现，维护成本高。

- 不确定性需求非常多，频率非常高，随时都可能发生业务变更。

- 业务规则变更要求实时生效。

- 业务变更不依赖开发人员，可以由相关业务人员直接进行业务变更。

互联网反欺诈场景的业务需求，基本上和规则引擎的以上特点完全吻合。

规则引擎的开发，需要选择核心的规则表达语言和规则执行引擎。互联网风控团队面向风控业务的规则引擎的开发，可以基于 Groovy 等脚本引擎开发；也可以基于自身业务需求在开源或商业规则引擎上进行二次开发，开源的代表是 Drools，商业的代表是 ILOG JRules 等。

7.1.1 脚本引擎

Apache Groovy 是一种功能强大的动态语言，可以和 Java 平台深度融合并运行在 JVM 虚拟机上，可以快速给应用程序提供包括脚本、领域语言、运行时和编译时元编程及函数式编程的能力，它具有以下诸多优点：

- 平滑的学习曲线。

- 强大的功能特性。

- 和 Java 程序无缝融合。

- 面向领域的编程。

- 丰富的周边生态。

下面是一个 Apache Groovy 的示例，代码如下：

```
1.    def isLegal(Person person, Order order) {
```

```
2.        if (person.age > 10) {
3.            System.out.println("person is 10 bigger than age");
4.        }
5.
6.        if (order.price < 10) {
7.            System.out.println("price is smaller than 10");
8.        }
9.    }
```

除 Apache Groovy 外，常见的脚本引擎实现方案还有 JRuby、阿里巴巴开源的 QLExpress 等，不过相对而言功能都不如 Apache Groovy 强大。

7.1.2　开源规则引擎

Drools 是一个广泛使用的开源规则引擎解决方案，它提供了核心规则引擎、Web 编辑界面和规则管理程序，它支持决策模型，并具有 Eclipse IDE 插件。

Drools 使用 DRL（Drools 规则语言）来定义规则，并可以保存在扩展名为 ".drl" 定义的文本文件中。DRL 文件可以被规则执行器加载并渲染，在执行时，根据输入参数和 DRL 文件中的规则，进行决策。下面是一个 DRL 文件的示例，代码如下：

```
1.    rule "is valid age"
2.    when
3.        $person : Person(age > 18)
4.    then
5.        System.our.println("person age is bigger than 18")
6.
7.    rule "is valid price"
8.    when
9.        $order : Order(price < 10)
10.   then
11.       System.out.println("price is smaller than 10")
```

7.1.3　商业规则引擎

ILOG 是由 IBM 公司开发的大型商用规则引擎，具备成熟的系统结构及丰富的功能模块，包括 Rule Studio（供开发人员适用的 Eclipse 开发环境）、Rule Team Server（供业务专家使用的规则维护界面）、Rule Scenario（测试及模拟功能）、Rule Execution Server（业务执行服务器）等。ILOG 使用 IRL（ILog Rule Language）语言编写规则，其示例代码如下：

```
1.    When
2.    {
3.        ?person:Person(age > 18)
4.    }
5.    Then
6.    {
7.        execute{?System.out.println("person age is bigger than 18")}
8.    }
```

使用 ILOG 可以实现对整个企业的业务规则进行管理，包括规则建模、规则编写、规则测试、规则部署、规则维护等。快速部署 ILOG 后，业务需要做的仅仅是针对业务进行定制化规则开发，如针对电商业务开发电商类规则，针对信贷业务开发信贷类规则。

7.1.4　几种规则引擎实现方案的对比

对上文介绍的几种不同规则引擎实现方案的优缺点总结如表 7.1 所示。

表 7.1　不同规则引擎实现方案的优缺点总结

脚本/规则引擎	优　　点	缺　　点
Groovy	轻量灵活，可以与 Java 程序无缝集成	实质上是一个脚本引擎，功能有限，需要开发大量的周边功能
	简单、学习曲线平滑	
Drools	活跃的开源规则引擎	学习曲线陡峭
	内置 Rete 算法，执行效率高	
	周边模块丰富	当周边模块不是很适用时，二次开发成本高
	可以灵活选择模块	
ILOG JRules	成熟稳定可靠	商业产品，费用较高
	功能模块丰富，具备完整决策引擎需要的诸多模块快速使用，业务仅需要做定制类规则开发，即可进入生产使用	定制开发需要和厂商协商

7.2 规则管理

从决策引擎中选取了登录场景的异常检测风控策略管理界面，如图 7.1 所示。可以看到，所有的规则描述都是基于自然语言的，易于风控运营人员理解和维护。

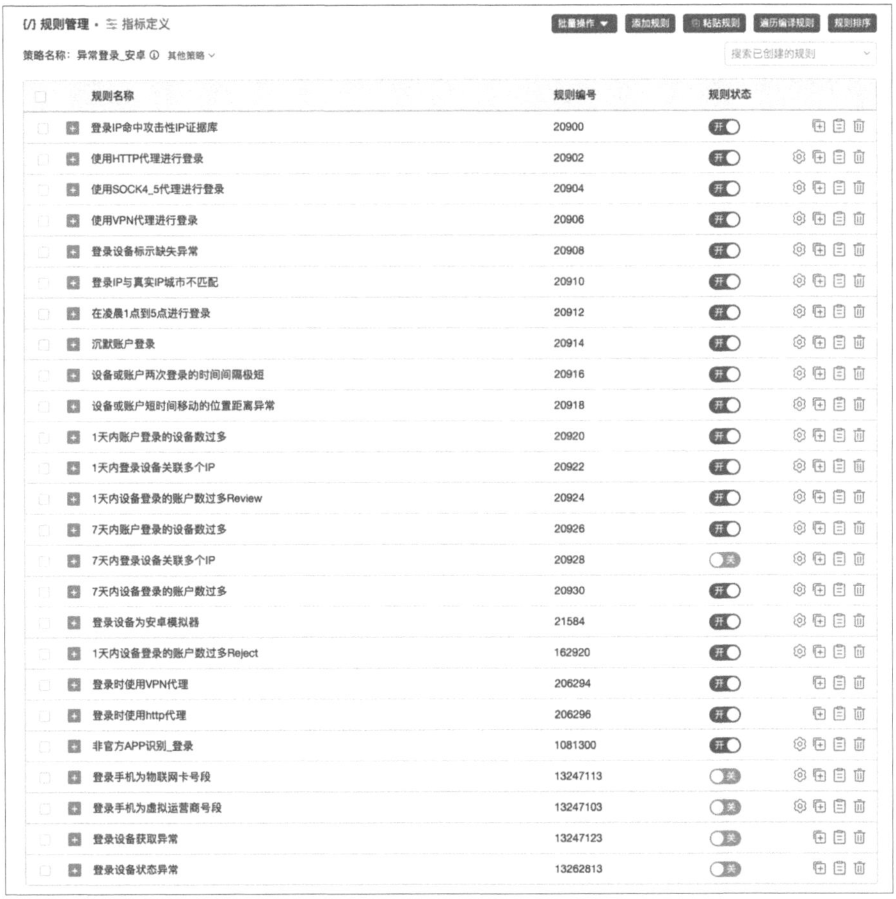

图 7.1 决策引擎规则管理界面

决策引擎规则管理界面的创建和管理都非常容易，那么整个规则是如何存储和执行的呢？

首先，用户交互使用自然语言。用户在界面上操作编辑的是自然语言描述的规则，如"会员年龄小于 18 岁"。

其次，领域化的规则使用规则表示语言。 实际存储的是结构化的规则描述，包含模型表述和规则表述。

- 模型。

```
1.    Person{
2.         Age; Integer;    //会员年龄；岁
3.    }
```

- 规则。

```
1.    Rule {
2.         Id:123;
3.         Context.person.age < 18;
4.    }
```

规则脚本语言。结构化的规则表示语言无法执行，需要转化为规则脚本语言进行执行，这一步可以根据技术类型，转化为 Groovy 脚本、Drools 脚本等，再由规则执行引擎执行，流程如图 7.2 所示。

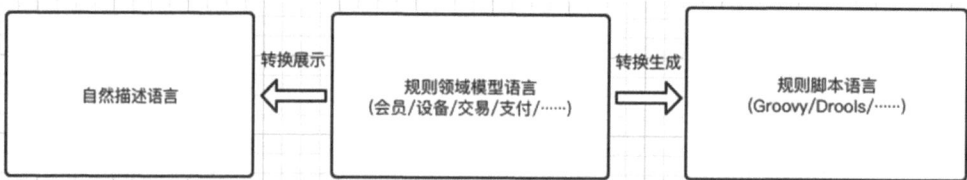

图 7.2　规则转化和执行

7.3　规则推送

运营人员根据业务需求，会不断对业务规则进行新增或更新。业务规则存储到规则数据库，规则执行服务器感知到规则变化后就会拉取最新的规则，重新编译加载。如图 7.3 所示，这个过程完成后，经过决策引擎的业务请求就会运用新的规则逻辑进行风险决策。规则更新的周期可以根据业务需要和性能考量确定，一般设置成秒级生效或分钟级生效均可以。

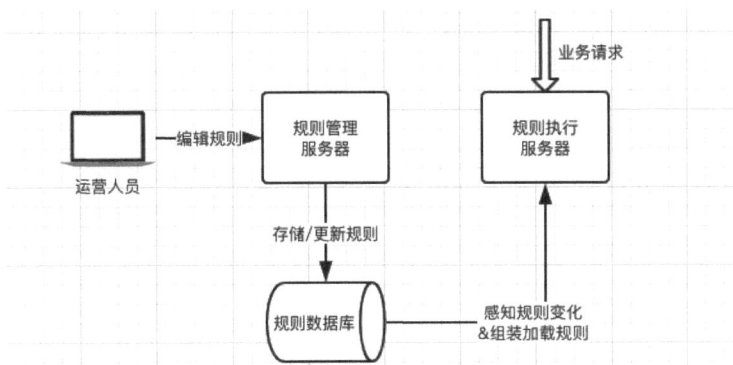

图 7.3 规则变更和重新加载执行

7.4 规则执行

当场景事件到来时，规则执行经过如下步骤：

- 数据输入到规则引擎。
- 规则引擎根据场景选择规则集。
- 规则领域模型转换模块，把规则集转换成脚本语言。
- 脚本引擎加载脚本语言。
- 脚本引擎接收数据，执行规则。

在上述过程中，为了性能考虑，应用会对脚本语言进行缓存，同时脚本引擎会进行脚本编译缓存，提升执行效率。

7.5 外部系统集成

决策引擎为了进行风控决策，需要在决策之前对原始数据进行加工，决策引擎在执行规则之前或在决策流程中，需要对接多个外部数据源及计算平台。这些外部系统一般包括 IP、手机号、设备解析等模块，也可能会包含外部第三方数据源。外部系统基础模块主要解决以下几类问题：

- 接入和管控：决策引擎外部接入数据源种类丰富，数量繁多，而且不同数据源的性能和可用性各有差异。因此，需要对响应时间、成功率、返回码等进行统一监控。
- 定制化规则配置界面：在获取数据源结果后，需要针对常用数据制作定制化规则配置界面，方便运营人员进行规则配置。

以设备数据规则配置界面为例，如图 7.4 所示。在这个设备定制化规则界面中，运营人员并不需要知道具体的数据字段，仅通过自然语言的理解，就可以对整个设备解析数据模块进行规则配置。

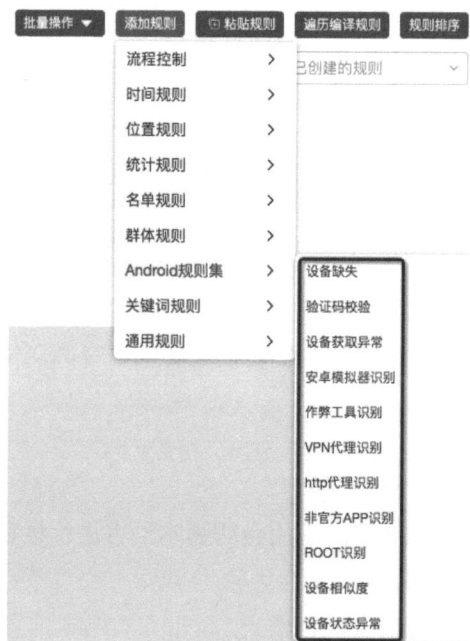

图 7.4 设备相关规则个性化配置

7.6 灰度测试

在通常情况下，策略运营人员在更改业务规则后，很难立即准确评估规则对线上业务的实际影响。在策略配置不当甚至错误的情况下，实际影响可能超过预估的范围，对业务造成重大影响。另外，策略运营人员对规则的变更有约定的操作流程，但是人为的失误也难以完全避免，在比较疲劳和紧张的情况下更是如此。因此，决策引擎需要这样一个功能：策略运营人员配置的规则可以试运行，并根据试运行的结果进行调整或正式上线启用。

我们设计决策引擎灰度测试的架构如图 7.5 所示。

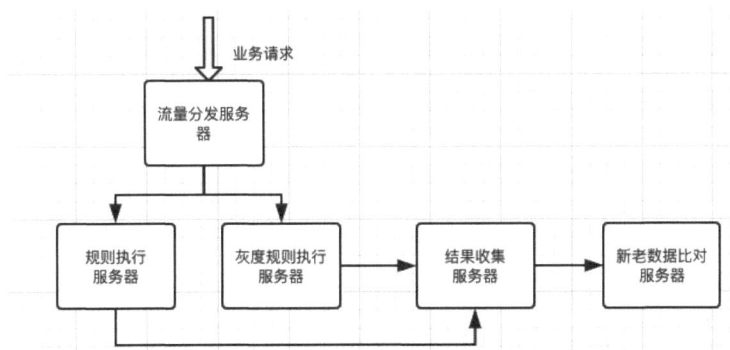

图 7.5　决策引擎灰度测试流程

在设计决策引擎灰度测试框架中需要注意两个方面：一是要确保不要导致数据污染；二是要做好数据可视化，能够让运营人员快速比对前后的效果差异。

7.7　本章小结

本章主要介绍了实时决策系统中的核心组件决策引擎，包括决策引擎中的规则引擎、规则管理、规则推送、规则灰度测试等。同时也介绍了决策引擎和外部数据子系统的对接。决策引擎作为业务反欺诈系统的核心必备组件，对风控运营人员快速调整策略至关重要，需要重点保障稳定性和易用性。

第 8 章　海量数据的实时指标计算

在对业务事件的实时风险决策判断中，无论是基于专家规则还是风控模型，都需要依赖这类对一定时间范围数据进行回溯加工的变量，这些变量称为指标。

在第 7 章介绍决策引擎系统时，我们给出了一个实际使用的规则集的截图。在该规则集中，可以看到的规则包括"设备使用 HTTP 代理登录""1 天内设备上登录的账户过多"等。使用 HTTP 代理目的是隐藏真实 IP，有绕过 IP 防控策略的风险；设备上登录过多的账户，可能是机器脚本或人为操作了大量账户，会产生广告刷量、撞库、盗号等诸多风险。其中"设备使用 HTTP 代理登录"，基于事件中"是否使用 HTTP 代理"单一变量的值即可触发规则执行；但是"1 天内设备上登录的账户过多"需要回溯 24 小时的历史数据，计算出该设备上从事件当前发生时刻倒推 24 小时内登录的账户个数，然后和配置的阈值进行比较判断。

指标不仅仅包含上面示例的关联个数求和统计，还包括诸如设备某段时间的移动距离、账号某段时间范围内的活跃天数等。对一定时间范围业务事件进行统计计算的过程就是本章将要介绍的指标计算。

8.1　实时指标计算概述

在风控反欺诈业务中，为了实时进行业务事件的风险判断，要求指标计算延迟非常低，一般在毫秒或几十毫秒级别，因此，我们把实时返回计算结果过程称为实时指标计算。这里的低延迟包含两个维度：一个维度是最新的事件被指标统计在内的延迟，另一个维度是计算结果的响应时间延迟。

在风控反欺诈业务中，专家规则和模型都需要使用到大量的指标，常见类型如表 8.1 所示。

表 8.1　反欺诈业务中经常使用的指标类型

指 标 类 型	示　　例	可能关联风险
频度-出现次数统计	IP 最近 5 分钟注册次数 手机号最近 1 小时接收短信次数	次数过多一般对应场景：垃圾注册/短信轰炸等
频度-关联个数统计	1 天内同一设备接收短信的手机号个数 7 天内同一设备充值的账户个数	个数过多一般对应场景：群控设备，群控账号等
活跃天数	账户最近 7 天活跃次数 设备最近 1 个月活跃次数	活跃次数过少一般对应场景：僵尸用户
移动距离	设备最近 1 小时移动距离 设备最近 24 小时移动距离	移动距离过远一般对应场景：虚假定位
常用习惯	账户最近 7 天常用设备型号 账户组件 30 天常用登录城市	常用型号或城市不一致一般对应场景：账户被盗等
趋势计算	账户最近 1 天多笔交易支付金额递增 账户最近 1 天先小额后大额支付	支付的趋势一般对应场景：盗卡盗刷等
其他，如最近连续次数、事件时间差等	账号最近 5 分钟密码连续错误次数	连续错误一般对应场景：账户暴力破解等

在实际业务场景中，需要计算的数据除需要包含上述提到的 IP、手机号、设备、账户等维度外，往往还需要覆盖诸如商品类型、收货地址及支付金额等业务数据。在某些规则场景下，需要计算的数据维度多达数十个。这些指标可以作为风控模型的输入变量，或者作为专家规则集的一部分，参与对业务风险的综合判断。

在风控反欺诈业务中，为了能够及时阻断新发现的黑产行为，以上这类的业务指标计算一般还需要随时上线，时间窗口和计算维度组合均不确定。如果针对每一个指标单独进行编码开发，那么开发工作量非常大，指标上线需要依赖发布，不能满足风控反欺诈系统快速响应的要求。因此，我们需要投入资源构建一套反欺诈实时指标计算系统，用于支持策略运营人员灵活地配置和使用指标。在这套系统中，指标配置完成后可以快速上线、即时生效，并且能够以非常低的延迟完成大量指标计算。

通过对上述指标计算的逻辑进行分析，指标计算可以抽象总结出以下几个固有特征：

- 时间窗口。

- 事件。

- 主属性。

- 副属性。

- 计算逻辑。

本章开始描述的部分反欺诈业务中使用的指标类型，可以统一抽象为时间窗口、事件、主属性、副属性、计算逻辑的组合，如表 8.2 所示。

表 8.2　指标抽象表示

指　　标	时间窗口	事　　件	主 属 性	副 属 性	计 算 逻 辑
IP 最近 5 分钟注册次数	5 分钟	注册	IP	无	求和
手机号最近 1 小时接收短信次数	1 小时	短信	手机号	无	求和
1 天内同一设备接收短信手机号个数	1 天	短信	设备	手机号	副属性（手机号）去重求和
7 天内同一设备充值账户个数	7 天	充值	设备	账户	副属性（账户）去重求和
设备最近 1 小时移动距离	1 小时	司机派单	设备	无	多次进行 GPS 位置移动距离求和
账户最近 7 天常用登录设备型号	7 天	登录	账户	无	设备型号出现次数最多且超过阈值
账户最近 1 天先小额后大额支付	1 天	支付	账户	无	支付金额大小满足先小额后大额
账号最近 5 分钟密码连续错误次数	5 分钟	登录	账户	无	密码连续错误（中间无成功）求和

基于指标计算的抽象模型，我们可以使用几类统一的计算方法实现对多种指标类型的计算逻辑，然后风控策略人员需要在风控规则中配置使用指标时，根据配置的时间窗口、事件、主属性、副属性、计算逻辑等自动添加实时指标计算任务，任务可以产生聚合数据或最终的数值。当业务事件到来时，查询实时指标计算系统，实时指标计算系统查询到聚合数据进行再加工，或者直接返回最终数值，供风控规则进行风险判断。

8.2　实时指标计算方案

下面介绍实时指标计算领域的常见实现方案，主要包括以下几个类别：基于数据库 SQL 的计算方案、基于事件驱动的计算方案和基于实时计算框架的计算方案。另外，本节还介绍了实时指标计算方案对比。

8.2.1　基于数据库 SQL 的计算方案

关系数据库支持基于 SQL 语句进行统计计算，可以基于业务数据进行快速统计。例如，计算最近 1 小时内某 IP 注册账号个数，可以使用的代码如下：

```
select count(1) from xxx where ip = ' x.x.x.x ' and gmt_create > now()-1 hour
```

这种计算方式的优点是实现简单，无须新建数据；缺点是不够灵活，一般只能解决求和类规则，而且无法预计算，所以在时间跨度大、数据多的情况下响应时间无法得到保障。

系统可以前置如 Memcached、Redis 之类的缓存，也可以定时预先做一些数据聚合以优化效率。

8.2.2　基于事件驱动的计算方案

注册、登录、交易等都是独立的事件，事件可以转化成消息进入 kafka 等消息系统中。消费者接收到事件后，可以进行预计算或相关的聚合，在指标查询之前计算出结果，并存储到数据库或缓存系统中。当决策引擎进行指标查询时，指标计算系统基于预计算的结果或聚合的中间结果，再经过加工即可完成结果输出。

下面以最近 1 小时内某 IP 注册账号个数为例，当注册事件到达时，可以在数据库或缓存中构造 KV，代码如下：

```
1.    112.3.10.6 : [{
2.        "deviceId": "acef1kablxsild7x",
3.        "account": "jack",
```

```
4.          "timeStamp": 1560745934747,
5.          "eventType": "register"
6.      }, {
7.          "deviceId": "acef1kablxsild7x",
8.          "account": "jim",
9.          "timeStamp": 1560749544747,
10.         "eventType": "login"
11.     }, {
12.         "deviceId": "acef1kablxsild7x",
13.         "account": "lily",
14.         "timeStamp": 1560753154747,
15.         "eventType": "register"
16.     }]
```

当指标查询请求到来时，只需要进行一次 KV 查询，即可以获得全部相关数据，然后在内存中进行数据筛选，得出计算结果。

在时间跨度较大，数据量较大的情况下，也可以引入差分计算的方法。例如，计算最近 1 小时内注册的手机号数量，在实际计算中，可以预先每 10 分钟做一次聚合。查询优化统计为（最近几分钟明细+5 个 10 分钟聚合数据+10 分钟明细数据），再进行一次数据统计。差分计算的问题是，没办法做去重，会有一定的精度损失。

这种计算方式的优点是可以进行预计算，查询性能较好。缺点首先是需要针对不同的事件场景，进行特殊的逻辑开发，工作量大，而且每次开发完成都需要应用发布；其次是需要大量的预先计算，即使这个指标后续并未被查询到。

8.2.3　基于实时计算框架的计算方案

在上述事件驱动的计算中，完成一个指标的计算需要处理消息系统、中间结果存储系统、业务逻辑，并保障性能和可靠性。在这种模式下，每添加一个指标系统的计算工作量都很大，而实时计算框架刚好可以很好地解决这一问题。使用实时计算框架，可以把数据流、中间结果存储、性能和可靠性保障都交付给框架本身解决。实时计算框架提供易用的不同层次抽象的 API，甚至可以通过 SQL 完成一个计算指标的上线。

下面引入两组基础概念：

- 实时计算和离线计算：实时计算一般指对延迟要求较高，要求在秒级甚至毫秒级就给出计算结果的计算方式；离线计算一般指按天级别（T+1）或小时级别（T+H）给出计算结果的计算方式。

- 批计算和流计算：批计算是按照数据块进行计算的，一般要累积一定时间或一定的数据量再进行计算，有一定的延迟；流计算是针对数据流进行计算的，1 条数据处理完成后，马上发给后续计算节点，一般延迟较低。需要注意的是，批计算不代表就不是实时，如果批处理的时间间隔很短、处理速度很快，那么也可以算得上是某种意义上的准实时计算。

下面简单介绍目前业界流行的三大实时计算框架：Storm、Spark Streaming 和 Flink。

8.2.3.1　Storm 介绍

Storm 是比较早出现的实时计算框架，它是一款开源免费的分布式、可容错性、可扩展、高可靠的实时流处理框架，可以实时处理无界的流数据，并且支持多种编程语言。

Storm 的主要概念如下：

- Spout：产生数据源的地方。
- Bolt：消息处理者。
- Topology：网络拓扑。
- Tuple：元组。

Storm 提交运行的程序称为 Topology。Topology 处理的最小的消息单位是一个 Tuple，也就是一个任意对象的数组。Topology 由 Spout 和 Bolt 构成。Spout 是发出 Tuple 的节点。Bolt 可以随意订阅某个 Spout 或 Bolt 发出的 Tuple。Spout 和 Bolt 统称为 component。

在 Storm 中，数据像水流一样，源源不断地从一个处理模块完成处理后，快速流向下一处理模块，如图 8.1 所示。

早期 Storm 较为流行，阿里巴巴常用 Java 重写该系统，并命名为 JStorm 项目。在推特（以下简称 Twitter）、阿里巴巴、美团等互联网公司，Storm 被广泛应用。

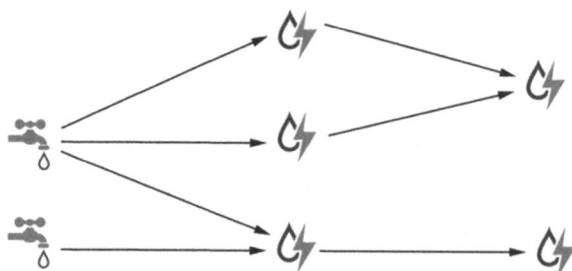

图 8.1　Storm 数据流转

8.2.3.2　Spark Streaming 介绍

Spark Streaming 是 Spark 核心 API 的一个扩展，可以实现高吞吐量、具备容错机制的实时流数据的处理。它支持从多种数据源获取数据，包括 Kafka、Flume、Twitter、ZeroMQ、Kinesis 及 TCP sockets，从数据源获取数据之后，可以使用 map、reduce 和 join 等高级函数进行复杂算法的处理。最后还可以将处理结果存储到文件系统、数据库和现场仪表盘。

Spark Streaming 本质上是基于核心 Spark Core 的，Spark Streaming 在内部的处理机制可以接收实时流的数据，并根据一定的时间间隔拆分成一批批的数据，然后通过 Spark Engine 处理这些批数据，最终得到处理后的结果数据。Spark Streaming 的整体框架如图 8.2 和图 8.3 所示。

图 8.2　Spark Streaming 整体架构——数据流

图 8.3　Spark Streaming 整体架构——批处理

在 Spark Streaming 出现之前，用户需要借助多种开源软件才能构建出流处理和批处理系统。Spark Streaming 的出现，不仅能够非常好地解决这些问题，同时它还统一了技术框架，使用了与 Spark 一致的编程模型和处理引擎，让用户仅需要依赖 Spark 框架，就可以完成流处理和批处理。因此，Spark Streaming 得到了广泛的应用。

8.2.3.3　Flink 介绍

Flink 诞生于 2008 年，2014 年被 Apache 孵化器接手后，就迅速成为 ASF（Apache Software Foundation）顶级项目之一。

Flink 在数据处理方式上和 Storm 类似，并没有采用小批量处理的方式，它是一个真正的流式系统。Flink 采用分布式轻量级快照实现容错，提供了 exactly once 语义。Flink 还是一个流批一体的计算框架，对于 Flink 来说，其所要处理的主要场景就是流数据，批数据只是流数据的一个极限特例而已，Flink 和 Spark Streaming 的思路刚好相反，Spark Streaming 把流转化成一个个小批次。换句话说，Flink 会把所有任务当成流来处理，这也是其最大的特点。Flink 可以支持本地的快速迭代，以及一些环形的迭代任务。Flink 的整体框架如图 8.4 所示。

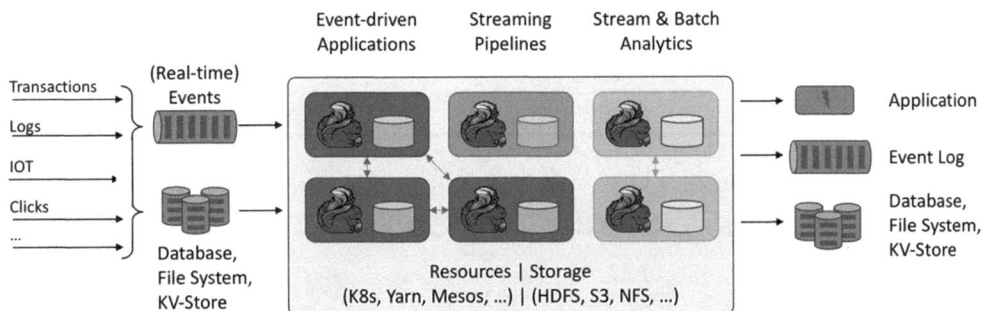

图 8.4　Flink 整体架构

Flink 具备流式计算的优点，克服了 Spark Streaming 的延迟，并通过快照机制提供了 exactly once 语义，迅速被业界广发使用，并构建了强大的生态圈。此前，Flink 主要依靠开源社区的贡献而发展，目前，Flink 已经被阿里巴巴收购。

8.2.3.4 三种实时计算框架对比

下面从架构、数据处理模型与延迟、一致性保障、容错性、吞吐量、易用性、成熟度几个方面对比三种实时计算框架，如表 8.3 所示。

表 8.3 三种实时计算框架对比

框　　架	Storm	Spark Streaming	Flink
架构	主从模式，原生流计算	基于 Spark，主从模式，可以理解为小颗粒时间维度上的 Spark DAG，实际是微小时间窗口的批处理	主从模式，原生流计算
数据处理模型与延迟	亚秒级别	秒级	亚秒级别
一致性保障	At Least once，在 Trident 模式下支持 exactly once 语义	支持 exactly once	支持 exactly once
容错性	低，ACK 机制	高，WAL 和 RDD 机制	中，基于 Chandy-Lamport distributed snapshots checkpoint 机制
吞吐量	低	高	低
易用性	低，不支持 SQL Streaming	高，支持 SQL Streaming，Batch 和 Streaming 采用统一编程框架	高，支持 SQL Streaming，Batch 和 Streaming 采用统一编程框架
成熟度	比较稳定	比较稳定	新型框架，应用范围广，高速发展中

从本质上说，Storm 和 Flink 是真正意义的流式计算，延迟在毫秒级，而 Spark Streaming 是采用微小批的方式进行计算，延迟在秒级。

随着 Flink 的发展，其高吞吐、低延迟、高可靠、精确计算的优点越来越突出，逐渐开始成为实时流式计算的主流框架。在一般情况下，会优先选择 Flink，很多公司也已经开始把现有的基于 Storm 的系统统一迁移到 Flink 计算平台。

Spark Streaming 因为流批一体的特性，使用方便，对延迟要求不高的业务场景依然有很大的需求。

8.2.4　实时指标计算方案对比

本节主要介绍基于 SQL 数据库的计算、基于消息事件驱动的计算和基于实时计算框架的计算实现方案，如表 8.4 所示为 3 种实时指标计算方案在实践中的优缺点，以供读者参考。

表 8.4　3 种实时指标计算方案在实践中的优缺点

框　架	优　点	缺　点
基于 SQL 数据库的计算	逻辑简单	只能进行求和 数据量大，具有性能瓶颈
基于消息事件驱动的计算	实时性高 支持预计算 业务逻辑可以灵活实现	需要处理消息、中间数据、可靠性、容错性、稳定性等一系列问题
基于实时计算框架的计算	实时性高 支持预计算 业务逻辑可以灵活实现 可以依托实时计算框架对实时性、可靠性、容错性进行处理	需要熟悉实时计算框架，做好框架选择

8.3　反欺诈实时指标计算实践

本节将介绍在反欺诈实践中实时指标计算方案不断优化的过程。

8.3.1　实时指标计算引擎原型

某个风控反欺诈业务场景需求如下：在一个登录风险识别规则集中，需要计算基于设备号主属性的多个指标，如下所述。

- 设备在最近 5 分钟登录次数。
- 设备在最近 1 小时登录过的账户个数。
- 设备在最近 1 天登录过的账户个数。

- 设备在最近 1 天使用过的 IP 个数。

- 设备在最近 1 天的 GPS 位置移动距离。

构造如表 8.5 所示的实时指标计算引擎数据结构。

表 8.5　实时指标计算引擎数据结构

Key（设备 ID）	Value（业务事件数据）

acef1kablxsild7x	<code>{
	    "account": "bob",
	    "ip": "112.3.10.6",
	    "gps": "116.397428,39.9023",
	    "timeStamp": 1560745934747,
	    "eventType": "register"
	}, {
	    "account": "bob",
	    "ip": "112.3.10.6",
	  "gps": "116.397428,39.9023",
	    "timeStamp": 1560749544747,
	    "eventType": "login"
	}, {
	    "account": "jim",
	    "ip": "112.3.10.6",
	  "gps": "116.397428,39.9023",
	    "timeStamp": 1560753154747,
	    "eventType": "register"
	},…</code>

w3cf1kablxsild8x	<code>{
	 "account": "jack",
	  "ip": "112.3.10.8",
	 "gps": "116.397428,39.9023",
	    "timeStamp": 1560745934747,
	    "eventType": "register"
	}, {
	 "account": "jack",
	  "ip": "112.3.10.8",</code>

续表

Key（设备 ID）	Value（业务事件数据）
w3cf1kablxsild8x	"gps": "116.397428,39.9023", 　　"timeStamp": 1560749544747, 　　"eventType": "login" }, { "account": "jack", 　　"ip": "112.3.10.8", 　"gps": "116.397428,39.9023", 　　"timeStamp": 1560753154747, 　　"eventType": "register" },...

当新的业务事件到来时，实时指标计算引擎不断更新 Value 数据。

假设在业务事件进行风险判断时，触发规则使用到"设备在最近 5 分钟登录次数"指标，我们根据设备 ID 查询到历史所有事件，然后在内存中进行数据筛选，完成该指标计算；同样触发规则使用到"设备在最近 1 天登录过的账户个数"指标，也是根据设备 ID 查询到历史所有事件，然后在内存中进行数据筛选去重，完成该指标计算。

实时指标计算引擎的优点如下：

- 速度快，只需要 1 次 NoSQL KV 查询即可完成获取计算所需数据。

- 节省 NoSQL 内存，一份数据可以重复使用并进行多个指标计算。

- 同一主属性新指标上线快，无须积累数据。

实时指标计算引擎的缺点是，每次实时指标计算，会返回很多无关数据，对网络带宽和系统内存带来压力（Java 应用会导致频繁触发 GC）。

在实际操作中，可以结合数据压缩、应用缓存、数据截断及 NoSQL 数据库聚合等方式进一步优化提升效率。例如，数据截断，某用户设备最近 1 天登录 1000 次和 10 000 次的风险是没有区别的（几十次以上对应的就已经是高危风险了）。因此，可以只存储最近 1000 次的数据，既不影响业务效果，又防止影响性能。如果 NoSQL 数据库支持 Lua 脚本，那么可以直接通过写 Lua 脚本，由 NoSQL 数据库完成数据聚合，只返回应用聚合结果数据，而不是整个 Value 的原始数据。

这种计算方式在一般情况下运行较好，但在某些业务场景中，如明星演唱会门票秒杀场景（业务流量比平时高百倍以上），系统可能会面临带宽、应用内存等压力。

8.3.2　数据拆分计算

为了对实时指标计算引擎进行优化，新的实时指标计算引擎对数据进行了拆分优化。在同一业务场景下，数据存储如表 8.6 所示，在该数据存储方式中，每个指标查询返回的数据大大减少。

表 8.6　实时指标计算引擎拆分数据结构

Key（设备 ID）	Value（业务事件数据）

acef1kablxsild7x – gps	```
	{
	    "gps": "116.397428，39.9023",
	    "timeStamp": 1560745934747,
	    "eventType": "register"
	}, {
	    "gps": "116.397428，39.9023",
	    "timeStamp": 1560749544747,
	    "eventType": "login"
	}, {
	    "gps": "116.397428，39.9023",
	    "timeStamp": 1560753154747,
	    "eventType": "register"
	},...
	``

acef1kablxsild7x – ip	```
	{
	    "ip": "112.3.10.6",
	    "timeStamp": 1560745934747,
	    "eventType": "register"
	}, {
	    "ip": "112.3.10.6",
	    "timeStamp": 1560749544747,
	``

Key（设备 ID）	Value（业务事件数据）
acef1kablxsild7x – ip	"eventType": "login" }, { 　　"ip": "112.3.10.6", 　　"timeStamp": 1560753154747, 　　"eventType": "register" },…

acef1kablxsild7x – account	{
	　　"account": "bob",
	　　"timeStamp": 1560745934747,
	　　"eventType": "register"
	}, {
	　　"account": "bob",
	　　"timeStamp": 1560749544747,
	　　"eventType": "login"
	}, {
	　　"account": "jim",
	　　"timeStamp": 1560753154747,
	　　"eventType": "register"
	},…

acef1kablxsild8x-gps	{
	　　"gps": "116.397428，39.9023",
	　　"timeStamp": 1560745934747,
	　　"eventType": "register"
	}, {
	　　"gps": "116.397428，39.9023",
	　　"timeStamp": 1560749544747,
	　　"eventType": "login"
	}, {
	　　"gps": "116.397428，39.9023",
	　　"timeStamp": 1560753154747,
	　　"eventType": "register"
	},…

Key（设备 ID）	Value（业务事件数据）

acef1kablxsild8x-ip	{
	　　"ip": "112.3.10.6",
	　　"timeStamp": 1560745934747,
	　　"eventType": "register"
	}, {
	　　"ip": "112.3.10.6",
	　　"timeStamp": 1560749544747,
	　　"eventType": "login"
	}, {
	　　"ip": "112.3.10.6",
	　　"timeStamp": 1560753154747,
	　　"eventType": "register"
	},…

acef1kablxsild8x-account	{
	　　"account": "jack",
	　　"timeStamp": 1560745934747,
	　　"eventType": "register"
	}, {
	　　"account": "jack",
	　　"timeStamp": 1560749544747,
	　　"eventType": "login"
	}, {
	　　"account": "jack",
	　　"timeStamp": 1560753154747,
	　　"eventType": "register"
	},…

假设业务风险事件触发的规则使用到"设备在最近 1 天登录过的账户个数"指标，只需要查询设备 ID 账户维度的数据，即可完成指标计算，不需要像实时指标计算引擎那样返回无用的多余数据。但是，这种计算方式使得数据的复用性较差，会导致 NoSQL 数据库占用较大的内存和存储，是一种空间换时间的优化方式。

数据拆分计算的优点如下：

- 按需要存储数据。

- 使用指标查询时，不浪费网络带宽和应用内存。

数据拆分计算的缺点如下：

- 数据不具有可复用性，占用 NoSQL 数据库较大的内存。

- 同一主属性新指标上线需要数据积累。例如，系统最早只配置使用"同一设备上账号个数"这个指标，想要增加"同一设备上 IP 个数"指标时，按 IP 拆分的数据是没有的，只能从当前时刻累积或从业务事件历史数据中导入。

8.3.3　分片计算

上述两类计算引擎，在 Value 中都存储了业务事件的明细数据，这对于"频度-关联个数统计"类是必须的，因为需要明细数据用于去重计算。但是，对于"频度-出现次数统计"类指标，本质上只是个数的计算，可以进一步优化。本节引入实时指标分片计算引擎，以"IP 过去 1 小时登录次数"为例进行介绍。假设当前时间是 15:40，存储的实时指标分片计算数据结构如表 8.7 所示。

表 8.7　实时指标分片计算数据结构

Key（主属性）	二级 Key（时间片-10 分钟）	Value（统计个数）
112.3.10.6	14:41 – 14:50	1
	14:51 – 15:00	0
	15:01 – 15:10	0
	15:11 – 15:20	1
	15:21 – 15:30	0
	15:31 – 15:40	0

基于实时指标分片计算数据结构，当业务事件触发风控规则，查询"IP 过去 1 小时登录次数"的指标时，只需要查询多个时间分片的数据，进行聚合累加即可。这样在查询时，只需要返回预计算好的几个数值，性能可以得到进一步提升。

分片计算方式的优点如下：

- 只需要按分片存储中间计算数值结果，占用较少的存储空间。

- 指标查询数据少，速度快。

分片计算方式的缺点是，无法做数据去重，只支持"频度-出现次数统计"指标。

8.3.4 引入 Flink

在上述 3 个版本的实时指标计算引擎中，我们设计了各种数据类型以完成实时指标计算和查询。而在实际的业务系统中，还需要具备数据类型、消息处理、数据库读写、容错、异常处理及监控等各种复杂业务逻辑。随着 Flink 框架的不断成熟，我们开始逐步往实时计算框架 Flink 迁移，把各种复杂业务逻辑都交给 Flink 框架处理。在 Flink 的基础上形成了基于 Flink 的实时指标计算引擎，即通过代码配置指定计算任务，计算过程完全交给框架实现。

同样以指标"IP 最近 1 小时登录次数"为例，对应的某 Flink 示例代码如下：

```
1.    // ip key
2.        originalDataStream.keyBy(StrConstant.IP_KEY_POSITION)
3.            .window(TumblingProcessingTimeWindows.of(Time.minutes
4.            (StrConstant.INTERVAL_TIME_MIN)))
5.            .aggregate(new IpAggregateFunction(StrConstant.SEQUENCEID_SIZE),
6.            new MyProcessWindowFunction()).setParallelism(StrConstant.
7.            PROCESS_PARALLELISM)
8.            .addSink(flinkKafkaProducer011).name("kafka_producer_out_ip");
```

如上代码，只需要指定聚合KEY（IP）、时间窗口（分钟数常量）、聚合方法（自定义累加）、输出（一个消息 topic），几行代码就能完成一个实时指标计算任务配置，最后可以把计算结果存储到 NoSQL 数据库中，方便后续进行业务查询。这个过程只需要聚焦反欺诈业务，完全不用关注计算过程中的并行处理、异常处理、容错处理、数据持久化等。当业务事件触发到相关规则时，只需要根据响应的 KEY 查询指标结果即可。

引入 Flink 实时指标计算引擎的优点是逻辑简单，只需要关注业务主属性、时间窗口、计算方法等，其他交给计算框架解决；缺点是需要引入并熟悉实时计算框架。

8.3.5 Lambda 架构

在反欺诈实践场景中，部分指标是跨小时和跨天计算的，甚至有部分指标需要回溯 1 个月进行计算。如果全部使用上述提到的实时指标计算引擎进行计算，那么计算的时间窗口很长，会给系统带来很大的压力。为了提升效率，可以对历史数据使用批计算，对实时数据使用流计算，最后综合计算结果。通过这种方式，我们把一个时间跨度较长的实时指标计算转化为一个"较短时间窗口的实时指标"加上一个"历史数据的离线指标"的聚合结果，这就是 Lambda 架构。该方法由 Storm 的作者 Nathan Marz 提出，并且最早建立在 Hadoop MapReduce 和 Storm 之上处理流式计算应用。我们在实践中，使用 Spark 做批处理、Flink 做实时流处理，架构如图 8.5 所示。

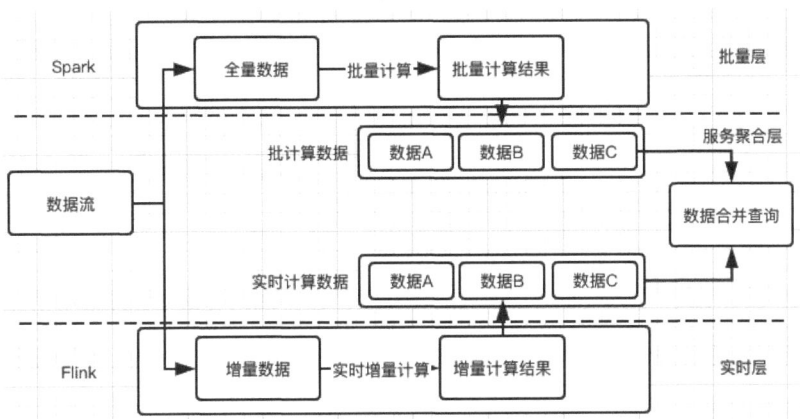

图 8.5 Lambda 架构

Lambda 架构分为以下 3 个层次：

- 批量层：对历史数据进行批量处理，形成批量结果数据。
- 服务聚合层：聚合批量结果数据和增量实时数据，返回给查询业务。
- 实时层：对实时增量数据进行流处理，形成增量实时数据。

在使用 Lambda 架构后，我们对于跨越时间窗口比较长的指标，可以综合批计算和流计算的优点，快速高效，成本较低地完成实时指标计算。

8.4 反欺诈实时指标计算系统

上文介绍了在反欺诈实时指标计算中的具体实践，在进行系统架构设计时还需要重点考虑指标的配置方式、上线时效及综合性能等因素。如图 8.6 所示为一个实时指标计算系统架构设计的示例，综合使用了 Flink 和 Spark 框架，并且还有定制的计算逻辑。

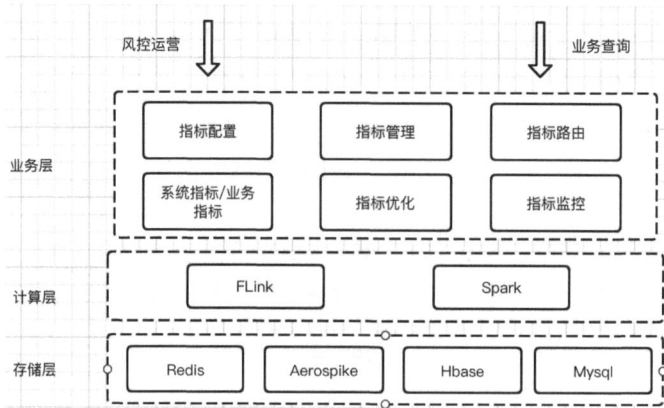

图 8.6　实时指标计算系统架构

实时指标计算系统包括业务层、计算层、存储层，下面只介绍业务层的 4 个关键要素：

- 指标配置：用于风控运营人员通过界面（有些会集成在策略配置中作为一个模块）化的操作，新增、修改和删除指标，通过界面配置后，根据预定义的指标计算方法，转换成计算任务，提交到相应的实时指标计算系统。这里需要根据指标生效时间、回溯周期、计算逻辑等要求，选择恰当的计算方式。如图 8.7 所示为一个指标配置交互图。

图 8.7　指标配置交互图

- 指标管理：指标管理模块可以结合运行情况，定期输出各指标的性能、数据量、成本等情况，指导实时指标计算系统优化的方向。对于不再使用的指标，及时进行下线清理。

- 指标路由：当业务事件进入决策引擎后，决策引擎根据配置的策略，调用实时指标计算系统查询相应指标的计算结果，实时指标计算系统根据配置，生成查询的路由信息，路由到正确的数据位置，返回结果。

- 指标优化：计算引擎不可能响应所有的指标计算需求，对于不同类型的指标，需要进行针对性的计算优化。例如，对于大量业务场景都会使用到的指标，可以使用定制化的计算方法，并默认集成到系统中，这部分称为系统指标；对于运营根据业务分析、随时上线的指标，初始上线可以使用立刻生效的计算引擎保障时效性，运行一段时间后，可以转换为采用 Lambda 架构等方法优化性能。

通过以上的系统设计和实现，可以开发出面向风控策略运营使用的兼顾灵活性、时效性、性能、成本多方面因素的反欺诈实时指标计算系统。

8.5　本章小结

本章主要对实时决策系统中的核心组件反欺诈实时指标计算系统进行了详细介绍。首先，对反欺诈实时指标进行了统一抽象建模，每一个指标都可以转化为在一个时间窗口内依托某种规则对数据进行聚合统计。其次，介绍了多种实时指标计算方法，包括基于 SQL 数据库、事件驱动、实时计算框架等方法。最后，梳理回顾了在反欺诈实时指标计算的实践，并对实时指标计算的工程实践进行了总结。

当前各大中型互联网公司在风控反欺诈业务中，基本都创建了基于开源或自研技术的实时指标计算平台。实时计算框架凭借其稳定可靠、开发高效等特点，已经成为实时指标计算系统必不可少的核心模块。

第 9 章　风险态势感知系统

通过风控系统，我们可以综合利用风险数据名单、专家规则和机器学习模型等方法，对已知的风险类型进行防控。但是，该系统仍面临以下几个方面的挑战：

- 专家的水平差异性：在大部分的场景中，策略专家的水平不足、认知的广度和深度不足，经常导致规则设计不能完全覆盖业务风险，给黑产留下可乘之机。这就需要风控系统能够及时发现遗漏的风险，驱动策略专家对规则进行不断优化。

- 黑产攻击手法多变：黑产攻击手法呈现出高对抗性和变异性，总会不断变换方法，试图绕过现有风控策略。黑产的快速变异性，导致规则防控的效果呈现不断下降的趋势。这就要求风控系统能及时发现新的攻击类型。

- 运营人员操作风险：在日常的风险防控过程中，风控策略不断被动态地新增和更改，这些新增和更改都是由策略运营人员触发的。每一次更改，即使有严格的 Review 机制和灰度机制，依然有可能存在操作失误导致的规则错误或失效。这就需要系统具备感知其不正常变化的能力，及时发现策略运营人员的错误操作导致的风险。

- 产品和系统 Bug：反欺诈体系依赖设备指纹、数据画像、名单库等多个核心子系统，这些风控系统日常的更新迭代，都不可避免地会引入 Bug。从子系统的质量控制出发是一个思路，另一个思路是从风控系统整体的效果出发，反向发现子系统的缺陷，进而促进整个风控系统的健康发展。

从上面的综述可以看出反欺诈体系建设中的风险预警的重要性：如何快速发现现有风控系统的防御盲区，预警随着线上已经逐渐失效的防控策略，从实际对抗效果出发促进风控系统不断完善。

我们引入态势感知的概念来解决这类问题，态势感知源于军事，覆盖感知、理解和预测 3 个层次。在业务安全领域中，风险态势感知是以安全大数据为基础，从全局视角提升对业务安全威胁的发现识别、理解分析和处置响应的一种方式。

风险态势感知系统的方法主要有基于统计分析的方法、基于半监督、无监督算法的聚类方法和基于业务情报的方法，这些分析方法基于以下几个前提：

- 正常业务具有连续性和稳定性，异常事件具有波动性。

- 正常用户总是表现出分布离散性，而黑产总是表现出聚集性。

风险态势感知系统整体流程如图 9.1 所示，通过多种分析方法，发现该系统的潜在风险，并通过预警系统通知策略分析人员进行响应。

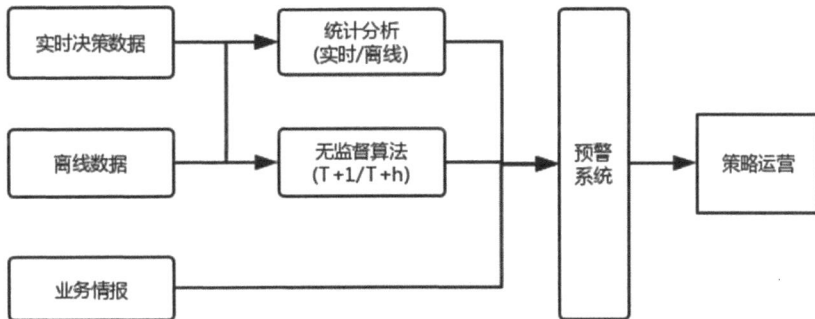

图 9.1　风险态势感知系统整体流程

9.1　基于统计分析的方法

基于统计分析的方法，核心的统计数据主要包括以下两大类：

- 核心风险事件数据：主要指风控系统中产生的数据，包括实时决策系统的入参、出参、中间计算结果、决策结果等。

- 核心业务数据：主要指业务自身的核心数据指标，和具体业务场景相关，如电商、O2O、直播等各不相同。

9.1.1 核心风控指标数据

在介绍核心风控指标数据之前，我们先引入 PSI（Population Stability Index，群体稳定性指标）的概念，PSI 主要是为了衡量决策波动情况。PSI 可以很好地衡量样本的分布情况，公式为 $PSI = SUM\left[(AC - EX) \times \ln\left(\dfrac{AC}{EX}\right)\right]$，其中 AC 表示实际分布，EX 表示期望对比的分布。

核心风控指标数据包括如下指标：

- 调用量：即事件单位时间内发生的事件数量。在正常情况下，业务调用量会维持一个相对稳定的值，在业务方没有发起促销活动的情况下，当调用量大幅波动时，往往意味着虚假黑产流量增加。

- 拒绝率和拒绝变化率：拒绝率即在单位时间内，因事件风险较高被拒绝的比率，反映高风险事件的占比；拒绝变化率是单位时间内，拒绝率相对上一个时间的波动，拒绝变化率反映高风险事件的波动情况。

- 人审率和人审变化率：人审率即在单位时间内，因事件中低风险需要人工复核的比率，反映中低风险事件的占比；人审变化率是单位时间内，人审率相对上一个时间的波动，人审变化率反映中低风险事件的波动情况。

- PSI：PSI 即风险分布情况，接下来会详细介绍。

  - 决策结果 PSI：衡量当日调用的决策结果分布和历史结果分布是否有显著差异。主要公式如下，PSI 的波动往往意味着线上规则已经被绕过，需要进一步分析来确认。

$$PSI = \left((当日拒绝率 - 历史拒绝率) \times \ln\left(\frac{当日拒绝率}{历史拒绝率}\right) + (当日通过率 - 历史通过率)\right.$$
$$\left. \times \ln\left(\frac{当日通过率}{历史通过率}\right) + (当日人审率 - 历史人审率) \times \ln\left(\frac{当日人审率}{历史人审率}\right)\right)$$

> ➢ 规则命中 PSI 指标：决策结果的波动，反映了是否绕过规则，但是具体哪一条规则被绕过，可以使用细粒度的规则 PSI 指标进行判断。

- 字段获取率：黑产攻击往往也会同步伴随发生数据维度不完整的情况，风控数据字段获取情况，能从侧面反映当前系统有无发生风险；另外，系统的日常变更 Bug，可能也会导致字段获取率变化。

下面给出实际系统中，核心风控指标的一个示例，如图 9.2～图 9.4 所示。风控运营人员日常可以根据这些指标数据进行业务分析；也可以通过后续的预警配置设置合理阈值，当波动超过阈值时，及时提醒风控运营人员。

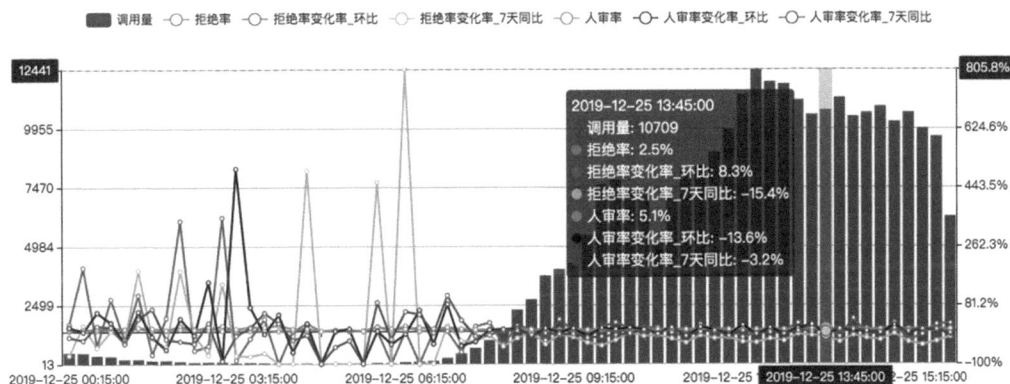

图 9.2　某业务场景调用量和事件结果的拒绝率、人审率情况

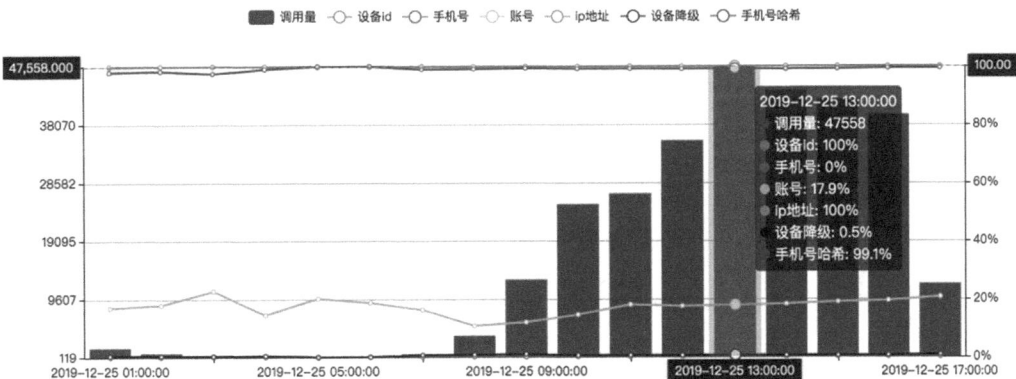

图 9.3　某业务场景风控字段获取率情况

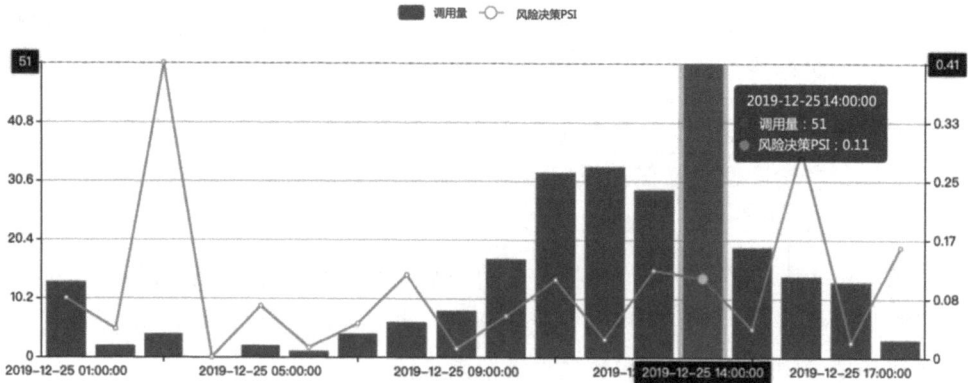

图 9.4　某业务场景调用量和风险决策结果 PSI 情况

9.1.2　核心业务数据

还是以电商业务为例，预警业务风险态势需要的数据包括 IP 段分布、收货地址分布、商品类目分布及店铺分布等，计算指标如下：

- 交易金额的同比/环比数据。

- 退货率的同比/环比数据。

- 地域分布数据（在通常情况下，应当满足稳定性，如收货地址分布 Top 3 省份的是上海、江苏、浙江，并且比例保持稳定）。

- 商家分布数：商家的规模、等级、资质等数据分布情况。

- 类目分布数据：指交易商品的类目分布情况。曾经发生过某知名电商平台，在积分兑换话费礼品时，虚拟商品类目交易量激增，但该平台未及时预警，导致该业务漏洞持续了数小时才被发现，电商平台损失惨重。

- 营销优惠券的使用数据：包括优惠券的类型、金额、购买商品等数据。曾经发生过某知名电商平台无门槛优惠券被团队利用，疯狂充值 Q 币等虚拟物品，造成该电商平台经济损失达上亿元。

基于统计分析的方法，在某些场景受到突发事件影响时，如"6·18"和"双 11"

等大促活动，容易产生一些误报，需要进行灵活配置，并排除大促活动预警及预警的时间段。

9.2　基于无监督学习的方法

在反欺诈实时决策系统中，有 IP、手机、设备指纹等风控数据，有决策引擎对风控规则进行计算，还有机器学习模型。但是，黑产的攻击手法是不断变换的，新型的攻击和欺诈方法层出不穷。

前文提到了基于统计分析的方法，可以根据业务经验，在一些业务维度给出偏离度预警，但是，仅做到这样还远远不够。

因为低延时的要求，实时风险决策系统主要使用当次事件的数据，也会结合一定数量的由历史事件计算出的指标，但是并不能够充分利用前后的数据进行相对复杂的计算，如聚类和团伙分割。

有监督学习需要给样本数据打标，而无监督学习方法可以对大量未标注的数据集，按照数据内部存在的数据特征划分为多个不同的类别。因为每一个个体的行为都比较独立，如果把平台上账号的行为进行归类，则会发现普通用户的行为比较分散，而团伙的行为会形成异常的聚集点。通过这个思路，使用无监督学习方法可以有效地发现未知的欺诈的团伙。

无监督学习方法的步骤一般包括特征抽取、建立连通图、群组聚类等。

通过无监督学习方法发现风险后，可以和实时决策的结果进行比对。如果无监督学习方法比实时决策的增益率高，则需要关注当天的数据，业务有被攻击的可能。

如图 9.5 所示为一个无监督学习方法进行风险挖掘的实例，可以看到无监督学习方法次日挖掘与实时风险决策相比，有 6%左右的增益，有时增益会超过 10%。这些增益的变化趋势，可以提醒风控运营人员进行更细粒度的数据分析，改进实时决策的策略配置进行防控。

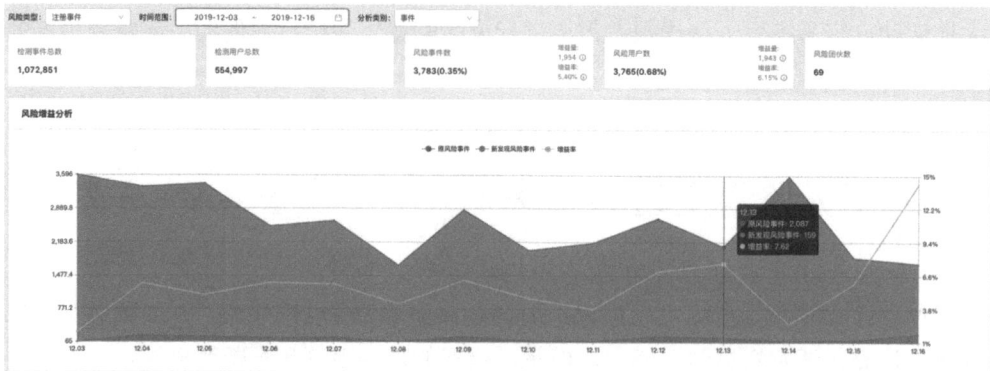

图 9.5　无监督学习方法进行风险挖掘的实例

9.3　基于欺诈情报的方法

当业务系统发生业务漏洞，无法防控黑产，被黑产利用时，黑产往往会通过论坛、社交网站、社交软件等方式进行讨论和分享。业务情报系统捕获这些情报信息之后，提取业务场景、漏洞类型、攻击手法等信息。这时及时通知对应的策略运营人员，策略运营人员可以快速进行业务确认，并上线新的策略进行防控。

如图 9.6 所示为一个欺诈情报风险态势感知预警实例，通过语义分析可以准确提取情报主体（客户名）、类型（薅羊毛）、手法（新用户抽奖）等信息，及时预警给风控运营人员进行针对性防控。

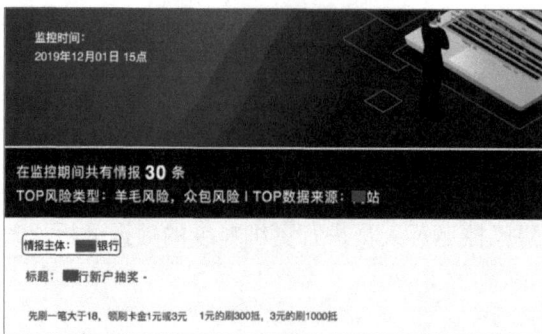

图 9.6　欺诈情报风险态势感知预警实例

9.4　预警系统

计算出各类指标后，可以通过预警配置模块配置预警。预警配置一般触发如下条件支持：

- 同比。

- 环比。

- 均值。

- 最大值。

- 最小值。

- 欺诈情报特定类型。

- 无监督算法增益率。

以上的指标，可以和调用量、时间等数据进行条件组合。

通知方式支持短信、邮件、钉钉、微信等。预警配置的阈值调优非常重要，一般来说，误报率要控制在 10%以下。如图 9.7 所示为风控系统预警配置页面，可以看到预警配置包括预警对象选择、设置预警指标、通知方式选择等功能。

预警产生之后，需要风控运营人员及时跟进处理，对于误杀要及时止损，对于漏杀要进行数据分析并新增规则防控，对于抖动等误报要进行标注。

预警系统稳定运行一段时间后，需要进行预警事件整体分析，方便后续不断调优预警准确性。如图 9.8 所示为预警系统上线后的预警处置及准确率情况，可以看到实际的准确率并不是非常高，需要在实践中不断调优。

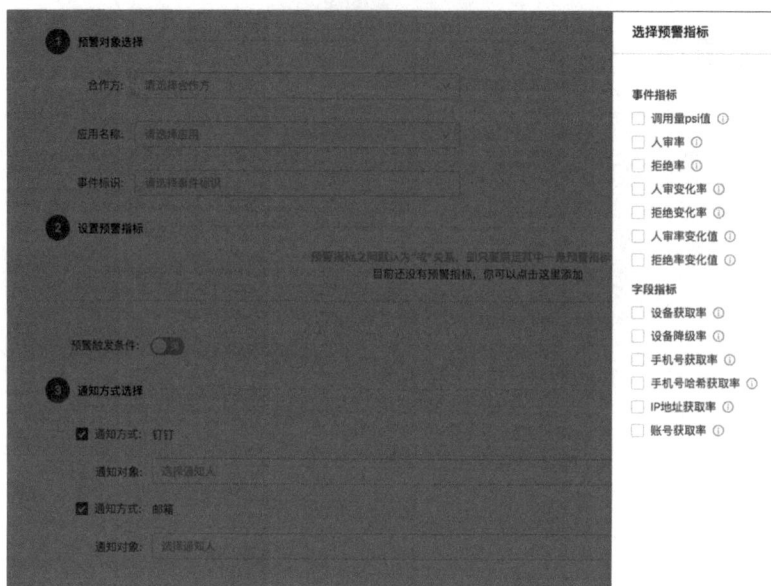

图 9.7　风控系统预警配置页面

图 9.8　预警系统上线后的预警处置及准确率情况

9.5　本章小结

　　本章主要介绍了风险态势感知系统。系统故障、运营疏忽、黑产技术绕过等原因会导致实时决策系统产生漏杀和误杀。为了及时发现这些漏杀和误杀，我们通过基于业务统计分析、无监督团伙挖掘和欺诈情报等多种方法进行风险态势感知，并预警通知给相关风控运营人员。数据驱动、AI 驱动的及时有效的风险态势感知系统是被动运营转主动运营，人工运营转自动化运营的必经之路。

第 10 章　风险数据名单体系

互联网公司安全和风控团队，大多数都有维护自建的黑手机号、黑 IP 和黑域名等名单数据系统，很多乙方安全和风控公司也有风险数据名单库产品。业内曾经有这样一个观点：第一代风控系统基于名单数据，第二代风控系统基于规则，第三代风控系统基于机器学习。姑且不论这种观点的准确性，至少说明了风险数据名单确实是一种有效的风险控制手段，而且实践证明这也是最基础、直接的风控手段。名单数据不能 100%解决业务风险，但是相对于其他风控技术手段而言，名单数据的性价比比较高，如果运用方式得当，那么名单数据在实战中会有出色的表现。

这里所说的名单包括白名单、灰名单和黑名单，其中，黑名单往往表示高风险特征，业务最为重视。以网银业务为例，在电信诈骗案件中黑产使用的收款银行账号名单就是典型的黑名单，在转账环节使用黑名单进行过滤，可以在一定程度上阻止其他用户继续受害。灰名单存储的一般是风险不高或与风险不直接相关的数据。我们通过一些技术手段判断出一批设备是更改过机型的 Android 设备，使用这些设备的用户有可能是为了进行业务环节的攻击，也有可能是其他原因（如很多游戏用户为了流畅地玩某款游戏，会按照网上的教程把自己的手机进行改机，修改型号和机型等参数）。这批设备就只能放在灰名单中进行观察。白名单是要重点保护的用户，如业务风控系统常常会把自己公司高管的账号加白，防止被各类策略误杀。作者曾经看到过某个手游业务的反外挂白名单里加了一批专业用户，原因是这批专业用户的操作比较优秀，已经接近外挂的表现，为了防止被反外挂策略误杀所以加白。

名单数据并不单纯只是构建一份名单，需要有数据挖掘和清洗等方面的能力构建，保障名单数据的丰富性、稳定性和准确性。在本章中，我们围绕名单数据展开讨论，将详细介绍风控名单数据的建立和维护流程，并提供关于数据有效性评估的参考建议。

10.1　名单体系的价值

广义上的名单数据，泛指所有（一定时间范围内）静态数据。在行业早期的风控体系中，企业的风控团队一般会把业务系统中曾经出现过、比较高风险的数据按照一定分类进行存储，提供给不同场景中的业务团队作为风险参考。通过这种方式得出的名单数据和风险直接挂钩，每一条名单数据都表示它曾经参与过某次风险行为，因此具有较高的准确性。

某电商平台在一次促销活动中，通过各类技术手段明确识别出了 100 万个用于"刷单"的手机号，把这些手机号全部保存，加以管理和维护。通过持续运营，累计的手机号就可以成为一个非常简单的名单系统。

这里有一个很常见的问题：黑产使用 100 万个手机号对平台进行刷单攻击，已经被拦截了，再次使用这个手机号到同一个平台上进行攻击的可能性很低，该电商平台的风控团队维护这样一个名单有作用吗？答案是有作用。

场景一：当该电商平台上线新的业务系统进行快速推广抢占市场时，风控措施可能很难一步到位部署得非常完备，因为，这需要投入大量的时间和资金。这时前期积累的手机号黑名单可以在注册或其他需要用到手机号的环节快速部署、快速生效，起到一定的风控效果。

场景二：黑产往往呈现团伙聚集特征，可以从 100 万个手机号出发进行黑产团伙的深度挖掘。风控人员通过数据分析，可以挖掘与该团伙关联的设备、IP 和其他可能的手机号，甚至挖掘该团伙的攻击模式和作弊工具特征。根据分析的结果，风控人员可以对疑似黑产团伙相关的账号进行有针对性的部署风控策略。

10.2　名单体系的设计

对于名单库的设计者来说，首先需要明确哪些数据可以用于建立名单，确定名单数据的主键。在互联网反欺诈业务中，常见的几种名单主键是：手机号、身份证、银行卡、IP 和各类设备标识。这些数据代表着某一种有限的资源，如图 10.1 所示的 IP 地址拥有量排序，截止到 2019 年 9 月，中国的 IPv4 地址数量只有 4 亿个，全球所有的 IPv4 总量约为 43 亿个，黑产能使用的 IP 资源也比较有限。

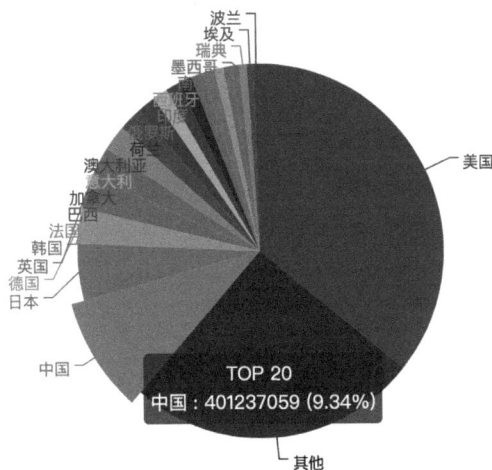

图 10.1 IP 地址拥有量排序

其次，需要明确标签的类别。标签可以指向一种明确的风险，如可以建立一个"刷单"的手机号黑名单，或者一个爬虫的 IP 黑名单，这样的标签都直接指向了一种特定风险。标签也可以指向一种风险相关的特征，还是以手机号和 IP 名单为例，如果建立的是"虚假号码"的手机号名单和代理 IP 的名单，则它们和"刷单手机号黑名单""爬虫 IP 黑名单"就有区别，并不直接指向风险结果，而是表示和特定类型的风险相关性非常高。实际上，虚假号码和代理 IP 都处于整个黑色产业链的上游，被大量使用于各种欺诈活动中。它们不代表某一种具体的风险，因为它们可能出现在任何一种欺诈活动中。

我们以手机号名单的建立过程为例阐述名单的体系设计。根据行业常识，手机号的特征主要有以下三类：

- 基本属性特性：某一手机号从诞生开始就会一直存在的属性，基本上不受任何外界因素的干扰，如手机号归属地信息。

- 使用特征：某一手机号在被使用的过程中表现出来的一些特征，重点关注可以被检测或识别并且在一定时间范围内不会发生变化的特征，如是否开通语音功能。

- 风险特征：某一手机号在被用于欺诈活动时表现出来的一些特征，这些特征能够有效地区分正常用户和异常用户。

在这三类特征里，第一类"基本属性特性"是最容易获取的和最常用的，但它并不适合用于构建名单。中国的手机号有既定的规则，根据工业和信息化部发布的《电信网编号计划》，中国的移动网电话号码采用网号结构，国家码（86）＋网号＋HLR 识别号（H0H1H2H3）＋用户号码（ABCD）。其中，网号（11 位手机号的前 3 位）必须由工信部来分配，并指定其用途。剩余的 8 位可以由运营商自行划分。在《电话网编号计划》中，还明确了一些要求，140～144 号段用于物联网的号码分配。也就是说，140～144 号段中的所有号码，都是分配给物联网卡或物联网设备使用的。很多平台都不接受用户使用物联网卡进行注册。即便我们都认为物联网号码被用于账号注册是高风险行为，也不会有人建立一个物联网号码的名单，因为在实际操作中只要一条规则"判断手机号的前 3 位是不是 140～144"就可以解决这个问题。

还有一个问题，虚拟运营商的手机号都是 170 或 171，那么这两个号段下的号码是否都是虚拟运营商号码？在《电信网编号计划》170、171 号段，和其他号段一样，用于"公众移动通信网网号"，具体是否划分给虚拟运营商、分给哪家是由三大运营商自行决定的。实际上，运营商也会直接提供 170、171 的号码给用户。因此，识别物联网号码的策略用在识别虚拟运营商号码上其准确性就会有问题。

第二类"使用特征"，取决于我们对运营商手机号相关业务的了解程度。以空手机号为例，在黑产网络中曾经流行着"空号卡"的交易。很多未经实名认证的手机号在使用了一段时间之后，会被运营商发现并强制停机进行销号回收。在这个过程中的某一个时间段，手机号就会表现为"空号"。但是这时，该手机号有可能依然可以接收短信验证码。黑产通过某些渠道获得了这些"空号卡"，可用于注册养号等行为。

如何判断一个手机号是否为空号呢？早期，在互联网中有一些厂商提供了离线的空号检测服务，其实原理非常简单：使用猫池或呼叫中心线路，对手机号进行呼叫，根据返回的一些信息判断手机号的当前状态。这类技术被广泛应用于电话营销，在对用户进行营销之前，先把无用的号码剔除。但在风控场景中，离线检测的手段在实时效果和合规性方面都存在瑕疵。近年来，有一些厂商依托运营商的能力建立了空号实时检测服务，效果较好。

在反欺诈场景中，如果能够通过运营商的能力对手机号进行检测是否为空号，检测的结果就是准确的。检测形成的特征在一定时间范围内是稳定的，可以作为名单数据保存下来应用于风控场景。

需要说明的是，空号标签并不等同于风险标签，但是空号与风险有比较高的相关性，所以建立成名单是合适的。

第三类"风险特征"的建立，需要深入了解黑产网络。根据各种行业数据保守的估计，目前，至少有 5000 万个黑产手机号在互联网上活跃。这些数量庞大的虚假号码，分散在诸多卡商手里。卡商和接码平台合作，把接收的短信数据上传到接码平台。而接码平台通过客户端或 API 工具把短信验证码提供给实施欺诈的黑产团伙。大型互联网厂商一般通过数据分析，与运营商和有关部门合作监控接码平台等方式将捕捉到的大量虚假号码建立相关名单库。

基于对运营商业务的了解，手机号风险特征数据标签设计总结如表 10.1 所示，仅供参考。

表 10.1　手机号风险特征数据标签设计总结

风 险 类 型	类 型 名 称	定　义
fakeMobile	虚假号码	未经实名的，专门用于代收短信验证码的手机号，有实体卡
aliMobile	通信小号	用于提供手机号别名服务的号码，可以代收短信或电话，无实体卡
vacantMobile	空号	近期手机号状态检测判断为空号
silentMobile	沉默号	近 3 个月内不活跃的手机号
noneSpeak	无语音功能	手机号未开通语音功能，不能接打电话，一般是流量卡或物联网卡

在设计手机号风险特征数据标签时，除考虑标签价值外，还需要查看对应的数据是否"合法可得"，也就是查看数据是否能够合法合规、稳定获取。2016 年，我国出现过一个专注于收集和共享虚假号码数据的组织"OpenNumbers"。在很短的时间内，该组织依靠共享和一些数据收集方式，积累了 150 多万个虚假号码名单，提供给很多企业使用。然而好景不长，由于无法持续稳定地获取数据，项目运行了半年左右就出现了数据质量急剧下滑的问题，不久后"OpenNumbers"也就宣告解散了。

某些数据自身的可信程度比较低或者说黑产容易伪造，也不一定适合构建名单。例如，手机 IMEI 等设备字段，很多黑产使用的改机工具会在设备上生成随机的设备信息，导致获取的 IMEI 真实性并不高。如果当成名单数据使用，其命中率会非常低下，并且伴随着很高的误杀率。

除此之外，随着我国 IPv6 协议的普及，越来越多的平台已经开始支持 IPv6 协议了，但是 IPv6 协议下的 IP 地址，也并不适合用于建立名单。与 IPv4 协议相比，在 IPv6 协议下每一个连接互联网的设备都会分配到一个独立的 IP 地址，不再是一群人共用一个 IP 地址。然而，由于 IPv6 协议本身的特性，IP 地址不再具有稳定性。这个稳定性指的是，在某一时间内，IP 地址指向同一个人或设备。经过测试，在 4G 网络下只要每次开启飞行模式再将其关闭，绝大部分移动设备上的 IPv6 地址就会发生变化。换句话说，一个被标记为有风险的 IPv6 地址，这个标记的时效性可能只有几分钟，这样的数据不适合用于名单体系。

综上所述，构建反欺诈名单体系的核心要点是确定标签和可用数据，包括：

- 确定哪些标签和风险行为相关性较高，以便捷地使用。
- 确定哪些数据具有风控价值，并且可以通过合规的方式持续获取这些数据。

10.3　名单体系的生命周期

前文提到过共享虚假号码数据的组织"OpenNumbers"，由于其无法持续获得高质量数据，在很短的时间内数据质量急剧下降以至关闭。因此必须慎重考虑名单数据的生命周期问题。

绝大部分名单数据都有时效性，如果不能及时更新维护，其价值在一个特定时间点之后会迅速衰减。另外，数据自身特性或数据背后的某些因素发生了改变，也可能会导致该名单数据快速失效。因此，我们需要对名单库的数据进行生命周期管理，从而保证名单数据的整体质量。

以虚假号码为例，很多互联网企业创建了对应的名单库。名单库中的虚假号码的有效期一般不会超过一年，即每天数据入库时，记录这条数据的入库时间，满一年后一般需要从名单数据中移除这条记录。之所以这样设定，是由于虚假号码本身的特性。前文介绍过，绝大部分虚假号码都是未经实名登记的手机号。根据运营商的要求，手机号从激活之日起，需要在 90 天内完成实名制登记，否则就会被强制停机，变成空号。之后号码资源会被回收，重新投放市场。在少数情况下，虚假号码中会包含一批"实名黑卡"，即已经做过实名登记，但是又在黑产团伙手中被使用或倒卖。这些号码的存活期就会很长，我们在持续监测的过程中，发现了少量这种号码，其存活时间长达两年以上。

如果要准确地判断一个虚假号码是否已经无效，最有效的办法是通过运营商的能力判断这个号码的存活状态。如果一个虚假号码在某一天变成空号或被销号，就可以判断这条名单数据无效。然而数千万个手机号通过这种方式进行数据清洗其成本是非常高的，大部分厂商都难以接受。所以，在一般情况下，厂商很少通过这种方式进行数据清洗。

当前，各风控厂商和互联网公司一般通过数据分析来评估名单数据有效性，即分析名单库数据命中率和误杀率的变化，这种方法的优势是成本极低。评估方案分为以下两种：

- 选定一批虚假号码作为样本，持续观察这批数据在决策中命中率和误杀率中是如何变化的。找到较为合适的一个时间跨度，作为虚假号码名单数据的有效期。

- 从近一年的事件中，提取所有的手机号数据，和全量的已知虚假号码进行比对，然后追溯命中部分名单数据的入库时间和最后更新时间，进而计算出虚假号码的命中率情况。

第一种方案需要较长的时间周期才能得出结论，如果需要在短期内给出评估结论，则第二种方案较为高效。此外，由于运营商重新放号的原因，手机号黑名单不可避免地会有误杀。因此，需要综合考虑命中率和误杀率的情况，最终确定出虚假号码黑名单的有效期。

在名单数据有效期截止时，需要对数据进行相应的清洗。清洗的过程并不仅仅是删除数据记录，如果名单数据作为数据分析或数据建模的输入依赖，则必要时也应对下游系统进行相应的处理。在大部分情况下，被清洗的数据也会被保存到单独的数据表，后续进行历史数据回溯分析时会被使用。

10.4　名单体系质量管理

在反欺诈场景中构建的黑名单，对数据质量的管理要求很高。名单数据一般用在注册、登录和提现等相对重要的业务环节，造成误杀时往往会引发客户投诉。

黑名单数据一般是和黑产对抗的过程中沉淀下来的，黑产也会反向测试分析防御策略。曾经遭遇过这样一件事情：黑产在摸清楚我们的机制后故意有针对性的"投毒"（往黑数据中掺杂白数据），虽然对方"投毒"成功的数据量很小，但是也造成了我们一天内 20 次误杀。此外，黑名单往往用于下游模型、数据分析任务，一旦名单数据被污染或质量失控，对下游的不良影响会逐步放大造成非常不好的后果。

对名单数据的质量进行监控，常规的方式就是持续评估数据的命中率和误杀率。前文已经介绍了命中率的评估方案，而误杀率评估相对比较难做一些。不同的数据情况不同，有少数类型的数据的误杀可以通过技术手段来发现。我们使用的误杀评估方案是按照时间切片统计其趋势的，即收集策略效果情况、客户投诉等多方面的因素综合量化评估其变化趋势。

10.5　本章小结

本章介绍了风险数据名单体系的作用、设计实现过程和质量管理。作为风控体系的基础设施之一，黑产名单系统既可以直接用于拦截黑产攻击，也可以生成风险标签成为复杂业务模型的输入参数，其价值和重要性在当前黑产攻击手段不断翻新的情况下依然不可低估。

第 11 章　欺诈情报体系

我们对欺诈情报的定义为：黑产团伙在使用哪些资源和技术手段危害互联网业务的正常运营，包括但不限于获取"刷单""薅羊毛"等黑产攻击事件细节、黑产新型的作弊工具及黑产使用的各类资源信息。

"情报"是一个历史悠久的军事名词，可以说贯穿了人类的战争史。在网络安全领域，很早就兴起了威胁情报这个细分领域，也出现了一些做得很好的公司。根据 Gartner 的定义，威胁情报是一种基于证据的知识，包括上下文、机制、标识、含义和能够执行的建议，这些知识与资产所面临已有的或酝酿中的威胁或危害相关，可用于资产相关主体对威胁或危害的响应和处理决策提供信息支持。

在风控反欺诈领域中，欺诈情报没有传统安全领域的威胁情报那么引人注目，但也是各家风控厂商必备的能力。前文介绍了黑产的发展态势和常用的各类技术，从中可以感知其发展态势：黑产掌握的数据和资源（IP/手机号）非常丰富，对移动安全和机器学习领域的新技术也能够非常快速地应用于实战。防御方的效率取决于感知事态的速度和获取情报的详细程度。欺诈情报的价值就在于此，帮助防御方更快地掌握相对丰富的黑产动态和信息，更快速、更准确的决策。

11.1　情报采集

对于黑产情报的采集，一般通过卧底黑产网络、监控黑产论坛等方式进行。普通的信息采集工作会通过各种 IM 聊天机器人等自动化的工具实现，而深入追踪黑产网络则需要通过人工运营实现。

根据情报采集内容和方式的不同，我们把欺诈情报分为三大类：数据情报、技术情报和事件情报，下面分别进行介绍。

11.1.1 数据情报

数据情报指的是能够沉淀手机号、IP、设备及邮箱账号等黑产名单数据的情报信息。这类情报对互联网平台是具有价值的情报，可以进行直接使用，快速打击黑产，为平台止损。

我们曾经追踪一个非常典型的黑产刷单团伙，该团伙深入潜伏在一个电商客户的平台中。每当平台推出了促销活动时，如拉新送 50 元的优惠券等活动，总会被该黑产团伙串通平台的不良商家进行刷单攻击，给平台造成了大量的营销费用损失。

如图 11.1 所示，在平台活动期间，"羊头"（黑产团伙核心骨干、刷单活动组织者）会在专用的 QQ 群和黑产众包任务平台中发布活动线报，吸引以参与众包赚钱的"羊毛党（特指边缘的黑产参与人员）"。

"羊毛党"报名参与后，会按照"羊头"的指挥到该平台上指定商户购买商品，然后将订单号提交到众包任务平台。和黑产勾结的商户收到这些"羊毛党"的订单号后，并不会安排发货，而是提交一个虚假的物流单号给平台。让平台误以为本次交易已经完成。"羊头"凭借这些订单号和商户、羊毛党结算相关费用。这些订单完成后，平台的促销奖励就会发给商家。经过这样操作后，商家的交易量、好评数量、店铺信誉得到了很大提升，黑产团伙拿到了"佣金"，而平台损失了大笔的营销费用。

在追踪这个黑产团伙时，发现众包平台提供给参与者提交订单号的页面也被称为"报单页面"，存在直接泄露订单号的问题，外部用户可以看到数千个羊毛党提交的订单。于是，我们通过自动化的程序对该页面进行监控，成功捕捉了大量羊毛党提交的订单号。凭借这些订单号，我们对交易流水进行了梳理，发现大部分订单集中在三家商户。最终根据商户协议，对这三家商户进行了相应的处罚。

蜂蜜旅行 🥟零撸百元 🥟包回收 10人已赚 剩24个		赏6元
`+关注` j美团酒店来一刀 92人已赚 剩43个		赏0.43元
美团请你免费吃一顿 1人已赚 剩73个		赏12.75元
牛角纯注册 27人已赚 剩223个		赏0.43元
`全天轮班` `+关注` 铲屎官爱省钱 17人已赚 剩83个		赏0.17元
`推荐` 💕花，5+3元💕 75人已赚 剩146个		赏2.98元
`中国人` 直销银行简单开户 8人已赚 剩47个		赏3.4元
`靠自己` 红果小说[自提一元] 0人已赚 剩14个		赏1元
`帮` 简单0撸的副本的副本的副本 51人已赚 剩19个		赏1.7元

企业会员推荐

悬赏　　发现　　师徒　　消息　　我的

图 11.1　黑产"羊头"在众包平台发布活动线报

需要注意的是，情报中能够捕捉的数据种类非常丰富，但只有很少一部分数据是可以直接使用的。所以在收集情报过程中，大量的数据信息可能都是无效的，需要做好甄别。

11.1.2　技术情报

技术情报指的是针对某一种欺诈技术的详细信息，包括原理、用途、危害等。互联网企业和黑产的对抗，在某种程度上就是一个推动技术发展的过程，黑产的攻击往往促使互联网平台研发和运用新的技术，不断更新自身的技术体系。

黑产团伙为了降低作案成本和突破现有的防控体系，会不断将新的技术投入欺诈实战中。例如我们前文介绍过的"快啊答题"案例，黑产团伙在 2016 年就开始利用人工智能进行验证码破解。

对于黑产团伙采用的新型欺诈模式、技术手段甚至是绕过防控体系的技术细节，我们会重点关注和布控情报体系。如果在黑产团伙刚开始验证或小范围使用某种欺诈技术时就被情报体系捕获，那么我们就可以在黑产团伙利用这个技术开始进行大规模欺诈之前部署好相关策略，防控效果会非常好。

在技术情报中，工具情报是一类比较有价值的情报。所谓工具情报是指各种和作弊工具、欺诈工具相关的信息。欺诈行为是否工具化是判断风险级别的一个重要因素。如果某一种欺诈技术，没有被人开发为自动化工具或脚本，黑产成员运用还停留在手工操作层面，这种风险就相对可控。因为手工操作中的很多技术细节会成为门槛，小白级别的黑产团伙就无法参与。在这种情况下，欺诈规模一般不会特别大。如果某一种欺诈行为，已经开发成自动化工具、降低了门槛，使得大量小白级别的黑产团伙也可以参与其中。这时，欺诈规模就会变得非常大。具体的欺诈规模与自动化工具成品的传播量成正比。传播量越大，表示持有这款工具的黑产团伙人数越多，实际的欺诈规模也就越大。

由于越来越多的技术人员成为黑色产业的参与者，黑产作弊工具的定制成本也在下降。在很多黑产集中的论坛中都可以看到作弊工具成品或半成品的出售，也有很多针对特定平台、特定场景的定制悬赏（见图 11.2）。这些参与黑产的技术人员一般不会参与一线欺诈攻击活动，而是通过提供软件牟利，互联网上流传的各类黑产作弊软件都是他们的作品。

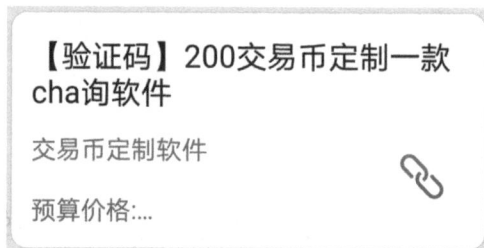

【验证码】200交易币定制一款 cha询软件

交易币定制软件

预算价格:...

图 11.2　黑产悬赏任务

前文在介绍黑产使用的软件时，提到了一款用于绕过人脸识别的软件，它是在情报监控的过程中发现的。暗网中一条关于人脸绕过工具的售卖信息引起了情报团队的注意，在随后的一月里，又发现黑产团伙在多起欺诈活动中绕过了某些 APP 的人脸识别。根据情报系统捕获的几张截图，结合暗网论坛中的相关信息，最终确定了黑产团伙使用的是一款用于 3D 建模的软件 CrazyTalk。如图 11.3 所示，该软件导入一张人脸照片后，可以生成动态的 3D 模型，执行摇头、点头、眨眼等动作，用于绕过人脸识别系统。根据此软件的特征，我们迅速增加了相关的防控策略。

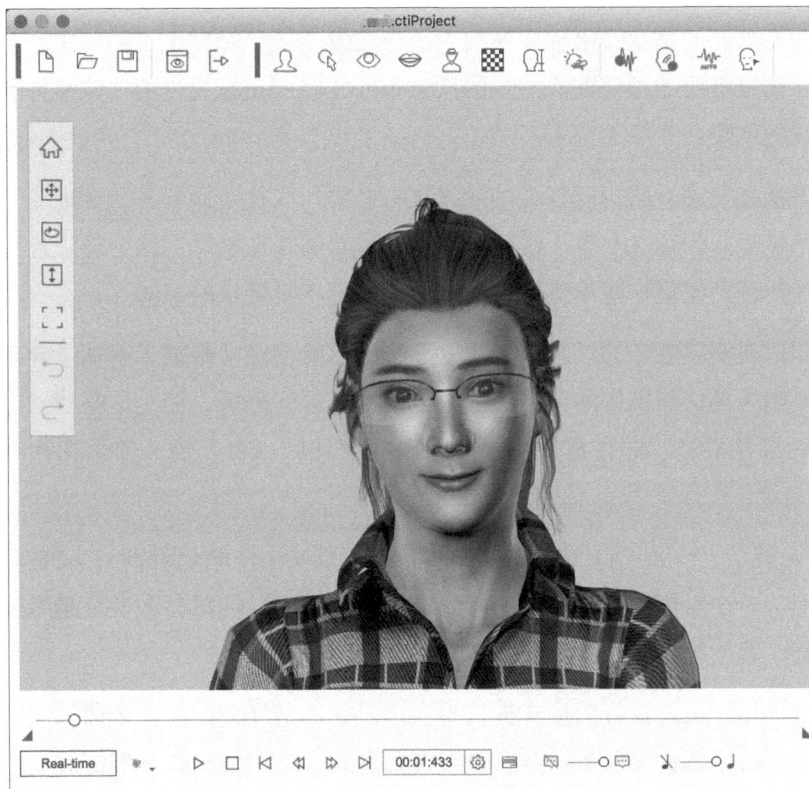

图 11.3　CrazyTalk 界面

在收集技术情报时，对情报人员的技术能力也有一定的要求。通过卧底黑产网络等方式获取的信息可能往往并不完备，很多时候只是一些简单的线索。情报人员需要具有一定的技术和业务敏感度，能够判断各种不同线索的价值高低，对高价值线索通过各种方式进一步获取更多的信息。如果不具备相应的技术背景或知识经验，那么即便看到了黑产发布的信息，也不能完全理解这些信息的真正意义，或者把真正重要的信息忽略掉。对技术情报的追踪和分析，我们都会记录沉淀下来并积累成为知识库，这对于提升情报人员的能力会有很大的作用。

11.1.3　事件情报

情报体系捕获的某欺诈事件即将发生、正在发生或已经发生过的信息均可称为事件情报。事件情报可用于预警即将发生的风险事件、阻断正在发生的风险事件和事后溯源已经发生过的风险。

黑产团伙在发动一次规模较大的欺诈攻击之前，往往会做一些资源准备工作，如准备大量的手机号、代理 IP 等。这些准备工作虽然都是在黑产网络中隐蔽进行的，但是都会有一些痕迹。捕捉这些痕迹就可以判断黑产接下来要做的事情。

黑产团伙在实施欺诈的过程中，互联网平台可能已经从数据上感知了异常，但是并不了解黑产团伙是如何操作的。平台根据业务数据进行分析，但是这需要一定的时间，而且可能效果并不好。通过黑产情报捕获相关信息后，可以快速部署有针对性的策略止损。

图 11.4 展示了一条 QQ 群中的黑产情报。可以从中清晰地看到某 APP 注册活动可以被薅羊毛（一个新用户最高能领 3 元）。事件情报尤其注重时效性，越早发现业务上存在的漏洞，就越早止损。

事件情报往往通过报告的形式提供给客户，相比前文介绍的两个情报类型，事件情报需要做的分析工作会比较多，可能会同时包含其他几个情报类型的信息。对一次欺诈事件来说，需要综合各方面进行分析，梳理清楚其来龙去脉：

- 黑产团伙为什么这么做？

- 黑产团伙是具体如何操作的？

- 黑产团伙如何绕过已有的一些风控策略？

- 黑产团伙是否使用了比较特殊的欺诈技术或欺诈手段？其原理是什么？

- 黑产团伙使用了哪些资源？这些资源是从哪里获取的？

- 预计有多少黑产团伙参与这次欺诈事件？

- 针对同类型的欺诈行为，是否有比较好的防控建议？

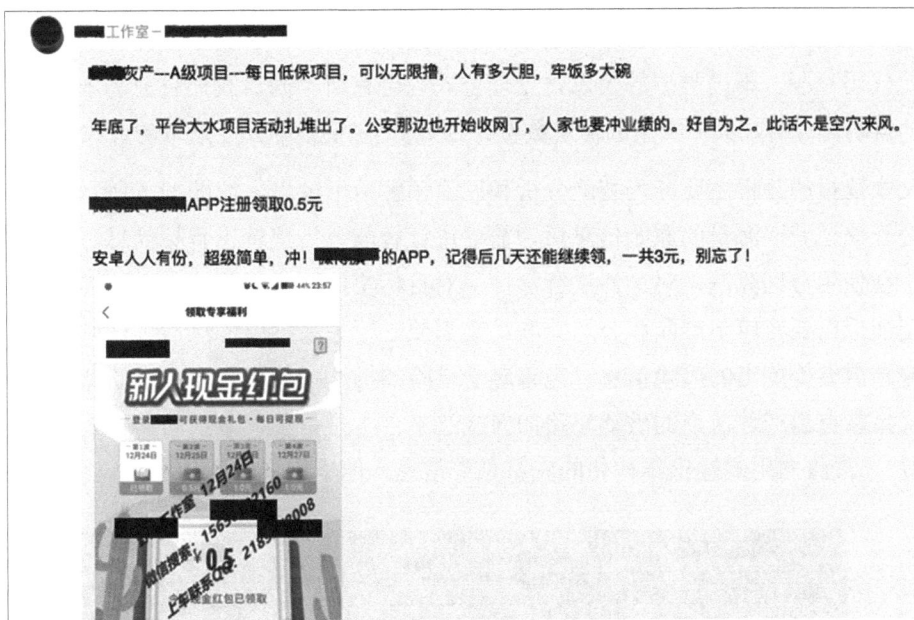

图 11.4　从 QQ 群捕获的黑产情报

梳理清楚这些问题，才算完成一次欺诈事件的分析。在日常工作中，每一次分析完毕之后，我们都尽可能整理详尽的报告提供给客户。情报人员也在分析工作中，对如何防御黑产团伙有了越来越多的积累。

11.2　情报分析

情报分析是整个情报工作中的核心环节，一直以来都是情报学的主要研究领域，也有很多成熟的情报分析方法。在欺诈情报体系建设中，参考了 OSINT（Open Source Intelligence，开源渠道情报）的方法，它是一套完整的情报收集、分析方法，有很多值得借鉴的地方。本节我们将介绍实践过程中使用的方案和经验，希望对大家有所帮助。

从前文对情报的分类介绍可以看到，数据情报和技术情报实际上都是对原始情报信息汇总加工后产生的。在分析过程中，我们把风险相关的数据抽取出来，就成为数据情报；把技术和作弊工具有关的情报整理出来，就成为技术情报。

情报自动化采集系统从各个渠道收集的原始信息，包含了文本、图片、音视频文件甚至是代码片段。不同类型的信息，处理方式也会有所不同。我们目前基本实现了文本情报的自动化分析，其他类型的信息数量约占 1%，主要依靠人工运营的方式进行分析。

文本情报的分析主要分为智能分析和风险预警两个过程，如图 11.5 所示。我们从互联网公开渠道获取海量的原始信息后，需要进行智能分析提炼出目标信息。我们在提炼过程中会使用分词算法，对词性进行标注，对目标实体词进行精准识别。其中，如果企业类型情报需要将旗下产品和公司关联，则需要进行关系抽取，然后进行风险预警。风险预警则需要提炼出的风险信息，完善对于风险的描述（如识别语句中的黑化，还原欺诈方式，掌握黑产、灰产的破解思路如何绕过平台，预估参与本次活动的人数，造成的损失等），最终向用户输出结构化的完整预警信息，便于用户进行快速决策。

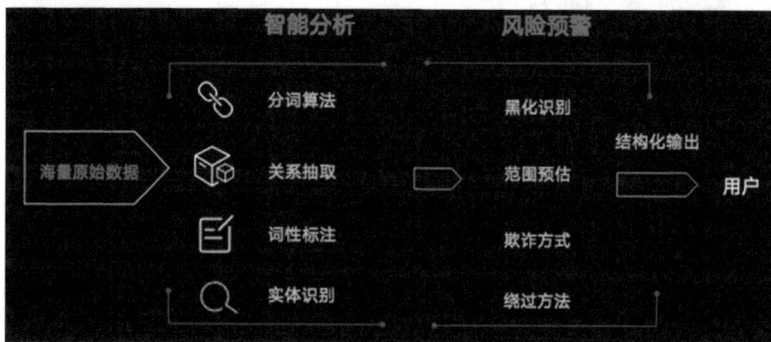

图 11.5　文本情报的分析过程

当从各个渠道收集原始信息时，并不能像写爬虫一样，根据一些简单的逻辑判断哪些内容是有用的、哪些内容是没用的。无论从哪个渠道采集信息，都会出现大量的重复信息。例如，一些大平台的营销活动，会在多个黑产社区和论坛出现。在处理这些信息时就需要使用相似度算法去重。经过去重之后，可以把百万条级别的信息量压缩到十万条级别，大大减小了后续分析的压力。否则，同样的一段文字，不断地重复出现在情报分析人员面前，会大大增加情报分析人员的压力和分析成本。

分词是 NLP 比较重要的一个部分，市面上有很多成熟的分词算法，可以满足绝大部分文本分析的需要。欺诈情报相对特殊的地方在于，信息直接或间接来自黑产群体，往往在关键信息处会夹杂着一些黑产领域的专业术语，也就是"黑话"。随着他们不断开展新的欺诈活动，黑话也是不断增加的。凭借情报分析人员对黑产的了解，可以理解这些黑话表示的含义，但是对 NLP 算法来说可能有很大的难度。为此，我们投入了一定的时间整理出了一份黑话词表，可以在分词过程中使用。

当情报系统需要关注和覆盖的互联网平台不止一家时，系统就需要在自动化分析过程中判断出这条情报与哪个客户的平台有关，也就要是标记出这条情报的"属主"。以一个"线报"为例，某一天情报系统在黑产社区捕获了这样一个文本信息：活动需要开通建行龙支付，打开建行"APP–悦享生活–全国话费充值"界面，进入后输入充值金额，然后使用龙支付支付，满 200 元立减 10 元，每个用户有三次机会，数量有限，先到先得。

在这段文字中，提到了几个名称"建行龙支付"，"建行 APP"和"龙支付"。这些名称其实都指向了建设银行的APP，那么这条信息，就与建设银行有关。这些词在NLP中被称为"实体"。

虽然在很多分词算法中都有专门的实体识别功能，但是如果需要在情报自动化分析中使用实体识别，则需要从零开始构建一个实体识别模型。我们早期通过关键词的方式，识别出文本中包含的企业名称、简称、别名，以及这些公司提供的 APP 名称，或者这些 APP 中提供的功能名称。为此，我们建立了一个关键词库，用来记录每个 APP 和互联网企业的名称，同时记录他们之间的关联关系。如果某条信息中提到了一个 APP 名称，则能够根据关键词，判断出它与某一家公司有关联。基于这份词表，我们开始逐步构建欺诈情报分析场景使用的实体识别模型，经过很长时间的打标和模型迭代，才达到自动化程度相对较高的水平。

值得注意的是，在文本信息中包含的一些标志性词语，往往与特定的风险有直接的关系，如"线报"，其中包含"立减"，表明这是一次优惠活动，可以归类为"薅羊毛"类型。类似地，简单罗列一些黑产情报关键词，如表 11.1 所示。

表 11.1　黑产情报关键词

风 险 类 型	风 险 词
薅羊毛	代金券、兑换、兑换码、返利、红包、积分、激活、加息券、加油卡、立返、领红包、领券、礼包、薅、撸、满减、美妆券、优惠券、会员卡、体验金、推荐人、推荐奖、推荐码、提现、新客、新用户、羊头、薅羊毛、豪礼、折扣券、提成、邀请、套利、现金券、充值卡、黑菜卡、白菜卡、租号、租号平台、积分兑换、新毛、上车攻略、红包雨
刷单	扫货、扫货器、扫货机、撸单
账号交易	用户数据、账户信息、账户数据
作弊工具	NZT、按键精灵、触控精灵、模拟器、抢单、抢单器、刷机、扫货器、改机工具、签到软件、易语言、脚本精灵、触动精灵、免root、脚本精灵、蜂窝助手
逆向破解	抓包、脱壳、破解

通过以上的过程，情报分析人员就可以把去重后的信息根据属主进行聚合，再进一步判断这条文本是否与某种风险相关，按照风险类型对文本进行分类，从而实现半自动化的情报分析。在一般情况下，这种半自动化处理过的信息还不足以成为情报，它们仅仅是被进行了初步筛选之后，具有一定价值的信息。

接下来，需要情报分析人员对这些信息进行汇总分析。在汇总分析中，我们就会关注于事件情报和技术情报。如果欺诈情报要用于对抗黑产，不能仅仅描述一个事实。我们需要对整个事件进行深度的分析，洞察其本质问题和未来走向，并且提供有效的建议或方案给客户及时止损。

这里需要注意的是，当情报分析人员经过各种分析提取了情报信息后，需要对其价值进行合理的评估。情报的价值决定了业务如何使用和处置这个情报，错误地评估了情报的准确性和价值会造成不好的后果。低估了情报的价值，可能会错失止损的机会，造成比较大的损失。高估了情报的价值，就会发生类似"烽火戏诸侯"的事情，失去业务方的信任。

在每个重要情报处理完成后，都要进行适当的复盘，评估整个过程中存在的问题和需要提升的地方。

11.3　本章小结

　　欺诈情报就是通过各种方式快速且精确地掌握黑产团伙在用何种资源（IP、手机号等）、何种技术手段（作弊工具、众包等）对业务进行何种攻击（薅羊毛、虚假注册等），为风控团队快速提供决策依据和止损策略。本章详细地介绍了欺诈情报采集和分析的思路及技术细节，希望对读者有所帮助。欺诈情报体系的效果取决于运营和数据分析能力，通过运营打入黑产团伙内部获取更多的情报来源，通过数据分析快速挖掘、判断高价值情报，两者缺一不可。

第三部分

实战教程

第 12 章　机器学习算法的使用

我们对业务进行风险分析的过程是运用统计处理、情报检索比对、专家系统分析和模式识别等诸多手段对海量业务数据进行处理的过程。通过对数据的分析处理，挖掘出异常用户行为，实现实时或事后的风险管控。因此，业务安全的风控效果在很大程度上取决于数据分析挖掘的能力。

12.1　机器学习的广泛应用

在传统的风控产品中，数据分析比较依赖于专家的经验，如对于群控网络的挖掘一般通过对群控软件的特征来做。虽然也有一些场景使用算法，但是总体上还是以专家经验、规则策略为核心进行防控。

2016 年，AlphaGo 击败了韩国围棋手李世石，震惊了全世界，之后在短期内迭代了多个更强的版本（见图 12.1）。本人作为一名有着十余年棋龄的围棋爱好者，也被彻底刷新认知。此前业界普遍认为，使用现有的计算机运算能力，软件程序依靠算法击败专业围棋手至少在十年内是很难完成的。经此一役，各行业都开始广泛尝试使用机器学习来提升效率、解决技术难题。

机器学习的核心思想是"使用算法解析数据，从中学习，然后对世界上的某件事情做出决定或预测"。风控是数据处理非常重要的领域，时至今日，机器学习已经在风控领域得到了广泛的应用并且取得了非常好的效果。

AlphaGo Fan　AlphaGo Lee　AlphaGo Master　AlphaGo Zero

图 12.1　AlphaGo 进化史

12.2　机器学习的落地过程

在风控和反欺诈的具体业务场景中，落地机器算法的工作主要包括：特征工程、模型选择、模型训练、工程化和业务落地。另外，在一些场景下我们使用深度学习可以省去人工特征工程这个相对复杂的过程。

12.2.1　特征工程

特征工程本质上是从原始数据中选择特征供算法和模型使用的一项工程活动。业内广泛流传这样一个观点：数据和特征决定了机器学习的上限，而模型和算法只是逼近这个上限。实际上，大部分从事算法相关工作的人都不具备足够强的算法创新能力，能充分理解业务场景、选择数据特征和算法模型进行工程化落地，已经是非常优秀的了。所以，特征工程是一个非常重要步骤，其流程如图 12.2 所示。

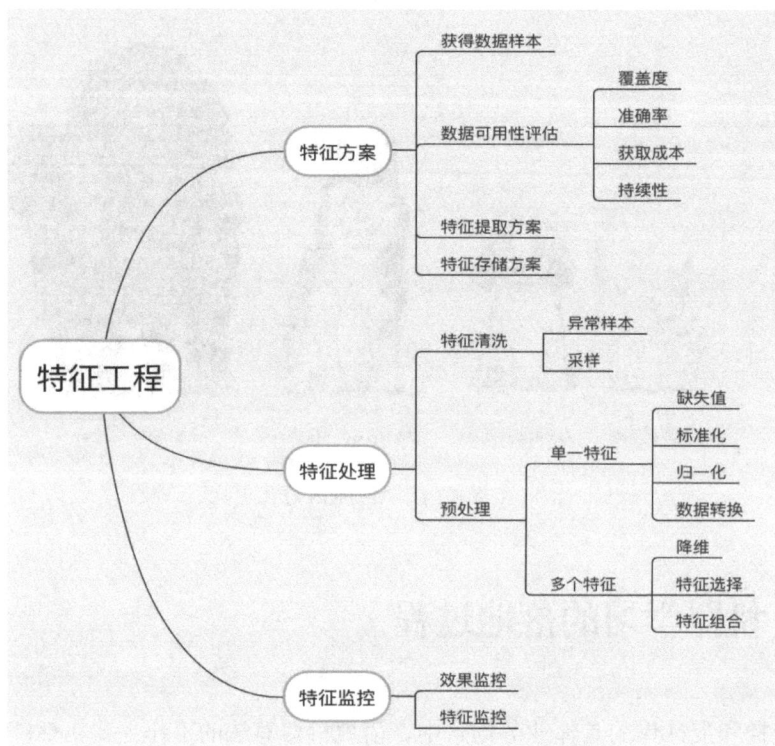

图 12.2　特征工程流程

对于特征工程流程我们不进行详细的描述，仅仅介绍几个技术要点。

12.2.1.1　如何选择合适的特征

在选择特征的过程中，熟悉业务场景、对业务数据具有一定的敏感性是非常重要的，下面举例说明。

图片相似性识别是内容安全的一个重要场景，可用于检测仿冒 LOGO、检索违规图片等。在选择特征时，我们可以选择使用图片分块 hash 和 RGB 向量作为特征，但是仅仅使用这些维度的特征进行模型训练会发现效果一般。对机器学习算法来说，重要的不是关注图片 RGB 值的各类统计，而是应该从人类理解图片的思维方式来选择特征。如果对图片处理能够有深入了解，我们将会有更多的特征可以选择，如图片的尺度不变特征（SIFT）、加速稳健特征（SURF）、场景特征（GIST）等。SIFT 和 SURF 关注图片关键点的信息，GIST 则从自然度（Degree of Naturalness）、开放度（Degree of Openness）、粗糙度（Degree of Roughness）、膨胀度（Degree of Expansion）、险峻度（Degree of Ruggedness）等人类视角的方面描述图片，使用了这些特征算法效果显然会有质的提升。

在业务场景中，可以选择更多的特征。以游戏为例，我们用模型生成用户画像时可以选择如下特征：

- 实名信息：是否实名认证、年龄、性别等。

- 账号信息：游戏昵称、注册时间。

- 设备信息：手机型号、IP 来源等。

- 活跃信息：游戏日均时长、游戏活跃天数、游戏活跃时段等。

- 消费信息：历史消费总额、历史消费次数及金额等。

- 处罚信息：封号时长、最近一次封号时间、最近一次封号的原因等。

- 举报信息：举报次数和原因、被举报次数和原因等。

- 其他信息：道具、装备、局内操作数据（如 KDA 等）。

12.2.1.2　如何降维

在机器学习中，描述单条数据采用的特征数量称为维度。从某种意义上理解，维度越高表示选择的特征越多，对数据的描述就越准确，最终算法应用的效果就越好。但是在实际的操作中并非如此，我们在业务中往往需要处理数亿条海量数据，当每一组的特征维度达到成千上万条时，算法的效率有可能大幅度降低。在生产中需要调整算法时，因为变量过多也难以快速分析调整。因此，特征维度较多的数据样本通常需要先进行降维处理。

1. 降维方法

传统意义的降维方法主要有经验直觉法和统计分析法。

经验直觉法的核心还是依赖于人的经验常识，如我们在分析一个 APP 是否为作弊工具时，APP 的开发时间、APP 的大小从直觉上判断是可以剔除的冗余特征。

统计分析法是从统计学角度考虑的方法，包含缺失值剔除、低方差滤波、高相关滤波等方法：

- 缺失值剔除：如果某一维度数据缺失值比例大于一定的阈值，则该特征维度可以去除。因为很多条数据没有该属性特征，那就不具备可分析性了，很难用作分析结果判定。

- 低方差滤波：某一特征维度的值信息变化非常小，很容易出现过拟合，这一类特征可以去除。

- 高相关滤波：如果某些特征之间具有非常高的相关性，则只需要取其中一项作为特征即可。

2. 降维算法介绍

当业务数据量巨大、特征维度很高时，需要将传统思路用算法的方式表达出来，这就产生了降维算法。常见的降维算法有 PCA 系列、LDA 系列、LLE、拉普拉斯特征映射、MDS 等。下面我们选取 PCA 系列降维算法做一个简单的介绍：

- PCA（Principal Component Analysis，主成分分析法）：PCA 本质上是一种统计方法，综合了低方差滤波和高相关滤波技术，利用属性相关性思路降低数据维度。PCA 适用于处理维度之间存在线性相关性的数据。例如，在分析互联网业务系统用户属性时，用户使用 APP 总时长和用户等级往往是线性相关的，即用户使用时间越长等级越高。我们就可以通过 PCA 算法将这两个属性转换为一个新的属性表示这两个维度的特征，更好地体现特征的信息，达到数据降维的目的。

- KPCA（Kernel Principal Component Analysis，核主成分分析）：KPCA 是 PCA 算法的非线性扩展，即 PCA 对线性数据处理，但对非线性数据可能无能为力，因此，KPCA 可以处理维度之间存在非线性相关性的数据。

- PCR（Principal Component Regression，主成分回归分析）：PCR 是一种使用 PCA 进行多元回归分析方法，主要利用 PCA 去除属性数据相关性的特性，解决自变量之间存在多重共线性问题。

12.2.2　模型选择

在互联网上关于机器学习模型介绍和具体使用案例的文章非常多，如图 12.3 和图 12.4 所示，在百度学术上可以针对性做检索，也有很多公众号会实时跟踪一些最新的学术文章。这些学术文章有的质量很高，有的质量比较一般，但是读者认真阅读都能有所启发。

图 12.3　百度学术

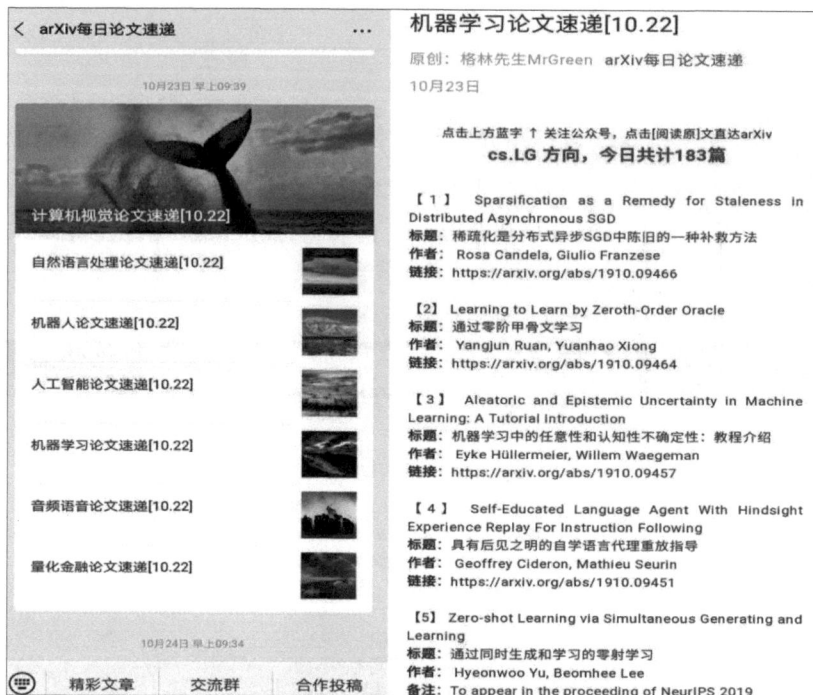

图 12.4　介绍优秀论文的公众号

机器学习领域的模型非常多，包括决策树、随机森林及 K-Means 模型等，不同的模型适用的场景也不相同，如图 12.5 所示。

图 12.5　一些常用的机器学习模型

下面简单介绍一些比较常见的算法模型，在后面章节也会列举实际操作的案例。

12.2.2.1　决策树

决策树（Decision Tree）是利用树结构来做决策的机器学习模型，它具有简单、容易理解、可解释性强的优点。决策树由节点（node）和有向边（directed edge）组成。节点有两种类型：内部节点和叶子节点。内部节点表示一个特征或属性的测试条件，叶子节点表示一个分类。当构造一个决策树模型时，以它为基础进行分类是非常容易的。具体做法是从根节点开始对实例的某一特征进行测试，根据测试结构将实例分配到叶子节点；沿着该分支可能达到叶子节点或到达另一个内部节点时，那么就使用新的测试条件递归执行下去，直到抵达一个叶子节点。当到达叶子节点时，我们便得到了最终的分类结果。

决策树的缺点是容易过拟合，通常需要通过剪枝的方法进行处理。同时，决策树是从上到下构建的，树的结构非常容易受到数据的影响，数据结构会在很大程度上影响模型结果。

12.2.2.2　随机森林

随机森林（Random Forest）是一种使用比较广泛的模型算法。随机森林的基本单元是决策树，通过集成学习的思想将"多棵树"集成一个"森林"。决策树生成过程中分别在行方向和列方向上添加随机过程。在行方向上构建决策树时采用放回抽样得到训练数据，在列方向上构建决策树时采用无放回随机抽样得到特征子集，并以此得到最优切分点。随机森林中的每一棵决策树之间是没有关联的，当有一个新的输入样本进入森林时，森林中的每一棵决策树分别进行投票，得票最多的那一类即成为样本归属的分类。由于采用了多个决策树的投票结果进行分类，因此避免了决策树存在的过拟合问题。

随机森林算法在异常检测方面应用的比较广泛，如在恶意代码分类检测方面的应用得到了比较好的效果。

12.2.2.3　K-Means

K-Means 模型又称为 K 均值算法，其算法思想为，先从样本集中随机选取 K 个样本作为簇中心，计算所有样本与这 K 个"簇中心"的距离。对于每一个样本，将其划分到与其距离最近的"簇中心"所在的簇中，对于新的簇，计算各个簇的新的"簇中心"，依次循环计算直到结果收敛。

K-Means 模型的原理简单且应用场景非常广泛，在互联网业务中常用于刻画用户画像。例如，在移动支付场景中，根据用户安全意识的不同可以使用 K-Means 模型将用户细分成具有不同安全需求的群体，进而采取不同的营销和风控策略。

12.2.2.4 神经网络

神经网络是一种模拟人脑的神经网络以期能够实现类人工智能的机器学习方法。人脑中的神经网络是一个非常复杂的组织，神经网络把各个节点看作是模拟人脑的"人工神经元"，这种网络被称为"人工神经网络"（Artificial Neural Networks）。

人工神经元就是受自然神经元静息和动作电位的产生机制启发而建立的一个运算模型。神经元通过位于细胞膜或树突上的突触接收信号。当接收到的信号足够大时，神经元被激活然后通过轴突发射信号，发射的信号也许被另一个突触接收，并且可能激活别的神经元。人工神经元模型把自然神经元的复杂性进行了高度抽象的符号性概括。神经元模型基本包括多个输入，这些输入分别被不同的权值相乘，然后被一个数学函数用于计算决定是否激活神经元，同时还有一个函数计算人工神经元的输出。

如图 12.6 所示，人工神经网络通常都会具有输入层，隐藏层和输出层。输入层的节点数量由输入数据的维度决定，输出层的节点数量由输出类别的数量决定。

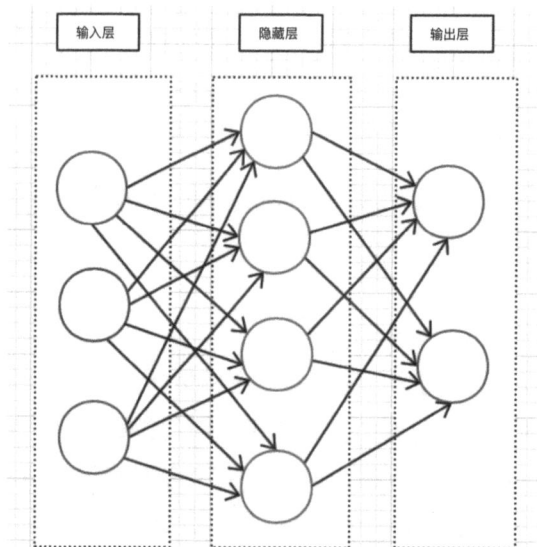

图 12.6　人工神经网络示意图

如果这个构造的神经网络只有输入层和输出层两个层次，我们就称为"单层神经网络"。单层神经网络是最基本的神经网络，所有神经元的输入向量都是同一个向量，每个神经元都会产生一个标量结果。单层神经网络的输出结果也是一个向量，其维数就是神经元的数目。输入层中的"输入单元"只负责传输数据，不进行计算。输出层中的"输出单元"则需要对前面一层的输入进行计算。

在业务场景中，单层神经网络对"线性问题"具有较好的拟合效果。如果是数据较为复杂的"非线性场景"，则需要使用多层神经网络来做拟合。

12.2.2.5　卷积神经网络

卷积神经网络（Convolutional Neural Network，CNN）是一种特殊的神经网络，在语音识别和图像识别领域有着非常广泛的应用。前文提到的 AI 领域历史级的产品 AlphaGO，它的策略网络和价值网络都是使用 CNN 模型实现的，如图 12.7 所示。

```
@staticmethod
def create_network(**kwargs):
    """construct a convolutional neural network.
    Keword Arguments:
    - input_dim:          depth of features to be processed by first layer (no default)
    - board:              width of the go board to be processed (default 19)
    - filters_per_layer:  number of filters used on every layer (default 128)
    - filters_per_layer_K: (where K is between 1 and <layers>) number of filters
                          used on layer K (default #filters_per_layer)
    - layers:             number of convolutional steps (default 12)
    - dense:              number of neurons in dense layer (default 256)
    - filter_width_K:     (where K is between 1 and <layers>) width of filter on
                          layer K (default 3 except 1st layer which defaults to 5).
                          Must be odd.

    """

    defaults = {
        "board": 19,
        "filters_per_layer": 128,
        "layers": 13,  # layers 2-12 are identical to policy net
        "filter_width_1": 5,
        "dense": 256
    }
    # copy defaults, but override with anything in kwargs
    params = defaults
    params.update(kwargs)
```

图 12.7　AlphaGo 的价值网络采用 CNN 模型

CNN 结构如图 12.8 所示，使用 CNN 处理图片的过程，可以理解为通过多次数学卷积运算将原始图片处理为特征图进行分类的过程。

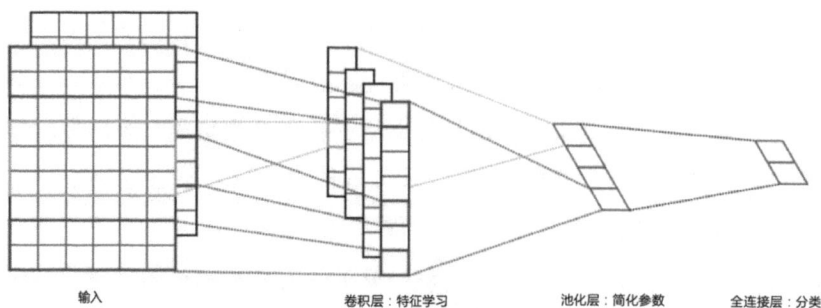

图 12.8　CNN 结构

CNN 有 3 个特点：局部连接、权值共享和池化，下面分别进行介绍。

- 局部连接

传统的深度神经网络不同层神经元的连接方式是"全连接"，每一次层的一个神经元的输入，会接受上一层每一个神经元的输出，这种方式称为"全连接神经网络"。全连接神经网络有一个缺点：权值与偏置等参数量大，导致训练收敛十分缓慢。对于图像相关的场景，数以百万的像素，训练的效率一般。而 CNN 的神经元之间的连接不是全连接。

在 20 世纪 60 年代，生物学家就发现人类大脑的部分神经元只对一定方向的边缘做出回应，这说明人类对外界的认知是从局部到全局的。而图像的空间联系也是局部的像素联系较为紧密，而距离较远的像素相关性则较弱。基于此，当 CNN 处理图像时会模仿人类的认知过程，每个神经元只感受局部的图像区域，然后在更高层将局部的信息综合起来就得到了全局的信息。这种处理方式意味着输入层到隐藏层的连接数量可以大量减少，大大提升了训练的效率。

- 权值共享

同层的某些神经元权重是共享的。例如，我们在处理图片时，将一个 32×32 的像素点，通过过滤器映射到一个 28×28 的隐藏层，隐藏层的每个神经元都会对应一个 5×5 的矩阵点。过滤器处理完该图片的所有像素点之后，会生成一个 Feature Map，该 Feature Map 中的所有神经元共享这 25 个权值。

- 池化

卷积神经网络除卷积层外，还包括池化层。池化是对信息进行抽象的过程，其主要作用是在保留关键信息的前提下压缩和简化卷积层的输入信息。特征的减少可导致参数减少，进而降低卷积网络计算的复杂度。池化包括平均池化和最大池化，图 12.9 是为一个抽象的池化示意图：池化层是每邻域四个像素中的最大值变为一个像素，以此进行图片简化压缩，在缩减数据量的同时保留了主要特征。

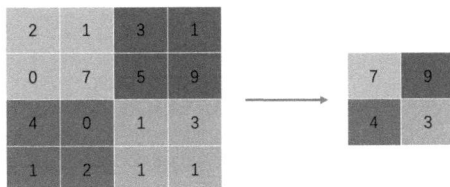

图 12.9　抽象的池化示意图

12.2.2.6　递归神经网络

递归神经网络（Recursive Neural Network，RNN）是具有树状阶层结构且网络节点按其连接顺序对输入信息进行递归的人工神经网络。RNN 主要用来处理序列相关的问题：一个序列当前的输出与前面的输出具有相关性，具体表现形式为网络对前面的信息进行了记忆并应用于当前的计算。从结构上来看，隐藏层的数据不仅仅包括输入层提供的内容，同时也包括隐藏层的输出。在实践中，RNN 在 NLP 领域的语句合法性检查、词性标注等方面都有非常好的应用效果。RNN 结构如图 12.10 所示，包括输入层、隐藏层和输出层。隐藏层的数据不仅仅包括输入层提供的内容，同时也包括隐藏层的输出。在实践中，RNN 在 NLP 领域的语句合法性检查、词性标注等方面都有非常好的应用效果。

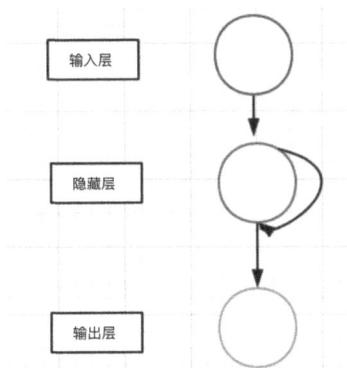

图 12.10　RNN 结构

在所有 RNN 中，长短记忆网络（Long Short-Term Memory，LSTM）是目前使用较为成功的模型。LSTM 模型特殊之处在于单元状态（记忆模块）在传送过程中可以添加和移除信息。在训练的过程中，如果一些信息对它来说已经不重要，则可以通过遗忘门（Forget Gate）降低比重，甚至丢掉不需要的信息。相比普通的 RNN 模型，LSTM 模型在某种程度上解决了训练过程中的梯度消失和梯度爆炸问题，因此，能够在较长的序列中有更好的表现。

12.2.2.7　图计算

图（Graph）是用于表示对象之间关联关系的一种抽象数据结构，由顶点（Vertex）和边（Edge）组成，顶点表示对象、边表示对象之间的关系。在互联网业务动辄上千万甚至数亿的用户体系中，数据规模巨大且结构复杂，用传统的关系型数据来处理复杂的业务安全问题，性能和可扩展性都存在瓶颈。经过不断地探索尝试，大家发现图计算可以很好地解决这类问题。图计算可以将各不同类型的数据融合到同一个图里进行分析，让很多问题得到更加高效的处理，同时也能够得到原本独立分析难以发现的结果。目前，图计算在账号安全、黑产群体挖掘中已经有广泛的应用。

Facebook 通过定义账号行为的同步性和相似度，采用连通图的方法进行聚类从而发现欺诈账户集合，行为的同步性定义如下。

采用一个三元组表示一个动作（Action）：

$$\langle U_i, T_i, C_i\rangle \approx \langle U_j, T_j, C_j\rangle \ \ \text{if}\ C_i = C_j\ \text{and}\ |T_i - T_j| \leqslant T_{\text{sim}}$$

公式中 U 是账号 ID，T 是行为发生的时间戳，C 是约束对象（Constraint Object）。约束对象是根据业务自行定义的，可以是使用的资源（如 IP 地址）和行为关联的对象 ID，也可以是上述若干对象的组合。

如果两个账号在相同的约束对象上发生动作的时间间隔小于 T_{sim}，则认为它们之间的行为具有同步性。度量账号之间的相似度根据 Jaccard 相似度进行定义。

$$\text{sim}(U_i, U_j) = \frac{|A_i \bigcap A_j|}{|A_i \bigcup A_j|} = \frac{\sum_k |A_i^k \bigcap A_j^k|}{\sum_k |A_i^k \bigcup A_j^k|}$$

首先通过账号之间的相似度生成边（相似度为边的权重），然后通过相似度阈值（或者是自定义的一些规则）进行图的切割，最后采用连通图算法实现聚类，如图 12.11 所示。

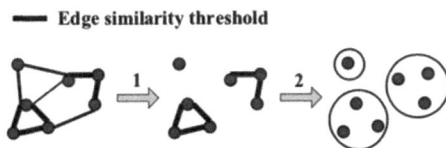

图 12.11　聚类的连通图实现

12.2.3　模型训练

在模型训练阶段，需要明确训练流程并准备训练环境。

12.2.3.1　模型训练流程

在定义清楚业务问题之后，根据业务问题选择好模型之后就可以开始进行训练了。模型训练流程如图 12.12 所示。

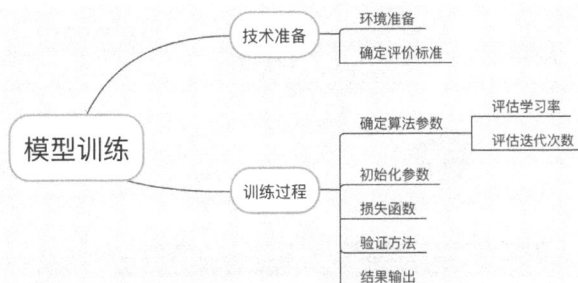

图 12.12　模型训练流程

12.2.3.2　环境搭建

常用的机器学习框架有 Tensorflow 和 PyTorch 等，我们可以根据项目需求和使用习惯进行选择。PyTorch 是 Facebook 推出的一个基于 Python 的科学计算软件包，我们主要以 PyTorch 为例进行演示。

安装一个 Anaconda 环境，Anaconda 是一个 Python 包管理和环境管理软件，一般用于配置不同的项目环境。我们选择使用 Python 3.7 版本的环境，单击"Download"按钮如图 12.13 所示。

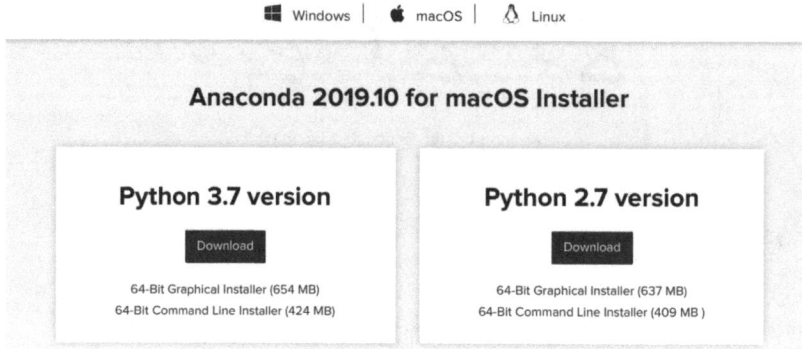

图 12.13　选择 Python 3.7 版本的环境

如图12.14和图12.15所示，安装Anaconda成功以后就可以通过命令行安装PyTorch。

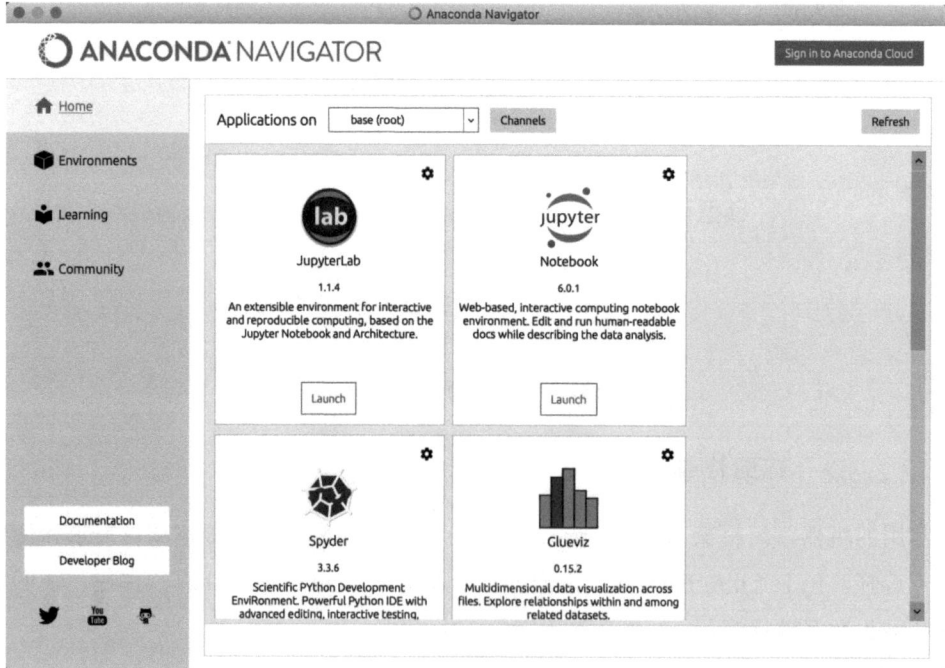

图 12.14　成功安装 Anaconda

```
san — conda install pytorch torchvision -c pytorch — 81×35
Last login: Tue Nov 12 19:45:41 on ttys002
(base) San:~ san$ conda install pytorch torchvision -c pytorch
Collecting package metadata (current_repodata.json): done
Solving environment: done

## Package Plan ##

  environment location: /opt/anaconda3

  added / updated specs:
    - pytorch
    - torchvision


The following packages will be downloaded:

    package                    |            build
    ---------------------------|-----------------
    ninja-1.9.0                |  py37h04f5b5a_0          90 KB
    pytorch-1.3.1              |          py3.7_0        32.6 MB  pytorch
    torchvision-0.4.2          |         py37_cpu         5.9 MB  pytorch
    ------------------------------------------------------------
                                           Total:        38.7 MB

The following NEW packages will be INSTALLED:

  ninja              pkgs/main/osx-64::ninja-1.9.0-py37h04f5b5a_0
  pytorch            pytorch/osx-64::pytorch-1.3.1-py3.7_0
  torchvision        pytorch/osx-64::torchvision-0.4.2-py37_cpu


Proceed ([y]/n)?
```

图 12.15 安装 PyTorch

安装完成后，可以直接在 Python 中使用 torch 库查看版本判断是否成功，如图 12.16 所示。

```
san — python — 81×35
(base) San:~ san$ python
Python 3.7.4 (default, Aug 13 2019, 15:17:50)
[Clang 4.0.1 (tags/RELEASE_401/final)] :: Anaconda, Inc. on darwin
Type "help", "copyright", "credits" or "license" for more information.
>>> import torch
>>> print(torch.__version__)
1.3.1
>>>
```

图 12.16 成功安装 PyTorch

环境搭建成功后，就可以使用样本数据和选择的算法进行模型训练。

12.2.4 工程化和业务落地

模型训练完成后就可以进行工程化开发和业务落地，我们在实践的过程中有一个体会：在反欺诈场景下其实不需要对已有的算法做很大的创新，根据业务场景需求选择合适的算法运用得当基本都能解决问题，不同团队和平台之间的核心区别在于工程实现的成本和效率。实现一个 10 亿个节点的图计算，有的平台需要上百台服务器计算一天，有的平台通过 10 台服务器计算 1 个小时就可以完成。总体而言，在业务场景落地算法工程时一定要在准确率、覆盖度和投入产出比方面综合评估，选择合适的落地方案。

在业务落地的过程中一定要注意以下几个问题：

- 模块化：算法工程代码各部分不能耦合在一起，在实际使用中经常需要通过调节参数、替换模型等方式来优化模型，如果整体代码串行在一起，将会使得后续的维护和优化工作量非常大，系统可读性和扩展性都受到制约。

- 压力测试：线上服务的数据量、TPS 指标与训练环境有很大的差别，在实验环境中非常准确的业务模型有可能在生产环境中需要非常大的性能开销，所以模型上线前一定要通过压力测试评估高负载下的模型性能和效果。

- 数据监控：业务系统数据的异常变化可能导致模型的退化和污染，特别是对于具有自学习特性的系统，业务生产系统一定要对模型输入数据和模型效果做好监控。

12.3 机器学习实战案例

下面将通过 3 个实战案例，详细介绍机器学习如何在反欺诈场景中实现业务落地。我们使用相似聚类算法，挖掘出了欺诈团伙在真实活动中的一致性证据。从已确认欺诈团伙样本中，可以进一步学习更多的欺诈特征，通过不断的迭代后投入生产使用，在实际业务中取得了较好的应用效果。

12.3.1 案例一：黑产设备群控网络挖掘

在第 2 章中已经介绍了群控的相关内容，它是黑产团伙中一种比较流行的作弊工具，可以批量操控多台手机。黑产团伙使用群控的一般流程是，自动化注册、登录、操作，从业务行为上伪装成正常的用户，不断重复操作使得获利最大化。

前文介绍的多种手段都可以用来防控群控，包括欺诈情报、设备指纹和决策引擎风控规则等。需要注意的是，这几类识别群控的技术手段都非常依赖专家经验，对已知的群控样本和通用的技术特征有比较好的防控效果，但是无法快速发现未知的风险和新型工具。黑产团伙作案手段变化较快，当专家经验驱动的防控规则开始上线使用时，业务往往已经遭受了一定的欺诈损失。所以采用机器学习方法自动识别新型欺诈攻击手段、挖掘欺诈用户背后的群控设备是一种新的探索思路。

运用机器学习挖掘群控网络的过程如下：

- 使用业务数据进行大数据建模。
- 模型输出群控设备网络和风险等级。
- 业务专家提供业务经验支持，对模型识别结果进行确认或修正。
- 将模型结果应用到生产环境中。

12.3.1.1 数据准备

1．数据源

各业务系统的数据经常以不同形式存储，需要将多种来源数据统一成同一种格式。在本章介绍的群控黑产挖掘实践中，我们将数据交换到 HDFS 上，建立 Parquet 格式的 Hive 表方便进行下一步分析处理。

2．业务字段

数据是机器学习任务的重要基础，需要从要解决的业务问题出发选择可能用到的数据字段。根据用户在不同场景下的行为，我们确定了算法需要使用的数据字段标准，然后通过各种方式采集业务系统产生的数据，并按照统一的格式进行存储、关联和整合处理。

挖掘黑产群控团伙。我们在实践中需要通过设备指纹或其他技术手段采集设备环境信息，包括移动设备的品牌、型号、系统、版本及网络环境信息（IP/网关）等。除此之外，算法也会使用业务数据和业务系统日志等，从不同维度更全面地覆盖设备行为数据。

3．数据标签

算法通常从不同角度出发，去学习数据自身的规律和特点。样本数据中是否有标签、标签样本的占比多少，决定了算法模型的选择。如果完全没有标签，则使用无监督模型；如果有少量标签，则使用半监督模型；如果有较多标签，则使用有监督模型。当采用监督模型时，算法根据已知的标签信息进行学习，不断优化目标函数，得到恰到好处的模型，最终在测试样本上进行预测。

在建立黑产群控团伙的算法识别模型过程中，我们通过业务人员获取了少量疑似群控黑产的样本，所以可以选择半监督模型或无监督模型，本章将介绍使用无监督模型如何来实现业务目标。

12.3.1.2 数据评估与清洗

经过数据归集整合等准备工作，我们拥有了一份完整的用户行为日志数据，在建模之前，需要先对这份数据进行质量评估工作。

1. 总体概览

统计了一个月中用户行为记录条数的总体走势，整体数据分布均匀，样本数比较平稳，如图 12.17 所示。

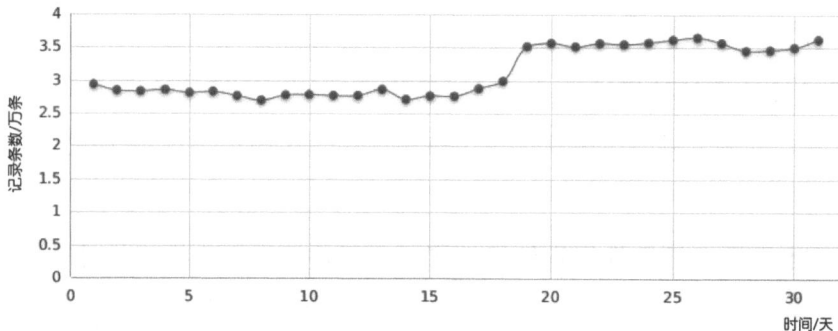

图 12.17　数据总体趋势

2. 数据质量

数据非空有效性是后续特征选择的重要参考依据，如图 12.18 所示，柱状图中的深灰色表示非空百分占比，通过设定最小有效占比阈值，我们对字段进行了初步筛选。

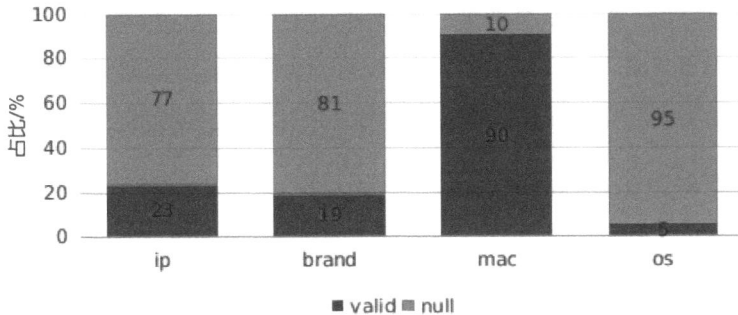

图 12.18　字段筛选

3．数据预处理

在数据质量评估之后，需要对异常数据进行处理，主要包括某些字段的缺失值处理和异常值处理。

1）缺失值处理

常见的缺失值处理方法有：

- 当缺失数量极少时，考虑直接删除缺失记录。

- 当类别型数据缺失时，考虑使用众数或其他类填充。

- 当连续值数据缺失时，考虑使用中位数、平均值或使用近邻、回归等插值方式填充。

- 当缺失数据比例较大时，考虑直接删除该变量字段。

在本案例中，对于 os 这种缺失率较大的字段，选择直接删除字段。对于 brand 字段缺失，统一使用其他类进行填充。

2）异常值处理

异常值检测可以有以下 3 种方法：

- 统计量分析：如利用统计学的 3σ 法则，异常值被定义为与平均值的偏差超过 3 倍标准差的值。另外，还可以通过箱线图，根据分位数计算出正常样本的上下边界，在边界以外的数据被认为是异常值。

- 基于密度分析：利用聚类技术，那些离大簇较远的小簇，如果自身尺寸足够小，则被认为是异常值。

- 寻求业务支持：确定正常样本值的范围。

异常值处理主要有以下两种方法：

- 当异常数量较少时，直接删除该记录。

- 使用替代值，如超过正常边界的值以边界值替代。

在本案例中，主要采用统计量分析和寻求业务支持来识别异常值。对于业务相关性比较大的字段（如传感器字段），先明确规定了其取值范围，如果出现不合规值，则直接删除该数据。对于长尾的类别型字段（小众的设备品牌型号），我们直接使用"其他"替代。

12.3.1.3　模型开发

1．聚类算法可行性

基于对群控技术的理解，我们在实践中选择了一种可扩展的事件相似聚类算法来发现使用群控的黑产团伙。黑产团伙在相同环境下使用了比较相似的设备，通常采用一台电脑控制多个设备的模式，所以在设备行为上存在相似性，这是一个非常适合聚类算法的欺诈场景。为了防止被风控规则发现和拦截，黑产团伙会通过正常业务行为、修改设备参数（改机）等手段进行伪装潜伏和自我保护。但是因为成本原因，黑产团伙使用的网络资源往往是有限的，所以会呈现 IP、Wi-Fi 环境的聚集性。而通过人工或脚本修改移动设备参数才能实现改机，通常难以覆盖全特征维度，并且在大批量操作设备时又产生了新的行为相似性。

因此，使用聚类算法总能在特定维度上找到黑产团伙相似性，发现隐藏在这些相似行为背后的群控网络。

2．聚类算法流程

我们设计的聚类算法流程如图 12.19 所示，主要通过相似计算和图划分实现聚类分群。

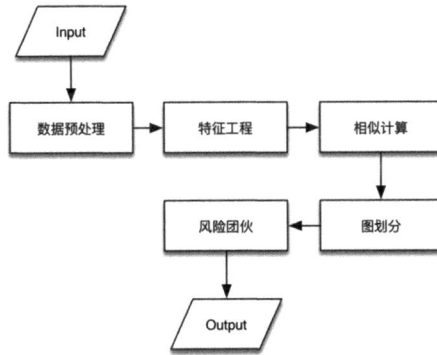

图 12.19　聚类算法流程

1）相似计算

数据流入相似计算模块，首先两两比较设备行为之间的相似性。在本算法中支持自定义的相似性定义，可以配置在特定特征维度上使用特定的相似衡量尺度。然后滤除相似性较低的连边，得到有欺诈嫌疑的设备关系。如图 12.20 所示，左图是原始关联关系，通过相似计算，设定最小相似阈值之后，只保留右图中橙色的边①。

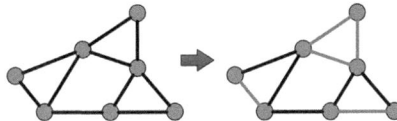

图 12.20　相似度计算

在计算相似性时，同一对设备之间可以按照不同的维度多次计算相似性。图 12.21 展示了按照另一组维度进行计算后的结果，可以看到节点网络的规模更大了。

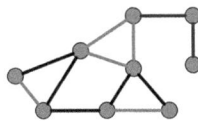

图 12.21　节点网络

———————————

① 在图 12.20（右图）中，颜色浅的线段为橙色的边。

2）图划分

在经过剪枝之后的图中，我们经过连通图算法可以得到紧密关联的设备网络。如图 12.22 所示，我们得到了 3 个群组，每个群组内的设备存在多个维度上的相似性，而相似性又是在群控业务基础上定义的，所以发掘出的设备网络存在较大的群控嫌疑。

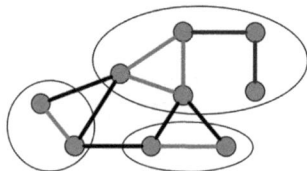

图 12.22　图划分

3. 结果展示

通过聚类后，我们得到了疑似的群控设备分组列表，如图 12.23 所示。通过进一步分析这批设备的更大时间跨度上的行为数据，我们发现这些设备多次在相近的时间切片、相近的网络环境上出现了大量的一致性行为，确认是黑产团伙进行"养号"行为使用的高风险群控设备。

群组id	weight	devid	ip		品牌	root	亮度		timestamp
970654	4601	8bd9722e-092d-465c-b425e-eb6f3005c43	172.16.4.109	18:40:a4:cb:25:d2	Xiaomi	TRUE	10	0,8,4	1.53595E+12
970654	346	619d0092-6420-4c92-ae006-7394776f5b8	172.16.6.193	18:40:a4:cb:25:d2	Xiaomi	TRUE	10	0,8,4	1.53591E+12
970654	2681	ada80ae8-d8a9-433e-b2ef5-727e2fd18b6	172.16.7.16	18:40:a4:cb:25:d2	Xiaomi	TRUE	10	0,8,4	1.53595E+12
970654	3996	0665779e-3b7b-4556-83430-e4173b6a4ed	172.16.0.215	18:40:a4:cb:25:d2	Xiaomi	TRUE	10	0,8,4	1.53592E+12
970654	4139	758fbcd4-f59e-4118-91d7c-7b7158b871e	172.16.1.44	18:40:a4:cb:25:d2	Xiaomi	TRUE	10	0,8,4	1.53592E+12
970654	4139	758fbcd4-f59e-4118-91d7c-7b7158b871e	172.16.1.44	18:40:a4:cb:25:d2	Xiaomi	TRUE	10	0,8,4	1.53593E+12
970654	4601	8bd9722e-092d-465c-b425e-eb6f3005c43	172.16.4.109	18:40:a4:cb:25:d2	Xiaomi	TRUE	10	0,8,3	1.53593E+12
970654	684	ab896c1d-19f6-490c-847ac-7cfe5e478da	172.16.0.220	18:40:a4:cb:25:d2	Xiaomi	TRUE	10	0,8,4	1.53594E+12
970654	4601	8bd9722e-092d-465c-b425e-eb6f3005c43	172.16.4.109	18:40:a4:cb:25:d2	Xiaomi	TRUE	10	0,8,3	1.53592E+12
970654	1176	b3291ec6-2e9d-46dc-b3e0d-ed032c7aa8b	172.16.4.186	18:40:a4:cb:25:d2	Xiaomi	TRUE	10	0,8,4	1.53595E+12
970654	346	562ab525-b715-4cd7-ab096-45e4bde1818	172.16.6.6	18:40:a4:cb:25:d2	Xiaomi	TRUE	10	0,8,4	1.53596E+12
970654	850	2f6e1e0f-b8dc-40f4-b4a22-c4a2d107bd6	172.16.0.224	18:40:a4:cb:25:d2	Xiaomi	TRUE	32	0,8,4	1.53592E+12
970654	768	8bf03dd2-7b0d-479f-81bf1-6a59af69ae5	172.16.0.217	18:40:a4:cb:25:d2	Xiaomi	TRUE	10	1,8,5	1.53591E+12
970654	4601	8bd9722e-092d-465c-b425e-eb6f3005c43	172.16.4.109	18:40:a4:cb:25:d2	Xiaomi	TRUE	10	0,8,3	1.53593E+12
970654	1494	33092da6-1fd3-4ed2-83540-b2efcd9f97c	172.16.5.66	18:40:a4:cb:25:d2	Xiaomi	TRUE	10	0,8,4	1.53594E+12
970654	4601	8bd9722e-092d-465c-b425e-eb6f3005c43	172.16.4.109	18:40:a4:cb:25:d2	Xiaomi	TRUE	10	0,8,3	1.53593E+12
970654	768	8bf03dd2-7b0d-479f-81bf1-6a59af69ae5	172.16.0.217	18:40:a4:cb:25:d2	Xiaomi	TRUE	10	1,8,5	1.53593E+12
970654	4601	8bd9722e-092d-465c-b425e-eb6f3005c43	172.16.4.109	18:40:a4:cb:25:d2	Xiaomi	TRUE	10	1,8,5	1.53591E+12
970654	768	8bf03dd2-7b0d-479f-81bf1-6a59af69ae5	172.16.0.217	18:40:a4:cb:25:d2	Xiaomi	TRUE	10	1,8,5	1.53591E+12
970654	3996	0665779e-3b7b-4556-83430-e4173b6a4ed	172.16.0.215	18:40:a4:cb:25:d2	Xiaomi	TRUE	10	0,8,4	1.53594E+12
970654	2681	ada80ae8-d8a9-433e-b2ef5-727e2fd18b6	172.16.7.16	18:40:a4:cb:25:d2	Xiaomi	TRUE	10	0,8,4	1.53594E+12
970654	3996	0665779e-3b7b-4556-83430-e4173b6a4ed	172.16.0.215	18:40:a4:cb:25:d2	Xiaomi	TRUE	10	0,8,4	1.53591E+12
970654	3996	0665779e-3b7b-4556-83430-e4173b6a4ed	172.16.0.215	18:40:a4:cb:25:d2	Xiaomi	TRUE	10	0,8,4	1.53592E+12
970654	684	ab896c1d-19f6-490c-847ac-7cfe5e478da	172.16.0.220	18:40:a4:cb:25:d2	Xiaomi	TRUE	10	0,8,4	1.53598E+12
970654	211	e4954e69-8ffc-45a5-b825e-e205b3de458	172.16.3.169	18:40:a4:cb:25:d2	Xiaomi	TRUE	15	1,8,3	1.53593E+12

图 12.23　结果展示

从已确认黑产团伙使用的高风险群控设备上，可以进一步学习更多的欺诈特征，通过不断迭代后投入生产使用，在实际业务中取得了较好的应用效果

12.3.2　案例二：黑产用户行为聚类分析

第一个案例介绍的群控设备聚类分析，主要是从设备维度出发进行分析，使用的数据都是设备类数据，本案例介绍用户行为聚类分析。

在现有的数据分析的框架下，通过对用户行为监测获得数据，进一步对此类数据进行分析研究的过程称为用户行为分析。在互联网营销领域，用户行为分析可以让产品团队更加详细、清楚地了解用户的行为习惯，从而找出网站、APP、推广渠道等产品存在的问题，有助于产品发掘高转化率页面，让产品的营销更加精准有效，提高业务转化率。用户行为分析的模型有很多，聚类分析是一种常用的方法。

在反作弊领域中，基于用户行为分析可以发现有问题的用户集合，在多个场景下均有广泛应用：

- 在无线互联网渠道反作弊方向，基于用户的行为相似性分析，可以发现行为高度相似的多组用户集合，而这些用户可能是作弊者通过机器脚本生成的虚假用户。
- 在搜索商业广告点击反作弊方向时，通过对用户点击行为进行聚类分析，可以发现人肉众包的点击团伙。
- 在账号安全领域，通过定义账号行为的同步性和相似度，采用连通图的方法进行聚类从而发现欺诈账户集合。

12.3.2.1　渠道用户聚类

本案例介绍用户异常行为分析在渠道反作弊方向的实际应用。作弊渠道产生的虚假用户在行为上和正常用户可能会有差异，自动脚本批量生成的虚假用户在操作行为上可能存在相似性。因此，通过对渠道用户进行行为聚类分析，可以发现作弊渠道下的虚假用户集合。

1. 背景介绍

在无线互联网领域中，拥有大量手机APP用户或能够为其他公司提供各类APP（如游戏 APP）分发业务的公司被称为渠道。渠道结算的方式一般为 CPA （Cost Per Action，按行动付费），CPA 有以下两种含义：

- 第一种：CPA 的 A 是指注册，即每有一个用户注册了游戏账号或应用账号后，CP（APP厂商）付给渠道一些费用。

- 第二种：CPA 的 A 是指联网激活，即每有一个用户联网登录了游戏或应用账号后，CP 付给渠道一些费用。在利益驱动下，CPA 渠道制造假用户，骗取 CP 的推广费用，即为刷量。

前文介绍的刷机工具等是黑产团伙在渠道刷量中常用的作案工具。黑产通过改机工具自动生成 IMEI、IMSI、MAC 地址、屏幕分辨率、机型、SIM 卡号、手机号、运营商编号或名称、手机 OS 版本等各种硬件接入环境参数，伪造虚假的流量。一般通过设备指纹发现这些虚假设备，进而发现渠道下的问题设备和作弊用户。

在攻防对抗的过程中，我们发现黑产团伙越来越多地采用"人肉众包"的方式来规避风控检测。黑产团伙组织大量的互联网闲散网民参与各类"任务"实施渠道刷量攻击，在此场景下，参与的用户都是真人真实设备，设备指纹无法发现异常。

在黑产生态中，还有一类更具有技术含量的黑产团伙，他们利用各种黑客技术手段在大量互联网正常用户的手机上安装了带有后门的 APP 或 SDK，通过"云控"的方式在用户完全无感知的情况下，后台操作用户手机下载特定APP，安装和注册激活等系列预定操作。"XcodeGhost"和"寄生推"都属于这种类型的病毒，通过软件供应链，在开发商毫不知情的情况下植入 APP 内。"XcodeGhost"是针对 iOS APP 推广刷量的，感染了包括微信在内的多个 APP，影响上亿个用户。"寄生推"则是针对 Android 生态的手机病毒，黑产团伙将恶意代码寄生在某 SDK 中，进一步感染了 300 多款 APP，潜在受影响的互联网用户超过千万人。该病毒通过 SDK 预留的"后门"，云端动态更新下发恶意代码包攻击用户手机，获得相应权限后进行恶意广告行为和应用推广以牟取灰色收益。

2．检测思路

对于业务团队来说，从攻防技术角度检测"人肉众包"和"恶意后门"是有一定难度的，前者可能不具备可检测的明显恶意特征，后者需要一定的系统底层攻防技术背景。从业务角度来分析有一些容易入手的思路，如作弊渠道产生的用户其留存率是有异常的。典型的留存率异常情况有以下几种：

- 第 2 日的留存率特别高或特别低。

- 第 2 日与第 1 日的留存率比例过高或过低。

- 第 30 日相邻的后 3 天内的留存率与相邻的前 3 天的留存率比例特别低。

如果一个渠道的用户留存率属性有异常，则表明该渠道的用户与正常渠道的用户不相符。需要注意的是，不同渠道的质量本身就有一定的差异，有些低质量的渠道在正常情况下 7 天或更长时间的渠道留存率就不高。因此在实际的渠道反作弊处理中，通过留存率异常模型的一个维度难以判断渠道是否作弊，需要通过其他方式验证这些渠道是否存在真实的作弊行为。

我们从实践中发现，自动化改机刷量工具、人肉众包团伙和云控木马几类刷量的方式产生的不同新账户，其行为是存在相似性的。如果一个渠道留存率产生异常，并且通过用户行为聚类处理发现该推广渠道下存在多个行为高度相似的用户集合，则大概率可以判定该渠道在推广过程中作弊了。

本节以某应用市场 APP 为案例进行算法落地介绍，该应用市场中的各类 Android APP 供用户免费下载使用，包括工具软件、游戏及电子书等，同时该 APP 还提供手机体检、资料备份和资源管理等附加功能。我们通过分析渠道用户的 APP 使用行为记录，找出行为相似的用户集合，然后基于相似用户的占比等属性判断推广渠道是否存在作弊行为。

3．总体流程

基于渠道用户行为聚类的作弊检测方法的处理流程如图 12.24 所示，方案包括渠道用户基础行为属性获取、用户行为特征生成、用户行为聚类计算、渠道用户聚集结果统计和渠道作弊判别 5 个模块。

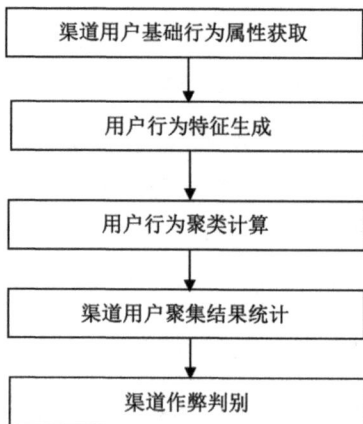

图 12.24　基于渠道用户行为聚类的作弊检测方法的处理流程

4．用户行为刻画

用户行为（包括异常行为）和业务场景强关联，因此用户行为刻画尤为关键，我们需要结合业务数据和产品的日志进行综合分析。

本案例分析的 APP 业务，其服务端会记录每个用户的详细访问行为数据，如图 12.25 所示，每条数据记录包括以下几个典型字段：

- 渠道名。

- 用户的标记 ID。

- 登录类型及启动类型。

- 动作编号，典型的动作有曝光（某个应用被展现）、一般点击、点击下载等。

- 动作发生时间。

- 动作的场景，即用户的动作是在什么场景下发生的。典型的场景有更新推送（表示接收到了新的更新消息）、精品（当前展示页面为精品页面）、详情（当前展示页面为详情页面）、流行软件（当前展示页面为流行软件页面）、排行软件（当前展示页面为排行软件页面）、搜索结果页面（当前展示页面为搜索结果页面）、欢迎页面等。

- 动作相关的 APP ID（即应用编号）。

```
80921    1011100100010000010101001110010101110010100010000010101001111100 10    923674326221910016
204101_100_2001:2    204101_900_2001:6
2015-05-05 11:00:28 1430794829081    2024    100 2000    0   1   0       222.126.246.217
2015-05-05 11:00:28 1430794829083    201003  100 2000    0   1   0       222.126.246.217
2015-05-05 11:00:30 1430794830256    204101  100 2001    0   1   130201  222.126.246.217
2015-05-05 11:00:31 1430794832056    2024    100 2000    0   1   0       222.126.246.217
2015-05-05 11:00:31 1430794832058    201003  100 2000    0   1   0       222.126.246.217
2015-05-05 11:00:31 1430794832647    204101  900 2001    0   1   10099632    222.126.246.217
80921    1011100100010000010101001110010101110010100010000010101001111100 10    923677865264836608
204101_100_2001:2    204101_900_2001:6
2015-05-05 11:14:41 1430795680997    2024    100 2000    0   1   0       27.50.134.80
2015-05-05 11:14:40 1430795681008    201003  100 2000    0   1   0       27.50.134.80
2015-05-05 11:14:41 1430795681654    204101  100 2001    0   1   130201  27.50.134.80
2015-05-05 11:14:43 1430795683376    204101  900 2001    0   1   10099632    27.50.134.80
2015-05-05 11:14:54 1430795693036    2024    100 2000    0   1   0       27.50.134.80
2015-05-05 11:14:55 1430795693039    201003  100 2000    0   1   0       27.50.134.80
80921    1011100100010000010101001110010101110010100010000010101001111100 10    923685335672389632
204101_100_2001:2    204101_900_2001:6
2015-05-05 11:44:21 1430797462644    2024    100 2000    0   1   0       1.93.30.254
2015-05-05 11:44:21 1430797462647    201003  100 2000    0   1   0       1.93.30.254
2015-05-05 11:44:23 1430797464283    204101  100 2001    0   1   103590  1.93.30.254
2015-05-05 11:44:24 1430797465590    2024    100 2000    0   1   0       1.93.30.254
2015-05-05 11:44:25 1430797465636    201003  100 2000    0   1   0       1.93.30.254
2015-05-05 11:44:25 1430797466221    204101  900 2001    0   1   10099632    1.93.30.254
80921    1011100100010000010101001110010101110010100010000010101001111100 10    923693553783861248
204101_100_2001:2    204101_900_2001:6
2015-05-05 12:16:55 1430799416503    2024    100 2000    0   1   0       1.93.60.167
2015-05-05 12:16:55 1430799416505    201003  100 2000    0   1   0       1.93.60.167
2015-05-05 12:16:58 1430799419681    2024    100 2000    0   1   0       1.93.60.167
2015-05-05 12:16:58 1430799419681    201003  100 2000    0   1   0       1.93.60.167
2015-05-05 12:17:28 1430799447193    204101  100 2001    0   1   28212   1.93.60.167
```

图 12.25 应用市场 APP 用户行为日志案例

每一个访问用户都整理出一个按照时间排序的操作动作序列。这里我们借用文本的向量空间模型刻画一个用户的动作集合：每一个用户的动作集合可以看作是一篇文章，用户的每个动作（包含动作、场景和源场景，这里我们把动作 ID、场景、源场景连接构成一个行为特征串）可以看作一个单词，有些动作可能会重复多次，因而可以看作一个单词的多次出现。

在文本的向量空间模型表示中，一个单词权重一般采用 TF-IDF 来表示，即 TF×IDF，这里 TF 表示单词在文档中的出现次数，IDF 表示一个单词在整个文档变量集合中出现的文档数量。如果一个单词在当前文档中出现多次但是在整个文档变量集合中出现的文档数量很少，则该单词会更重要。两篇文档的相似度表示如下：

$$similarity = \cos(\theta) = \frac{AB}{\|A\|\|B\|} = \frac{\sum_{i=1}^{n} A_i \times B_i}{\sqrt{\sum_{i=1}^{n}(A_i)^2} \times \sqrt{\sum_{i=1}^{n}(B_i)^2}}$$

5. 聚类算法

聚类是将物理或抽象对象的集合分成由类似的对象组成的多个类的过程。由聚类所生成的簇是一组数据对象的集合，同一个簇中的对象彼此相似，与其他簇中的对象相异。

传统的聚类算法有 K 均值聚类（K-Means）、密度聚类（DBSCAN）等。K 均值聚类算法需要提前设定K的大小即结果簇的数量，渠道用户聚类场景需要找出足够相似的用户集合，数据集合中存在多少个相似的簇提前是不知道的。DBSCAN 是基于密度的聚类方法，调参相对于传统的K均值聚类之类的聚类算法稍复杂，主要需要对距离阈值 ϵ，邻域样本数阈值 MinPts 联合调参，不同的参数组合对最后的聚类效果有较大影响。

本案例使用的基于相似度阈值约束的聚类算法描述如下：

- 第 1 步，随机取得一个元素作为第一个簇（Cluster）。
- 第 2 步，选取未处理用户集合中第一个元素作为当前的待处理元素。
- 第 3 步，计算当前待处理元素与已有各个簇的最近距离。
- 第 4 步，如果当前待处理元素与已有簇的距离足够小，则将该元素并入距离最近的簇中。否则，创建一个新的簇。
- 第 5 步，返回第 2 步，循环直到处理完所有用户。

12.3.2.2 结果展示

基于上节中的聚类算法，对用户行为向量进行聚类，聚类结果如图 12.26 所示。

16	923403426580869120	2001_100_204801 1	200501_100_2001 25	200502_100_200501	24	2008_100_204103 7	2008_900_204103 7	201003_100_2000 2	2024_100_2000
16	923401147517710336	2001_100_204801 1	200501_100_2001 22	200502_100_200501	24	2008_100_204103 7	2008_900_204103 7	201003_100_2000 2	2024_100_2000
16	923404945293152256	2001_100_204801 1	200501_100_2001 25	200502_100_200501	18	2008_100_204103 7	2008_900_204103 7	201003_100_2000 2	2024_100_2000
16	923407248447795200	2001_100_204801 1	200501_100_2001 31	200502_100_200501	24	2008_100_204103 7	2008_900_204103 7	201003_100_2000 2	2024_100_2000
16	923412540367405056	2001_100_204801 1	200501_100_2001 31	200502_100_200501	24	2008_100_204103 14	2008_900_204103 7	201003_100_2000 2	2024_100_2000
16	923413294960635904	2001_100_204801 1	200501_100_2001 28	200502_100_200501	24	2008_100_204103 14	2008_900_204103 7	201003_100_2000 2	2024_100_2000
16	923414051738714112	2001_100_204801 1	200501_100_2001 25	200502_100_200501	24	2008_100_204103 7	2008_900_204103 7	201003_100_2000 2	2024_100_2000
16	923417883254124544	2001_100_204801 1	200501_100_2001 28	200502_100_200501	18	2008_100_204103 7	2008_900_204103 7	201003_100_2000 2	2024_100_2000
16	923420154790301696	2001_100_204801 1	200501_100_2001 25	200502_100_200501	24	2008_100_204103 7	2008_900_204103 7	201003_100_2000 2	2024_100_2000
16	923420910352539648	2001_100_204801 1	200501_100_2001 28	200502_100_200501	18	2008_100_204103 7	2008_900_204103 7	201003_100_2000 2	2024_100_2000
16	923421664389820416	2001_100_204801 1	200501_100_2001 25	200502_100_200501	24	2008_100_204103 7	2008_900_204103 7	201003_100_2000 2	2024_100_2000
16	923424707537727488	2001_100_204801 1	200501_100_2001 25	200502_100_200501	18	2008_100_204103 7	2008_900_204103 7	201003_100_2000 2	2024_100_2000
16	923430770362216448	2001_100_204801 1	200501_100_2001 22	200502_100_200501	24	2008_100_204103 14	2008_900_204103 7	201003_100_2000 2	2024_100_2000
16	923431535434665984	2001_100_204801 1	200501_100_2001 25	200502_100_200501	24	2008_100_204103 7	2008_900_204103 7	201003_100_2000 2	2024_100_2000
16	923434575583133696	2001_100_204801 1	200501_100_2001 22	200502_100_200501	24	2008_100_204103 14	2008_900_204103 7	201003_100_2000 2	2024_100_2000
16	923435337611145216	2001_100_204801 1	200501_100_2001 28	200502_100_200501	24	2008_100_204103 14	2008_900_204103 7	201003_100_2000 2	2024_100_2000

图 12.26　聚类结果展示

```
23  923169089892151296  2001_100_204101 65  2001_100_204801 1  2001_200_204101 15  200501_100_2001 6  2008_100_2001    11  2008_900_200501 5
23  923157943799197696  2001_100_204101 92  2001_100_204801 1  2001_200_204101 15  2008_100_2001    11  2008_900_2001    5   204101_100_2001 2
23  923184337197010944  2001_100_204101 83  2001_100_204801 1  2001_200_204101 10  2008_100_2001    7   2008_900_2001    5   204101_100_2001 2
23  923185118883237888  2001_100_204101 74  2001_100_204801 1  2001_200_204101 20  2008_100_2001    15  204101_100_2001 2
23  923192422152482816  2001_100_204101 74  2001_100_204801 1  2001_200_204101 10  200501_100_2001 6  2008_100_2001    7   2008_900_2001    10
23  923219222282256384  2001_100_204101 92  2001_100_204801 1  2001_200_204101 15  2008_100_2001    11  204101_100_2001 2
23  923221763997437952  2001_100_204101 65  2001_100_204801 1  2001_200_204101 20  2008_100_2001    15  2008_900_2001    10  204101_100_2001 2
23  923222559772647424  2001_100_204101 88  2001_100_204801 1  2001_200_204101 20  2008_100_2001    15  2008_900_2001    5   204101_100_2001 2
23  923247371037122560  2001_100_204101 92  2001_100_204801 1  2001_200_204101 10  2008_100_2001    7   204101_100_2001 14
23  923251418630647808  2001_100_204101 74  2001_100_204801 1  2001_200_204101 15  200501_100_2001 9  2008_100_2001    11  2008_900_2001    5
23  923264198749294592  2001_100_204101 78  2001_100_204801 1  2001_200_204101 5   200501_100_2001 9  2008_100_2001    3   2008_900_200501 5
23  923271150356668416  2001_100_204101 92  2001_100_204801 1  2001_200_204101 10  2008_100_2001    7   2008_900_2001    5   204101_100_2001 2
23  923286886963425280  2001_100_204101 74  2001_100_204801 1  2001_200_204101 10  200501_100_2001 6  2008_100_2001    7   2008_900_2001    5
23  923302713527840768  2001_100_204101 88  2001_100_204801 1  2001_200_204101 10  200501_100_2001 6  2008_100_2001    7   2008_900_200501 5
23  923303425204441088  2001_100_204101 83  2001_100_204801 1  2001_200_204101 20  2008_100_2001    15  204101_100_2001 2
23  923304997921955840  2001_100_204101 74  2001_100_204801 1  2001_200_204101 15  2008_100_2001    11  2008_900_2001    5   204101_100_2001 2
23  923324554607693824  2001_100_204101 83  2001_100_204801 1  2001_200_204101 10  2008_100_2001    7   2008_900_2001    10  204101_100_2001 2
23  923325644568891392  2001_100_204101 88  2001_100_204801 1  2001_200_204101 10  2008_100_2001    7   2008_900_2001    5   204101_100_2001 14
23  923331564660273152  2001_100_204101 83  2001_100_204801 1  2001_200_204101 15  200501_100_2001 6  2008_100_2001    11  2008_900_2001    5
23  923388379210027008  2001_100_204101 88  2001_100_204801 1  2001_200_204101 5   200501_100_2001 3  2008_100_2001    3   2008_905_200501 10
23  923447732218728448  2001_100_204101 74  2001_100_204801 1  2001_200_204101 10  200501_100_2001 3  2008_100_2001    11  2008_900_200501 5
23  923448511313944576  2001_100_204101 83  2001_100_204801 1  2001_200_204101 15  2008_100_2001    11  2008_900_2001    10  204101_100_2001 2
23  923483938405629952  2001_100_204101 88  2001_100_204801 1  2001_200_204101 20  2008_100_2001    15  204101_100_2001 2
```

图 12.26　聚类结果展示（续）

图 12.26 中第 1 列为簇编号，第 2 列为用户 ID，从第 3 列开始每列分别为用户的行为特征和权重。从该图中可以看出，同一个簇下用户的行为高度相似。

12.3.2.3　聚类结果应用

本文选用的聚类结果属性如表 12.1 所示。

表 12.1　聚类结果属性

特 征 名 称	特征计算方法	特 征 说 明
新增用户总数量	当前渠道下单天的新增用户总数量	渠道反作弊主要针对渠道新增用户进行作弊检测
行为相似的用户数量	统计聚类结果中用户数量大于或等于阈值 N 的簇，累加这些簇中的用户数量	如果一个渠道下有很多用户的行为相似，则该渠道可能使用了刷量工具
行为相似用户的比例	即行为相似的用户数量/新增用户总数量	如果一个渠道下有相当比例的用户的行为相似，则该渠道可能使用了刷量工具
最大簇的用户数量	统计获得用户数量最多的簇，获取其用户数量	如果最大簇的用户数量很多，表明有很多用户的行为很相似，则该渠道可能使用了刷量工具
最大簇的用户比例	即最大簇的用户数量/新增用户总数量	如果一个渠道下最大簇的用户数量占总用户的比例很高，则该渠道可能使用了刷量工具
Top5 簇的用户数量	统计获得用户数量最多的前五个簇，累加这些簇下的用户数量	如果最大的几个簇的用户数量之和很大，则该渠道可能使用了刷量工具

续表

特 征 名 称	特 征 计 算 方 法	特 征 说 明
Top5 簇的用户比例	即 Top5 簇的用户数量/新增用户总数量	如果一个渠道下最大的几个簇中的用户总数占新增总用户的比例很高，则该渠道可能使用了刷量工具

我们基于以上用户聚类结果属性，判断当前渠道是否使用了刷量工具，具体的刷量工具判别规则如下：

- 如果当前渠道的行为相似的用户数量属性值大于或等于一定的阈值，则当前渠道使用了刷量工具。

- 如果当前渠道的行为相似用户的比例属性值大于或等于一定的阈值，则当前渠道使用了刷量工具。

- 如果当前渠道的最大簇的用户数量属性值大于或等于一定的阈值，则当前渠道使用了刷量工具。

- 如果当前渠道的最大簇的用户比例属性值大于或等于一定的阈值，则当前渠道使用了刷量工具。

- 如果当前渠道的 Top5 簇的用户数量属性值大于或等于一定的阈值，则当前渠道使用了刷量工具。

- 如果当前渠道的 Top5 簇的用户比例属性值大于或等于一定的阈值，则当前渠道使用了刷量工具。

上述判别处理中的多个阈值，可以基于数据的具体分布情况采用不同的数值。上述判别规则的处理顺序，也可以根据实际的数据情况进行调整。

12.3.3　案例三：金融在线申请反欺诈

移动互联网的飞速发展使得金融机构在线服务变得非常普及，包括信用卡在线申请、小额网贷在线申请等业务均已经不需要去现场柜台操作。金融机构互联网业务在不断提升用户体验与服务效率的同时，也引发了黑产的聚集攻击。

信用卡申请欺诈是一类常见的黑产攻击方式，申请者通过编造虚假个人身份信息、冒用他人身份信息、提供虚假证明材料等手段欺骗银行发放信用卡。在金融领域信用卡业务中，由于身份欺诈造成的损失在逐年以较快的速度上升，欺诈申请的形势变得比较严峻。当信用卡欺诈风险产生时，银行虽然会及时采取冻结账户、异常交易排查和降低账户额度等多种手段进行管控，但是损失已经产生。因此想要遏制信用卡欺诈风险，预防才是关键。构建高效准确的在线申请反欺诈系统已经是目前业内需要重点完善的问题。同时我们也观察到，随着银行业反欺诈技术的提升，信用卡在线申请欺诈的模式也在不断演化和发展。欺诈攻击越来越少地由个体完成，已经发展为有组织的团伙行为。

在线信贷申请是另外一个黑产攻击比较密集的业务领域。在信贷领域中，有 70% 以上的业务损失由欺诈申请造成。黑产团伙进行信贷欺诈申请的形式多种多样，如身份冒用、中介黑产、内外勾结等。从欺诈主体来看，可以分为第一方欺诈、第二方欺诈、第三方欺诈，其区别如下：

- 第一方欺诈：主要是申请贷款本人恶意骗贷、还款意愿极低、拒绝还款等。

- 第二方欺诈：主要指内部欺诈或内外勾结。

- 第三方欺诈：主要是盗用或冒用他人身份、他人账号及团伙欺诈等。

这其中团伙欺诈已经形成一个黑色产业链，黑中介通过购买个人信息、串通客户等手段进行欺诈。信贷反欺诈是业务方和欺诈人员斗智斗勇的过程，欺诈人员一直在寻找业务风控规则的漏洞，而反欺诈人员则需要在对抗的过程中不断修复漏洞、提升业务总体防控能力。

对于金融领域在线申请欺诈的问题，我们认为如果能够挖掘出潜伏在业务中的黑产欺诈团伙，则能够有效控制黑产对业务造成的影响。通过对黑产欺诈模式的深入分析，我们发现采用半监督学习的方法进行建模，可以有效挖掘金融申请场景下的欺诈团伙。

传统的有监督学习，需要大量人工标注数据来训练检测模型，可用于检测已知行为的攻击，不能检测未知的欺诈行为。无监督学习无须事前提供训练样本及标签，通过分析用户和事件属性，检测用户恶意行为的关联性，从而识别未知欺诈。无监督学习可以在损失发生前，提早发现恶意欺诈者。在仅有少量标记样本的情况下，半监督学习既可以充分利用标记样本中的知识，又可以发挥无监督学习的主动发现优势。基于标签传播（Label Propagation Algorithm，LPA）的半监督学习是一种典型的半监督算法，其基本思想是为网络中所有的节点赋予不同的标签，设计一个传播规则，标签根据这个规则在网络上迭代传播，直到所有节点的标签传播达到稳定，最后将具有相同标签的节点划分到一个社区中。在每次迭代传播时，每个节点的标签都更新为最多数量的邻居节点拥有的标签。这个传播规则定义了网络的社区结构，即网络中每个节点选择加入的社区是其最多数量的邻居节点属于的社区。基于欺诈样例进行欺诈标签传播计算，在欺诈样例本身很少的情况下，传播计算所发现的欺诈样例也会比较少，因而无法发现较多的欺诈样例和欺诈团伙。

在设计算法流程时，我们首先基于业务已标记样例统计多个维度关联的异常度，生成样本之间的关联边并量化边的异常度，然后通过设置阈值来选取权重，超过阈值的异常边进行连通分量计算，最后计算连通子图的异常度并输出欺诈团伙。

在工程实现过程中，我们采用成熟的连通子图算法进行并行计算，相对于一般的聚类算法具有更高的计算效率。

通过在业务中落地应用证明，我们的方案相对于"仅依据少量欺诈样例进行的标签传播计算"的传统方案，可以发现更多的候选欺诈样例和欺诈团伙。

12.3.3.1　总体流程

我们先要基于业务样例统计获得多个关联维度的异常度属性，这一步非常重要的工作完成后就可以对订单集合进行欺诈团伙挖掘。挖掘的过程首先基于关联建立异常边，其次进行连通计算，然后对连通子图进行异常度计算并最终输出欺诈团伙。

金融在线申请反欺诈半监督处理流程如图 12.27 所示。

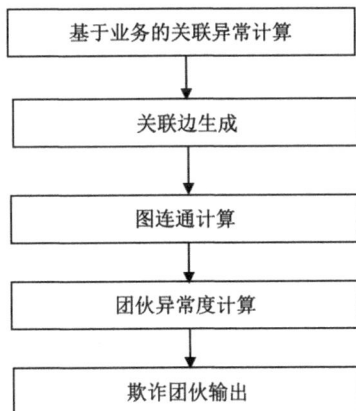

图 12.27　金融在线申请反欺诈半监督处理流程

12.3.3.2　计算细节

下面介绍模型实施的细节。

1．模块描述

本方案由以下几个模块构成。

1）基于业务的关联异常计算

基于业务的样例数据（带有是否欺诈的标签），可以计算不同实体之间关联的异常度。如在总订单集合中，通过统计与其他申请者使用了同样家庭座机的订单的总数量和其中人工标记为欺诈的订单数量，即可以计算家庭座机关联时的异常度或欺诈概率。

典型的关联实体举例如下：Cookie、手机、身份证、邮箱地址、直亲电话、直亲姓名、联系人电话、联系人姓名、家庭座机、家庭地址、单位电话、单位名称、单位地址。

2）关联边生成

针对挖掘订单集合，依次生成每一关联属性下不同订单之间的关联边。如针对Cookie 属性，如果多个不同订单具有同样的 Cookie，则这些订单两两之间在 Cookie 属性上有关联，即可以建立一条边，边的权值与之前统计得到的 Cookie 的异常度成正比。采用类似方法，可以建立所有订单在上述所有关联实体上的关联边。

由于一对订单之间可能存在多个属性上的关联，所以针对已有的异常关联边数据，可以进一步合并同一对订单的所有关联边数据，生成形如<订单01，订单02，边总权重>的结果数据。

3）图连通计算

针对已生成的边数据，选取其中权重高于一定阈值的边，然后提交给 Spark GraphX 或 Python Networkx 进行连通图计算并生成连通结果子图（以下简称"子图"）。

4）团伙异常度计算

在子图的打分处理中，我们主要考虑子图中边的权重、子图中成员数量、子图是否包含已知欺诈样例等因素。

一种计算方法如下：

$$Score=AVG（Weight）×（1+logM）×（1+SpamRatio）$$

上述 AVG（Weight）表示子图中所有边权重的均值，M 表示子图中的成员数量，SpamRatio 表示子图中已知欺诈样例的占比。

5）欺诈团伙输出

输出欺诈订单及对应的团伙信息，具体格式为"订单编号、团伙 ID、团伙欺诈得分"。

2. 数据流程

金融在线申请反欺诈半监督处理数据流程如图 12.28 所示。

主要步骤及描述如下：

- 步骤 1：基于业务样例数据，计算不同实体之间关联的异常度或欺诈概率。详细处理参考上节中"基于业务的关联异常计算"部分。

- 步骤 2：基于关联异常度表和原始样例数据表，生成基础节点关联表，详细处理参考上节中"关联边生成"部分。

- 步骤 3：针对基础节点关联表中的订单对，合并所有的边权重并生成基础边表。比如，订单 01 和订单 02 在 Cookie、家庭座机、公司电话等属性上有关联并且边权重分别为 6、4 和 2，经过合并，订单 01 和订单 02 的总权重为 12，即 6+4+2。

- 步骤 4：基于基础边表，选取权重超过指定阈值的边，提取出订单对数据放入图连通边表，准备进行图连通计算。

- 步骤 5：在 GraphX/Networkx 中进行图连通计算，生成结果连通子图，连通结果表中包含每个节点及其所属的连通子图 ID。

- 步骤 6：关联基础边表和连通结果表，在基础边信息中加入子图 ID，生成新的数据表，即基础边+子图 ID 表。

- 步骤 7：针对步骤 6 获得的数据表，基于子图 ID 进行分组（GroupBy）操作，从而可以获得每个子图 ID 和对应的节点列表信息。

- 步骤 8：针对子图列表中的每条子图 ID 记录，参考上节中"团伙异常度计算"部分，计算连通子图的异常度并生成最终的欺诈订单表。

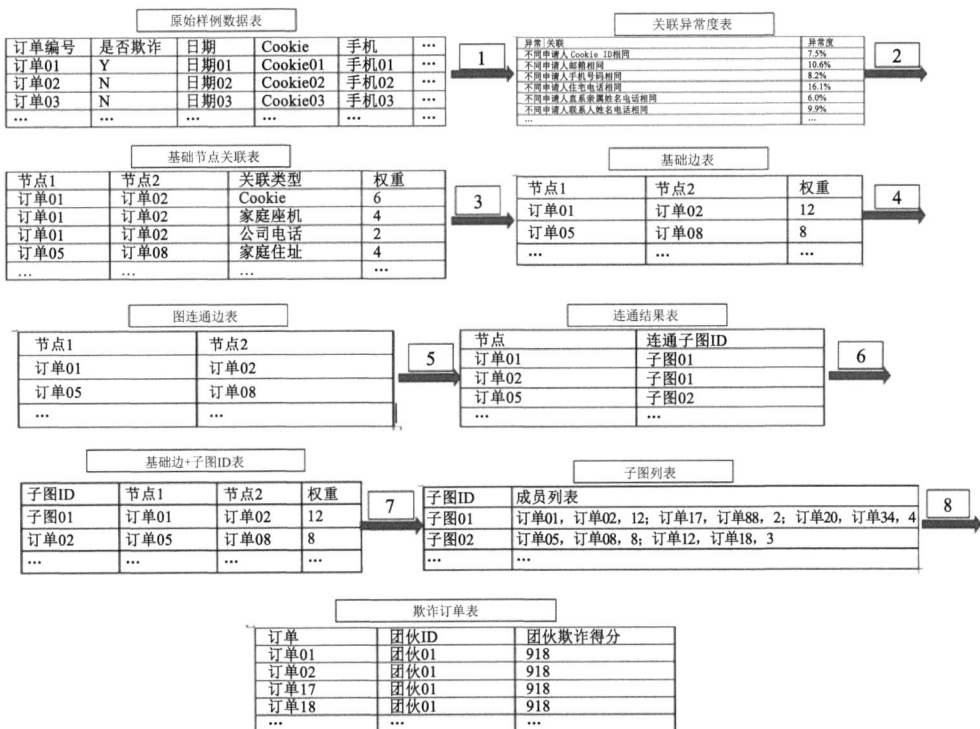

图 12.28　金融在线申请反欺诈半监督处理数据流程

3．其他处理

对于用户在线申请的订单，金融机构一般会基于业务规则进行人工审核并标记欺诈样例。订单样本的典型属性包括订单号、订单日期、是否欺诈等。

在方案落地的过程中需要对样本数据进行如下辅助处理：

- 预处理：业务样例数据的分析及清洗，如去除无效值、去除重复样例等，预处理使得欺诈团伙的关联和挖掘结果更可信。

- 关联边权重的融合策略：两个订单之间可能有很多维度的关联，如 Cookie 关联、家庭座机关联、直亲手机等，需要基于不同维度的关联综合计算关联边的权重，典型的方法有加权组合、同类型关联设置最大值等，这样计算更合理。

针对最终生成的欺诈订单及欺诈团伙数据，人工可以对呈现的欺诈团伙进行审核排查。

12.3.3.3　结果展示

基于本方案挖掘得到的欺诈团伙展现如下。其中欺诈团伙 285 如图 12.29 所示（异常度为 0.9823）。

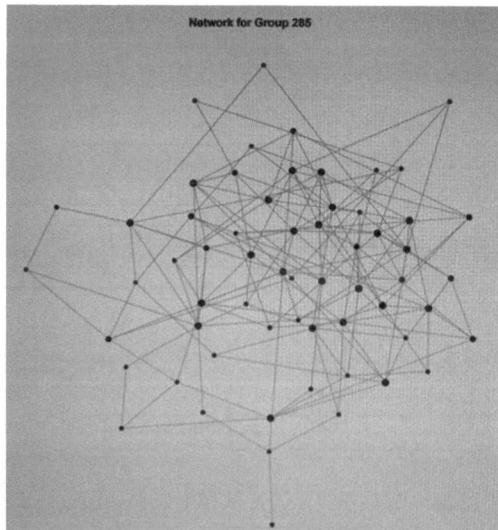

图 12.29　欺诈团伙 285

- 欺诈团伙规模：71 个欺诈订单。

- 欺诈团伙作弊特点：综合欺诈，内部有多组申请者的 Cookie 相同，多个申请者的住宅电话相同，内部有多组申请者的直亲电话相同但姓名不相同，有多个申请者的邮箱相同，地点集中在银川。

- 量化特征：该欺诈团伙包含了 7 个已知的黑样本。

欺诈团伙 605 如图 12.30 所示（异常度为 0.7839）。

- 欺诈团伙规模：34 个欺诈订单。

- 欺诈团伙作弊特点：综合欺诈，内部有多组申请者的 Cookie 相同，多个申请者的直亲电话相同但姓名不相同，多个申请者的邮箱地址相同，地点集中在长沙的几所大学。

- 量化特征：该欺诈团伙包含了两个已知的黑样本。

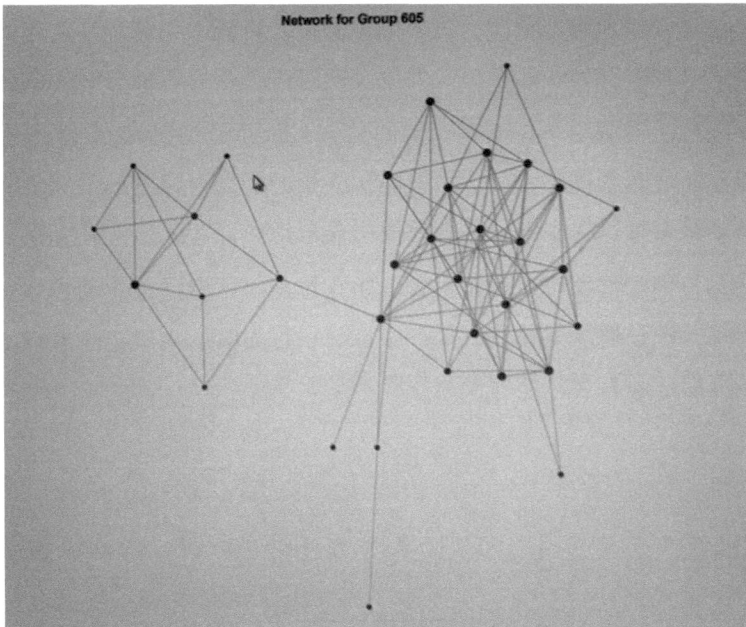

图 12.30　欺诈团伙 605

12.4　本章小结

本章主要介绍了机器学习原理在业务安全中的实战案例，这个领域有很多可以深入探讨的场景，比如更加复杂的"洗钱""跑分"等，如果拓展开甚至可以单独成书。

图灵奖获得者 Jim Gary 曾经提出过科学发展的"范式"理论：人类的科学发展经历了实验科学、理论科学、计算科学和数据科学 4 个"范式"，分别对应从自然实验得到认知、设立理论诠释自然、通过大规模计算论证自然和从海量数据中发现规律形成新的理论。现在，我们已经进入数据科学阶段，随着数据量的高速增长，计算机将不仅仅能实现模拟仿真，还能分析总结并升华为自然科学理论。过去由科学家完成的科学理论创新工作，未来可以由计算机来完成，而机器学习将承担其中最关键的环节。

在业务安全领域中，机器学习的优势和作用已经不需要赘述，这里我们强调一下风控系统使用算法模型时需要注意的地方：

- 风控系统原有的规则策略能力需要同步维护，机器学习模型往往可解释性不是很好，当黑产攻击行为和恶意模式发生突变时，模型有可能暂时无法覆盖并且调整耗时较长，需要进行人工干预。

- 风控系统需要具备调整各个类型策略优先级的能力，模型的计算资源开销较大，名单体系策略可以拦截的就不需要使用模型拦截。

- 算法模型检测和打击可以异步进行，防止黑产攻击者通过不断尝试发现模型的盲区。例如，在注册场景检测到黑产虚假注册行为时，可以对账号打上标签，但是不阻止注册，之后在其他业务操作时封禁账号。

第 13 章　互联网反欺诈实战

互联网普遍存在各种欺诈风险。通过对前文的学习，大家也对风控体系建设有了一定的了解。本章将整合前文中的内容，详细讲述在实际情况中，如何根据具体业务场景设计一套行之有效的风控方案，如何实施落地乃至长期监控优化，搭建完整的风控闭环。

13.1　典型反欺诈业务场景风险分析

随着互联网深入渗透生活的每一个环节，通过互联网能做的事情越来越多，我们可以查询、购物、订票、缴纳各类生活费用，还可以进行交友、看视频、互动娱乐等。在使用这些丰富多样的互联网服务时，我们需要完成一环又一环的业务场景，包括注册、登录、申请验证码、参与营销活动、购买商品、进行支付或退款等。随着互联网业务的竞争越来越激烈，各互联网平台为了吸引用户对营销活动的投入越来越高，充值返现、免费骑红包车和注册领奖励等活动越来越多，这也给了黑产获取暴利的机会。从图 13.1可以看出，每一个业务场景都存在着被黑产攻击的风险。

本章将对典型的互联网业务场景进行风险分析并介绍对应的解决方案，本章所述方案设计均基于本书前几章介绍的技术和产品，结合对应风险场景可以获取的数据维度、黑产作案手法进行综合考量，希望能够对大家有所帮助。

图 13.1 互联网典型风险场景

13.1.1 垃圾注册风险识别

在第 1 章黑产介绍中，我们提到过一个"垃圾注册"的概念。在注册环节中，使用虚假、不稳定的身份信息（虚假号码、通信小号、临时邮箱、虚假邮箱注册），通过定制脚本、注册机进行批量注册的行为称为"垃圾注册"。黑产若想在平台上进行牟利，先注册新账户，再养号以便参与后续各个业务环节。在平台上，黑产运营的垃圾小号团伙的存在就像是一个定时炸弹，既影响平台的生态秩序和运营数据表现，又可能对后续的营销活动等进行批量攻击，损害平台的利益。

为了提升用户体验，目前大多数平台支持多种注册方式，包括本机手机号一键注册、短信验证码注册、第三方账号注册（邮箱、微信、微博）等。在与黑产的对抗中，我们发现黑产注册小号首选套路是，直接使用接码平台提供的虚假号码，使用模拟器、群控设备、云手机等模拟设备环境，再通过脚本调用进行批量注册。

在注册场景中，由于该账户是第一次访问平台，我们能够获取的数据并不多，因此主要依赖当前注册时使用的手机号、邮箱、IP、设备等信息进行防控。该场景主要防控维度如下：

- 手机号画像：通过黑名单库的方式过滤黑产接码平台的风险手机号。

- IP 画像：识别大数据风控模型中打标为垃圾注册 IP、识别代理 IP 与机房 IP 的风险。

- 设备指纹识别终端风险：模拟器、安装作弊工具设备、参数异常设备、参数篡改设备、疑似刷机设备等。

- 识别异常行为：通过对平台历史数据的指标计算得到频繁注册的设备、IP 或手机号等。

这里有一个小技巧，可以对发现异常的账号进行打标，允许注册和登录，但不允许参与后续的其他活动。从攻击者的角度来看，如果策略直接在注册或登录环节被拦截，那么很容易通过多次尝试，测试出风控的策略，极大地降低了攻击成本。

13.1.2　批量登录风险识别

登录场景风险可以分为两类：正常用户的账号安全问题和黑产养号问题。

第一类的风险为正常用户注册账号之后，某些互联网平台被黑产拖库、撞库或暴力破解导致账号密码泄露，以至于账号密码可以被黑产获得并登录平台，此时的异常登录行为又被称为"盗号"。

"盗号"本质上属于一种盗窃行为，黑产一旦盗号登录平台，后续可能造成的危害无法预计。往往这类攻击行为来势汹汹但特征明显，该场景的主要防控维度如下：

- IP 维度防控：通过黑名单库的方式识别秒拨平台的 IP、识别代理 IP 与机房 IP。

- 设备维度防控：通过设备指纹识别自动化登录脚本、虚假设备、作弊设备、是否是常用设备、是否是常用地址等。

- 频率维度防控：同一设备或 IP 上登录过多账号、同一账号频繁更换密码登录等。

拖库、撞库、暴力破解攻击往往伴随登录流量异常升高的现象，需要对登录流量的平稳性进行监测，当出现登录流量异常升高的情况时应及时予以关注。

第二类养号问题则是黑产"做号—养号—卖号"的产业链中的关键环节。而登录行为就是养号过程中比较普遍，也是开始的一个步骤。登录后需要模拟正常用户进行一系列的操作，持续一周以上时间。账号养好后出售给下游产业链，这样的黑产就是所谓的"账号商人"。以微信为例，微信号分为白号（新注册账号）、外国号（国外手机号注册）、站街号（能正常使用"附近的人"和"摇一摇"功能的账号）、瓶子号（能使用

"漂流瓶"的账号)、成品号(有 2000 个以上好友的账号)等,每种账号的价格不同。为了将账号卖出一个理想的价格,黑产会通过工具模拟正常用户在平台上的各种行为,形成看似真实用户所使用的路径,以便于后续作案时不会轻易被封号。图 13.2 展示了微信养号的过程,可以看出微信养号的成本非常高,靠纯手工方式几乎不可能实现。

微信养号每日必做如下。

- 打开腾讯每日推送的最新新闻,打开文章,模拟阅读到最后,然后随机再看三篇文章。

- 加入 5 个以上活跃群,每天在每个群里发一个表情,一行文字,即正常的聊天冒泡。

- 和 5 个好友聊天,每天分三个时间段,每个好友来回聊天 5~10 句话,要配合使用文字、表情、语音、图片等。不能单向聊天,一定要有来有回。

- 养好加上的好友,每天主动和好友聊天,不是推业务,而是稳住好友,给好友一个你存在的理由,不要让好友删除你,这样还同时增加了活跃度,具体话术根据自己的产品来编写。

- 发朋友圈,并用其他号来点赞和评论,尽量和好友互动起来。

- 查看朋友圈,给好友点赞和评论。

- 搜索公众号,关注 1~2 个,并取消另一个公众号的关注。

- 打开公众号,随机打开 2~3 篇文章,模拟阅读并拉到最后。

图 13.2　微信养号的过程

因为成本和维护的原因,黑产控制或养成的"恶意账号"往往呈现聚集性,包括如下特点:

- 多个账号聚集在同一设备、IP 段、Wi-Fi 环境下。

- 多个账号使用不同的设备 ID,但使用了相同的改机工具(黑产团伙所使用的改机工具包名往往非常特殊,其表现特征为非常见包名的批量出现)。

- 多个账号在用户操作行为上存在相似性。

- 多个账号在昵称、头像和个人简介等方面具有随机性,但有一定相似性。

这一点比较容易理解,如图 13.3 所示,在一些游戏对局中也会遇到类似的场景。

因此在该场景中的主要防控维度如下:

- 通过 IP 画像体系识别代理 IP 与机房 IP。

- 识别历史黑设备、作弊设备登录。

- 注意同一设备、IP 段、Wi-Fi 上账号的频次。

- 通过聚类算法对用户账号信息进行关联分析，以发现恶意群体和黑产团伙。

- 通过其他业务特征，判断操作时间段、操作时长、操作行为等是否有规律性。

图 13.3　账号信息的聚集特性

13.1.3　"薅羊毛"风险识别

我们笼统地把使用虚假身份信息或自动化工具参与各类营销活动的行为称为"薅羊毛"。常见的营销活动包括但不限于折扣、返现、抽奖、满减等形式，这些不能给平台带来真实活跃度或商业利润的用户称为"羊毛党"。"羊毛"蛋糕越大，黑产的攻势就越猛。他们密切关注互联网平台活动，挖掘平台漏洞，开发作弊脚本，在社群和网站上招募众包参与人员，甚至有一条完整的套现渠道。随着互联网平台不断开发新形式的营销产品，各类拉新、促销活动层出不穷，在这个场景下我们和黑产有了更加直接和激烈的对抗。

"薅羊毛"场景和"注册"、"登录"场景不同的是，黑产在薅羊毛的过程中，会有一系列连续的业务动作，其中既包含小号注册、批量养号，也涉及领券、积分兑换、提交订单等行为。例如，在电商行业中，为刺激活跃用户数、成交量、成交额，主要的营销活动方式为领券、满减、特价秒杀。电商行业是最早产生"羊毛党"的地方，近年来，各类名目的购物节频频诞生，在消费者享受购物狂欢之余，大量黑产聚集在电商平台伺机而动。对于这些羊毛党的防控措施，需要对黑产团伙采用不同手段进行针对性防控。技术含量较低的黑产团伙，一般采用常规的作弊工具进行自动化攻击，在领券和提交订单时可以采取下列防控措施：

- 手机号黑名单：对账号手机或收货人手机过滤异常手机号。

- IP 画像：识别代理 IP 与机房 IP。

- 通过设备指纹进行设备风险分析：识别虚假设备、作弊设备、批量脚本。

- 运用频率维度统计规则：如设备与 IP 段上关联过多的账号。

还有对一些技术含量较高的黑产团伙，通过手机号或设备维度没有识别出风险，那么就需要使用其他维度的防控。

黑产团伙在平台购物的路径相对于正常人会更加简单直接，用户正常在电商平台上购物，路径多为"搜索入口/推荐入口 – 查看商品详情 – 重复以上路径对比多个商品 – 收藏/加购/直接购买"，而黑产团伙则在登录后即直接对优惠较大的商品下单。因此，我们可以观察到如下行为维度：

- 购买某个特惠商品的账户群体缺少交易外的其他平台活跃动作。

- 购买某个特惠商品的账户群体具有一定的黑产团伙特征。

- 购买某个特惠商品的账户群体在历史注册、登录数据上具有一定的黑产团伙特征。

在电商的交易场景中还有一个非常重要的数据维度，即收货地址。从绝大多数的大型电商平台反馈的羊毛数据来看，针对黄牛低价囤货、下单等问题，从地址上都能找到欺诈行为的痕迹，主要表现为以下几种形式：

- 虚假相似收货地址（见图 13.4）。

- 与区域快递合作，地址中包含暗号。

- 地址中包含实际下单收货号码。

对于此类地址问题，需要结合实际业务，运用 NLP 文本挖掘能力进行特征识别，对地址进行分类标记，同时综合其他维度数据进行风险判断。

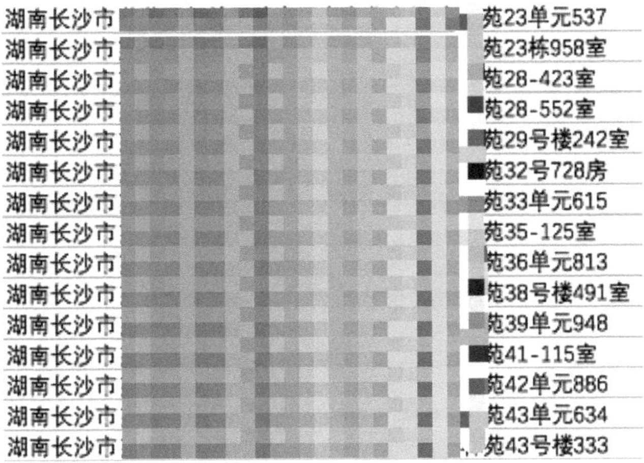

图 13.4　黑产团伙批量下单欺诈地址

　　黑产羊毛党的存在对于平台的营销活动影响范围比较广泛，而且往往会造成较大的经济损失。据某报社报道的一个案例，犯罪嫌疑人黄某通过篡改注册脚本，使用虚假信息在某奶粉电商平台上注册了约 20 万个垃圾账号并进行倒卖，黄某从中获利约 6 万元。其中 2 万个账号通过参加奶粉"买一赠一"的活动，薅走赠品奶粉共约 2 万桶，可以大致估计该案件造成某奶粉电商平台经济损失至少 200 万元。

13.1.4　裂变拉新作弊风险识别

　　裂变拉新是由存量用户通过社群触达新用户的引流方法，一度成为某些平台获取流量的主要方式。各平台设计的触发方式也不尽相同，有分享领券、互助帮砍、拼团促销等，但目的都是为引导新用户注册，完成新用户增长指标，进而转化为营收。

　　拉新的奖励往往非常丰厚，除新用户本人可以获得外，老用户也可以根据拉新人数获得奖励。奖励的形式也各不相同，有赠送优惠券、实物商品、会员资格、现金等，营销成本往往每人高达数 10 元。其中以现金形式作为拉新奖励的活动，往往会成为黑产的重点攻击目标。

如图 13.5 和图 13.6 所示，由于新人券往往优惠金额较高，黑产在批量注册新账户后，利用新人券进行下单活动或直接在二手电商平台上倒卖优惠券。这些账号在使用完大额新人优惠券下单后即被抛弃，无法为平台带来后续收益，制造了虚假的拉新效果。因此，我们对使用新人券的交易需要特别关注。平台在设计新人券发放和使用策略时，也需要足够谨慎，提高获取新人券门槛。

图 13.5　黑产软件上发布的拉新活动广告

图 13.6　黑产发布优惠券倒卖广告

裂变拉新的活动也有一个非常重要的数据维度，即邀请人账户 ID。我们可以利用此邀请人账户 ID 为线索挖掘师徒团伙特征。

- 某邀请人短时大量邀请注册新账户。

- 某邀请人名下新注册手机号、设备、IP 异常比例高。

- 某邀请人名下新注册设备特征相似。

- 某邀请人名下新注册账户团伙行为相似。

13.1.5　"任务"作弊风险识别

目前,"做任务"是一个比较常见的营销方式,目的是通过完成任务的奖励的方式来维持和提升平台用户的活跃度。比较常见的任务是连续签到 n 天获得奖励,资讯类 APP 对于完成阅读文章、观看视频、收藏点赞等行为可能都有一定的奖励。因为资讯类 APP 的较多奖励都可通过一定形式套现,所以黑产对这类刷任务已经具有一定规模。

这类作弊方式需要在 APP 中持续进行点击行为,因此,其设备类异常的比例相较于其他风险场景会更高,可以从以下几个特征发现风险:

- 通过脚本工具伪造的虚假设备。

- 真实设备,但是安装多个作弊工具,如"按键精灵"和"多开工具"。

- 真实设备,使用了自动化脚本工具。

- 群控特征,如设备长期静止。

- 聚类分析,如同一 C 段下的多个设备在 APP 中的行为相似。

- 提现账号相同或相似。

除此之外,还可以使用新型验证码和生物探针产品进行识别。

13.1.6　恶意退单风险识别

恶意退单主要分为 3 种形式:电商中恶意占库存、票务网站中恶意占座、电商 O2O 中恶意退款。前两者的共同点为通过提交订单后不付款,锁定库存或座位,影响平台上其他正常用户进行交易。而后者则为交易且支付后以不合理的理由申请退款,或者在信用卡还款时拒付,这种行为会对平台造成直接的经济损失,对于部分主打售后服务的电商平台来说,这类损失是不可小觑的。如图 13.7 所示为 2019 年真实发生的一个恶意退单的案例。

近日，上海市奉贤公安分局接到某网购平台工作人员报案称：从 2018 年 10 月起，有人陆续在网购平台购买物品，随后利用"七天无理由"极速退款的机制，进行恶意退款，不到一年的时间里已累计超过 200 笔，大约为 24600 元，公司查看收货人地址，发现都是在奉贤区高州路某处。上海市奉贤公安分局民警毕迎春介绍，奉贤公安分局刑侦支队民警刘伟等人接到报案后立即展开侦查，通过网购平台提供的资料，民警锁定了向某、牛某、徐某 3 人。

"犯罪嫌疑人向某本身有在物流公司工作的经历，对一整套的退货流程比较熟悉。他先在网购平台上购买一些比较贵重的物品，然后以'七天无理由退货'机制进行退货，退货的时候邮寄一些比较廉价的物品回去。作为网购平台，它为了提升客户体验，对于一些信用等级较高的客户，通常只要填写快递单号就会提前退款。这样一来，犯罪嫌疑人不仅得到了物品，而且还收到了退款，"毕迎喜说。

图 13.7　恶意退单案例

退单退款会对平台业务造成较大的影响，因此，除识别出该风险问题外，对相关账户也建议从业务层面进行如下处置：

- 注意异常设备与 IP 退单。

- 积累历史行为数据，识别频繁退单账户、退单率高的账户。

- 对账户进行分级管理，对识别过高风险的账户增加二次验证。

- 进行相似地址聚类及虚假地址核验。

- 退单后退款需审核，延时到账。

还存在一类专业的退款工作室，利用苹果 AppStore 退款政策漏洞。黑产在正常充值行为之后，由退款工作室向苹果发起退款客诉（有一定技巧），苹果收到客诉后，会对其充值款项进行退款操作，导致软件开发商在每月结算时无法正常收到款项，而且不知道具体是哪一笔交易发生了退款。

随着互联网的技术逐步渗透到人们生活中，营销活动的日新月异，各种互联网业务场景会越来越丰富。作为风控从业人员，也需要积极研究互联网生态，深入挖掘各种业务和营销细节，始终保持与时俱进的精神。同时也要深入了解黑产利益链和作业路径。知己知彼，方能百战不殆。

13.2 解决方案设计示例

在开始设计各类风险场景的解决方案时，需要先明确以下几个问题。

1. 可用工具集

前文已经介绍了基于反欺诈体系建设需要的工具，如决策引擎、设备指纹、手机号风险名单数据库、IP 画像标签、情报系统、智能验证码、机器学习技术等。接下来的方案设计示例便基于以上工具。工具是否全面，工具的识别准确性会对整个风险策略的效果产生直接影响。

2. 实时调用场景

场景是指用户在平台的一系列操作中，基于每一次点击行为或滑动行为，按照其实现功能的不同可以分类为各个场景，比较常见的有注册场景、登录场景、领券场景、交易场景、支付场景、做任务场景等。

对于每一类风险，用户在平台需要经历的业务链可能不同，此时需要模拟黑产的作业路径，设计一套全场景的风控方案，如图 13.8 所示，力求在每一个环节中都能进行风险识别、数据积累。

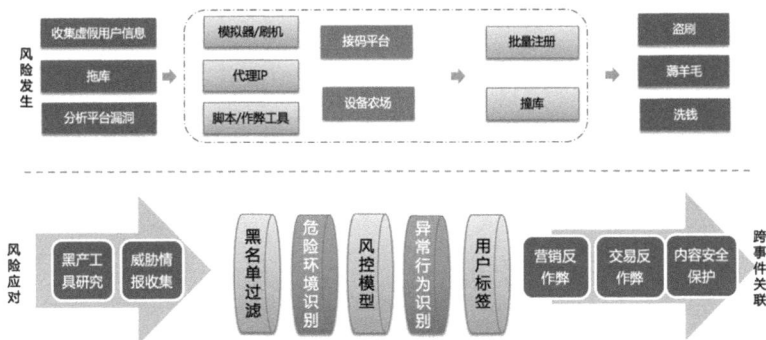

图 13.8 全场景风控方案

3. 可用数据维度

数据的覆盖度和准确性也至关重要。在我们最先接触到新用户的注册场景、登录场景中，基本的数据维度即为手机号、IP及设备信息，而更加复杂的场景，如交易场景、支付场景，我们可以采集用户的订单信息、收货信息、支付信息等。数据维度越丰富，可以挖掘的特征就越多，黑产露出马脚的概率就越高。

4. 各类风险的容忍度

各平台对于不同场景，甚至不同数据维度之间的风险认知不同，这可能取决于其风控人员的认知、业务场景的需要，或者历史数据带来的经验积累。例如，电商平台对通信小号是限制注册的，但也有电商平台认为由于部分通信小号已要求进行实名认证（见图13.9），少量的通信小号注册并不会对电商平台造成风险而选择仅打标观察。

5. 如何使用策略结果

决策引擎的输出结果可以是一个直接结果，也可以是一个风险分数，风险分数后面也会根据阈值，再转化为一个直接结果。

以某知名第三方风控公司决策引擎为例。决策引擎可以根据当前行为的风险高低，综合决策后输出一个建议结果，决策引擎输出的标签为"Accept"，"Review"和"Reject"三种（见图13.10），对应的含义为低风险建议通过，中风险建议人工审核，高风险建议拦截。对于电商平台来说，如何使用决策建议结果也是需要考虑的问题。

手机号	中国大陆 +86 ∨	13○○○○5857	✓
验证	≫ 请按住滑块，拖动到最右边		
	下一步		
	✗ 不支持阿里小号注册，请更换		

图13.9 阿里巴巴小号注册

○ Accept	85.00%
○ Review	10.37%
○ Reject	4.63%

图13.10 决策引擎输出的标签

通常电商平台对异常手机号、异常设备进行注册的行为限制较严，从源头杜绝垃圾小号的产生，避免可能被薅羊毛的风险，对于注册场景输出决策建议"拒绝"的调用，即直接拦截注册。而对于新增用户量、日常用户量比较重视的资讯平台来说，他们更希望前序环节仅进行数据积累和观察，而在可能会产生直接风险的环节再进行拦截，这时便需要进行定制化的处理。

决策引擎的策略结果也可与其他风控产品结合使用。例如，Review 部分用户划分风险权重分区间（见图 13.11），增加调用智能验证码服务、短信验证服务、智能语音交互等验证方式，综合多个风控产品的结果精准判断风险。

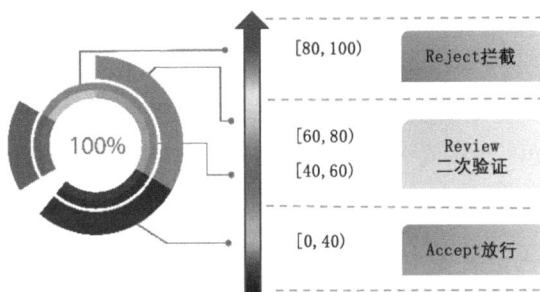

图 13.11　风险分级

明确以上问题后，我们便可以开始设计一套完整的解决方案。下面以两个比较常见的风险场景为例进行介绍。

13.2.1　电商薅羊毛

1．明确使用的风控工具

电商平台往往投入较多的营销，客户量大，容易鱼龙混杂。在设计方案时，我们推荐主流的产品均可尝试对接，如设备指纹、手机风险名单库、手机/IP 画像等。同时推荐使用智能验证码产品，在登录或部分特惠商品秒杀时进行人机挑战。

电商平台数据维度丰富，其地址欺诈样本特征明显，可以使用文本挖掘以分析地址中的欺诈特征。同时引入机器学习平台，在确认少量黑样本的前提下开发半监督等模型，以提升策略识别效果。

2. 明确对接场景

我们模拟黑产的作业路径，如果想要完成一单薅羊毛，需要在平台上的操作包括注册、登录、领券、交易、支付。需要对接的场景即为以上五个场景，在用户每次单击相关按钮时，便发生一次决策引擎的调用请求。

3. 明确各场景数据维度

我们默认以上五个场景都可以采集设备信息，在注册场景和登录场景中都有账户ID、手机号、IP信息等。领券场景可以获取优惠券的品类、金额等，交易场景可以获取订单信息、收货信息，支付场景还可以获取支付方式、第三方支付平台的账号。综合这些数据维度可以配置出多个黑产特征的识别规则。例如，囤货黑产可能在短时间内，参与同一类型的优惠活动，购买同一商品寄到相似的收货地址；又如秒杀活动下单黑产，使用异常作弊设备频繁下单，同一个设备关联多个不同的账户。

4. 明确策略结果应用方案

我们需要明确何时仅打标观察，何时可以直接拦截。这里的打标观察并非说这个场景产生的风险比较小而可以放过，而是考虑平台的运营生态可以进行个性化处理。

如图 13.12 所示，在简单决策流示例中，决策引擎提供决策流部署功能。决策流是指对于同一调用场景，可以使用某个字段进行区分，以配置不同风险侧重的策略，或者对不同用户等级，对应使用不同风险程度的策略防控。有了这个工具，在配置规则时可以更加灵活，降低对正常用户的打扰，保障良好的用户体验。

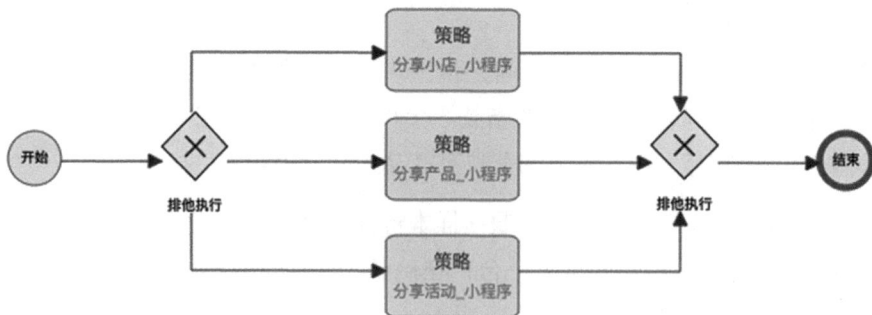

图 13.12　简单决策流示例

接下来我们介绍一个某知名电商平台的案例。该平台是我国创办较早的大型综合电商平台，全年开展多个大型购物节活动，黑产攻击的主要营销活动类型为大额优惠券、满额立减活动。对历史数据进行复盘时发现，黑产在平台大促期间每天薅羊毛成功的金额高达百万元，其掌握的小号甚至有 10 年前使用邮箱注册的，多使用欺诈地址下单。因此我们设计了以下方案：

- 使用工具：决策引擎、设备指纹、智能验证码、手机号/IP 画像、地址反欺诈服务、半监督模型。

- 对接场景：注册场景、登录场景、领券场景、交易场景。

- 数据维度：除常规场景能够获取的数据外，在交易场景传入账户注册时间及 IP，以挖掘潜伏时间较长的垃圾小号薅羊毛。

- 策略结果使用：我们设计了两套策略，分别对应日常和大促期间。在日常运营中，对注册场景及登录场景结合使用策略结果和智能验证码，领券场景识别高风险则不发券，交易场景综合前序各场景数据进行分析，并且增加地址反欺诈、半监督模型标签，综合识别高风险则取消该笔订单；大促期间，额外对交易场景识别中风险的交易订单，使用大额优惠券订单增加人工审单环节。同时沉淀审单环节中发现的漏杀、误杀样本以进行策略优化。

该套方案上线后立竿见影，在第一年的"6·18"大促期间就发现有约 8%的账户无法通过智能验证码登录，约 15%的异常账号领券。在交易场景中，一周内累计识别高风险交易订单约 10 万笔，占比 20%，涉案金额高达 500 万元。其最典型的作弊方式为批量注册的账号购买多个特价商品，并且寄往相似虚假地址。地址中包含暗号、手机号、无意义字符试图绕过简单的重复地址，分析这些无意义字符后，对这些欺诈地址进行打标、学习，提炼出地址反欺诈模型，上线后迭代至今，成为风控系统中不可或缺的模块。

如图 13.13 所示，在半监督决策流示例中，配置决策流对低等级账户增加调用半监督模型接口，实时返回风险分数，补足线上策略效果以进一步挖掘未知风险。半监督模型上线后提升了 5%以上的风险识别效果。

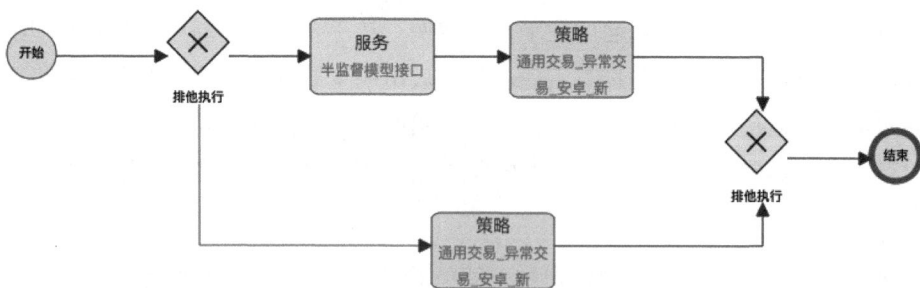

图 13.13　半监督决策流示例

13.2.2　裂变拉新

1．明确使用的风控工具

由于拉新活动往往需要注册大量账号，批量注册脚本是黑产惯用的手段。使用设备指纹技术识别作弊的设备、脚本行为，标记设备 ID 非常关键。除常规手机号画像产品外，根据情报收集线索显示，如图 13.14 所示，黑产使用注册的手机号大多无法正常接通，此时可以增加使用"号码拨测"手段抽样检测手机号的在网状态。

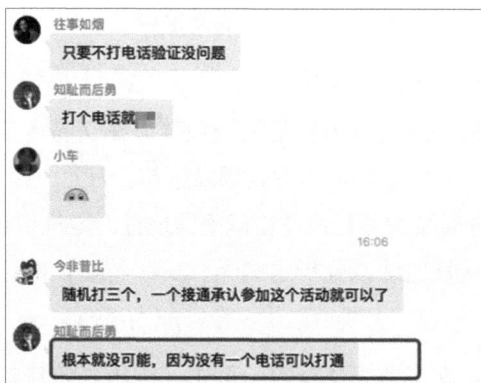

图 13.14　黑产 QQ 群聊天截图

2．明确对接场景

裂变拉新场景和薅羊毛不同，这个作业路径中涉及了两个账号主体，即邀请人和被邀请人。由于拉新奖励往往是双向的，对于这两个主体会发生动作的所有场景都需要进行监控。

拉新注册有两种形式：第一种，老用户在 APP 内生成邀请链接或二维码图片，被邀请人单击邀请链接或扫描二维码后注册，此时的链接和二维码都是该邀请人独有的，因此，当新用户注册时，我们已经可以获取邀请人信息。第二种，老用户有唯一的邀请码，新用户注册后，在单独的界面输出该邀请码完成师徒关系的绑定。

对这两种不同绑定师徒关系的形式，调用的场景也略微不同，前者为邀请人分享→被邀请人注册；后者则为邀请人分享→被邀请人注册→被邀请人绑定师徒关系。后续环节并无太多不同，现金奖励需要监控提现场景；优惠抵用券奖励需要监控交易场景、支付场景。因此，其对接场景为邀请人分享、被邀请人注册/被邀请人注册+绑定师徒关系、交易场景、提现场景。

3．明确各场景数据维度

默认的五个场景都可以采集设备信息、账户信息等。与普通电商场景不同的是，在被邀请人的每一个动作埋点中，都需要考虑邀请人 ID 的信息。这是为了对同一个邀请人的徒弟群体挖掘每一步行为是否都有团伙特征。

4．明确账号风险处理机制

裂变拉新的实现方式就是新账户的产生，如何处理这些被识别了风险的垃圾小号是设计方案时必须思考的问题。为了不违背平台开展引流活动的初衷，又尽可能避免营销资金的损失，建议对识别高风险的垃圾小号拦截注册，对识别中风险的账号进行二次验证，验证失败则不发新人券且不计入邀请注册名额中。对于邀请人账号来说，如果其邀请注册的新账户中有较大比例为风险账户，则可对其提现账户进行冻结保护，人工验证后再进行提现。

裂变拉新方案至今仍比较常见，我们接触的多个类别的行业中均有客户平台使用类似的拉新方案。一些初创平台在前期推广期间广泛应用拉新活动，邀请注册后老用户可以获得近 10 元现金，新用户可以获得高额代金券，一时之间黑产趋之若鹜，买卖手机号、开发注册脚本、倒卖新人券账号，甚至创建了多个千人 QQ 群以沟通羊毛信息，如图 13.15 所示。

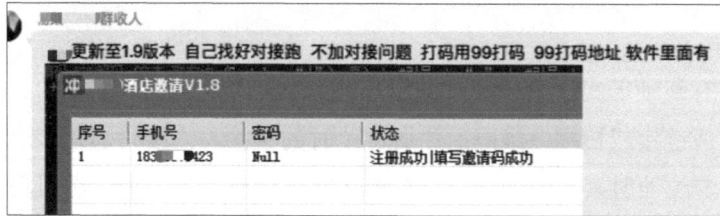

图 13.15　黑产 QQ 发布广告截图

对于上述拉新活动我们设计了以下方案：

- 使用工具：决策引擎、设备指纹、手机号/IP 画像、实名认证服务、手机号拨测服务、情报服务。

- 对接场景：注册场景、登录场景、绑定师徒关系场景、领券场景、交易场景、提现场景。

- 数据维度：在被邀请人注册初期的数据中都需要带上邀请人 ID 的信息；当新注册用户下单时获取其优惠信息；当邀请人提现时需要第三方平台账户的加密标识。

- 策略结果使用：黑产来势汹汹，非常时期对识别高风险的行为一律拦截，同时在注册场景下，识别设备作弊风险的注册行为一律拦截，并且对设备进行标记。中风险账户进行实名认证和拨测，尽可能从源头开始保障平台账户体系的健康发展。

- 情报支撑：全方位监控黑产动向，及时发现风险并部署规则。

　　拉新活动通常持续较长时间，和黑产的拉新攻防对抗是一场持久战，需要保持足够的耐心和信心。我们的黑产情报系统曾经监控到一款针对一个平台邀请注册的黑产软件，在一个月里更新迭代了 30 个版本。本方案策略在某 O2O 平台上线之初，各场景的风险识别率显著高于行业水平。注册场景中不足 5%的自然增长量，在被邀请注册流量中，曾一度识别高风险比例达 80%。在此期间，黑产不断更新其注册作弊软件，我们也持续更新防控规则，从最初的简单识别作弊工具安装、设备多次注册，到挖掘各个设备参数的异常情况，分析邀请人下线的新账户特征、行为相似特征，异常离散特征等识别异常垃圾注册行为。据不完全统计，每日均可挽回营销损失约 3 万元。策略迭代循环流程如图 13.16 所示。

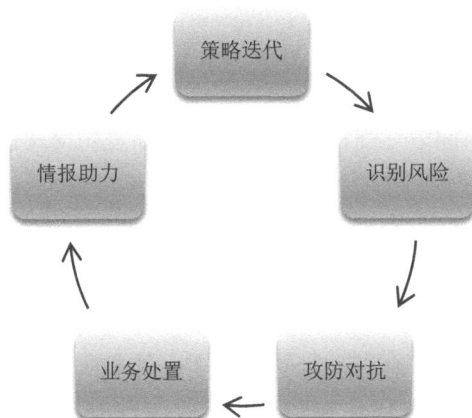

图 13.16　策略迭代循环流程

13.3　策略部署

每一个场景下的风控规则集合称为一套策略，策略的部署是在决策引擎上完成的。在方案设计完成后，如何准确地使用产品及方案实现成为一条条的规则，也非常考验风控策略人员的分析能力、逻辑思辨能力。

13.3.1　策略配置

决策引擎提供了多样化的规则部署模板。下面介绍几种比较灵活且应用广泛的策略配置规则。

1．跨场景规则

在决策引擎中配置策略时，可以对同一维度数据进行跨事件的匹配统计。例如，当发生一笔交易调用时，可以观察该交易设备 ID 在注册场景中是否存在注册过多个账号的行为，也可以对该数据提取跨事件的策略结果，如该交易账户是否在注册场景中被识别为高风险。另外，还可以观察其在不同场景的时间间隔，如交易后立刻发生退款行为。

2. 趋势类规则

对于已累计的历史行为数据，可以统计其趋势特征，以识别具有时间规律的自动化脚本行为。例如，某 IP 间隔注册的时间相等，账户发生交易的金额逐渐上升，提示盗卡交易等。

3. 预警指标类规则

预警指标类规则是指对某一主体计算符合特定特征的指标比例，当该比例达到一定阈值时提前预判风险。例如，在裂变拉新场景下，某邀请人邀请注册的账户90%均使用开机 10 分钟内的设备，在命中相关指标规则后，对该邀请人进行打标。打标用户的所有邀请注册行为都需要重点关注；在下单场景中，如果存在大量的相同收货地址，则对该类订单进行告警。

4. 移动距离类规则

本规则可用来发现黑产使用代理 IP 或伪造定位等行为，对同一账户、同一设备，使用 IP 定位、GPS 定位数据来计算较短时间内的移动距离，判断其移动速度是否异常。

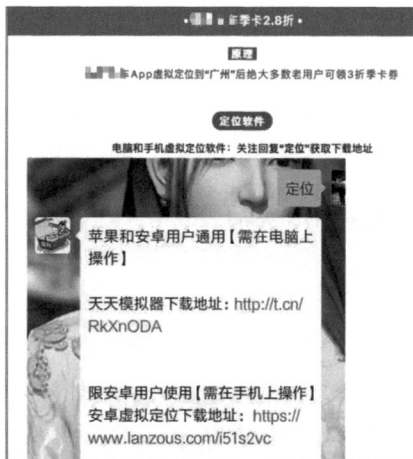

图 13.17 黑产发布虚拟定位软件广告

5. 常用习惯规则

对于已经积累了一定历史数据的存量用户，通过分析其关联的 IP、设备等数据，标记其常用地、常用设备、常用浏览器，同时对设备迭代可信设备风险，以及对违背常用习惯的登录、交易等行为进行重点监控。

例如，对于如图 13.17 中的黑产发布虚拟定位软件广告，黑产通过修改定位进行领券动作，此时只需观察设备指纹识别虚拟定位作弊软件，判断其领券行为是否发生在常用地，其领券行为与日常登录的移动距离是否发生短时瞬移等，即可识别此类作弊行为。

13.3.2　策略迭代

策略的部署也需要随着平台营销活动方案的变化、业务指标的表现，真实消费者的反馈和黑产的攻防对抗情况等进行及时的调整，主要的调整思路如下：

- 实时风险偏好：根据平台在不同业务阶段对不同类型的欺诈风险偏好，进行策略调整。

- 消费者的投诉情况：这种情况是比较直接的效果反馈，如果对核实身份的消费者产生了误杀，则可对其命中规则进行分析和调整。当然也有个别黑产会恶意投诉解封，这就需要风控方能够提供确凿的证据。

- 平台基于其他数据交叉验证得到的漏杀、误杀样本，通过分析其在关键场景中的各维度数据表现，对该场景中的相关策略进行调整。

- 当黑产攻防对抗激烈时，需要及时依据黑产的攻击特征配置相关规则。

13.4　运营监控

和黑产的对抗讲究的是"快、准、狠"。前文中已经讲述了如何精准地识别黑产，并且通过策略的迭代优化尽最大努力覆盖风险。本节将介绍一些在运营工作中常用的工具，帮助我们实时监控风险波动，更加快速地感知和处理黑产攻击行为。

13.4.1　监控预警报表

监控预警报表主要反映不同时间段的各场景风险概况，包括调用量、拒绝率、风险决策分数的波动情况，各字段的传递参数情况等，在可视化展示的同时设置定时 PSI 预警，对异常波动进行实时提示，运营策略同时可及时关注风险，如图 13.18 所示。

案件详情 ✕

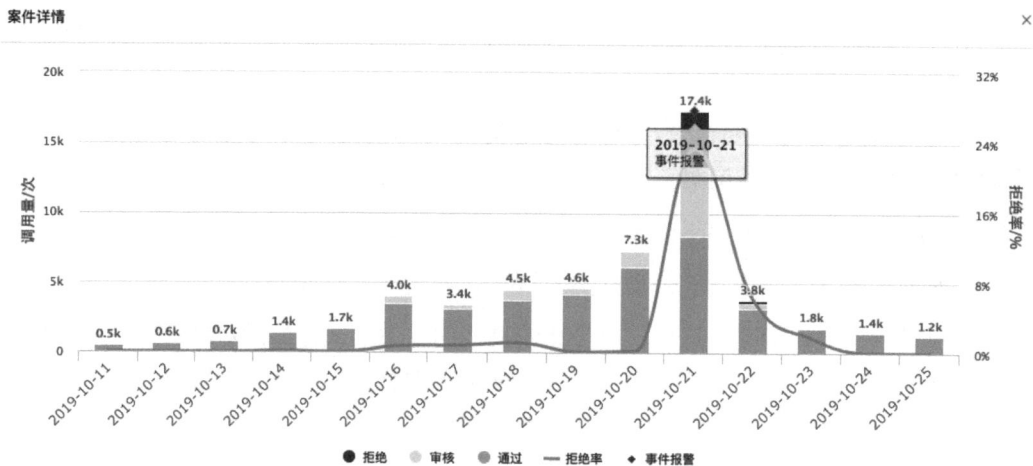

图 13.18　监控预警报表

13.4.2　态势感知

设备风险态势感知,下面两个图是某客户设备异常标签分布的深度分析。可以看到在正常情况下,该客户占比最多的异常标签是"开机时间过短"和"路由器厂商未知",如图 13.19 所示;但是在黑产攻击情况下,该客户"设备首次出现"和"本机时间异常"的占比提升,如图 13.20 所示。

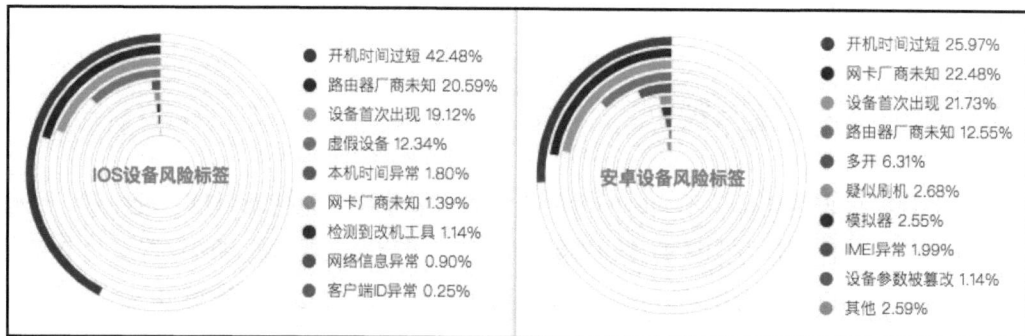

图 13.19　某合作方正常业务情况下设备风险标签占比

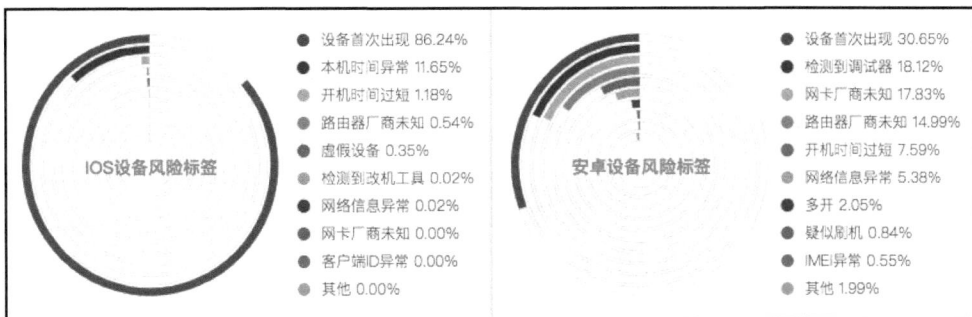

图 13.20 某合作方黑产攻击情况下设备风险标签占比

下面两个图是某客户设备正常情况和黑产攻击情况操作系统占比。可以看到，在正常情况下，iOS 12.3.1 版本的占比最高，如图 13.21 所示；在黑产攻击情况下，iOS 10.1.1 版本的占比迅速提升，如图 13.22 所示。

通过风险态势感知模块，对统计数据进行深度分析，可以发现在实时规则防控中未准确识别的风险，由此不断进行策略调优。

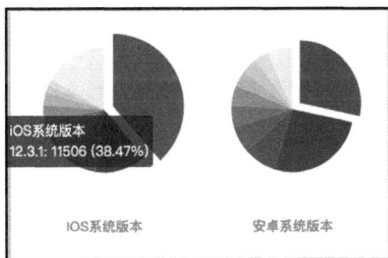

图 13.21 某客户正常情况下操作系统占比　　图 13.22 某客户黑产攻击情况下操作系统占比

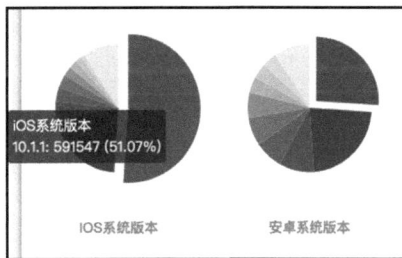

13.4.3 情报监控

某大型酒店平台投入巨额营销资金进行拉新活动，新用户注册可领取大额优惠券，老用户每邀请一位新用户即可获取奖励直接提现。活动一开始黑产便蜂拥而上，通过作弊软件批量注册虚假账号邀请好友，获取平台现金奖励，并利用二手平台进行优惠券转卖获利，单个虚假账号获利金额高达上千元。

发现这个情况后，我们通过黑产情报监控，获取黑产作弊软件，如图 13.23 所示。

对该黑产工具进行测试和逆向分析，还原黑产作案手法和步骤。根据分析的结果有针对性进行规则调整，增加风控模型，在短时间内防控效果得到了提升，但黑产群里一片"怨声载道"，如图 13.24 所示。

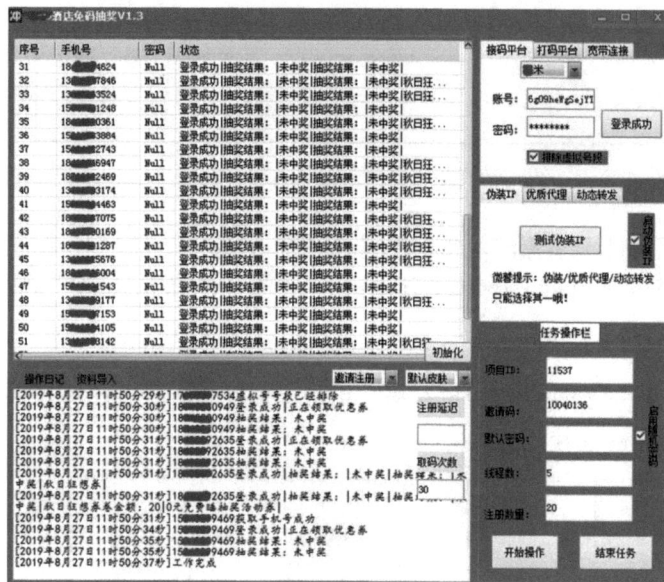

图 13.23　通过黑产情报获取的黑产作弊软件

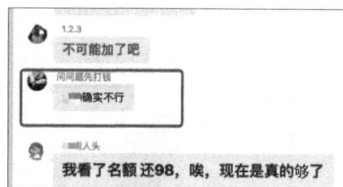

图 13.24　黑产群聊天记录

13.5　本章小结

本章从策略运营的角度，详细介绍了反欺诈业务场景的典型风险场景，并举例说明了具体应当如何结合现有的产品和技术，设计和运营风控策略，达到最佳的风控效果。本章案例均为真实案例，对策略运营人员有非常高的参考价值。

第四部分

新 的 战 场

第 14 章　物联网时代的风控

近几年，物联网已经进入一个高速发展的阶段。我们从身边就能感受到，小到智能手环、摄像头，大到网联汽车都已经走进我们的生活。物联网的本质是"万物互联"，从人与人之间的网络互联沟通升级为人与物、物与物之间的沟通与对话，通过网络通信技术、AI 技术为物理设备赋能。

14.1　物联网安全态势

行业内预计，到 2021 年全球物联网设备将达到 150 亿台，超过手机和 PC 的总和数；到 2025 年全球物联网设备将达到 800 亿台。这将是一个数倍于现有移动互联网的生态体系，海量智能设备的互联，使得网络在更开放的同时也变得更为复杂，面临着巨大的安全挑战。

物联网生态的安全和风控将具有如下特点：

- 物联网安全的重要程度非常高：物联网将虚拟网络和现实生活深度融合，以往的互联网安全问题可能会造成服务器、手机中毒等，而物联网设备的安全问题将有可能威胁到用户的人身安全。另外，物联网设备具有使用寿命较长且地理位置分散的特点，海量的物联网设备一旦被黑产大规模的攻击入侵、控制组成巨大的僵尸网络，将具备极强的破坏力。这一点"mirai"已经为我们展示过，在 2016 年 10 月 21 日，美国多个城市出现互联网瘫痪情况，包括 Twitter、Shopify、Reddit 等在内的大量互联网知名网站数小时无法正常访问。这起攻击事件引起全球震惊，经过多个机构对攻击源的调查，确认这是一款名为"mirai"物联网病毒发起的攻击。该病毒利用路由器、智能摄像头等设备的漏洞传播恶意程序，感染并控制大批在线物联网设备，从而形成巨大规模的僵尸网络。

- 物联网安全的复杂程度非常高：相对手机和 PC 来说，物联网设备的类型非常多，这是一个特别复杂的产业链，每一个物联网设备都可能涉及传感器、通信模组、硬件芯片、生产线等，同时也包括操作系统供应商、软件供应商和云服务商等，整个链条上每个环节的安全管理成熟度，都会影响物联网设备的安全性。

- 物联网领域的基础安全和业务风控将融为一体：物联网安全将以基础安全攻防技术为基础，以算法和数据驱动的安全体系，以及对整体风险的威胁态势感知为重点，将业务风险控制和传统基础安全防护融为一体。

14.2　物联网安全威胁分析

从攻击界面上分析，物联网在"云、管、端"层面均面临安全威胁，所谓"云、管、端"是指物联网平台的云端平台、网络通信和终端设备，如图 14.1 所示，下面进行详细的分析。

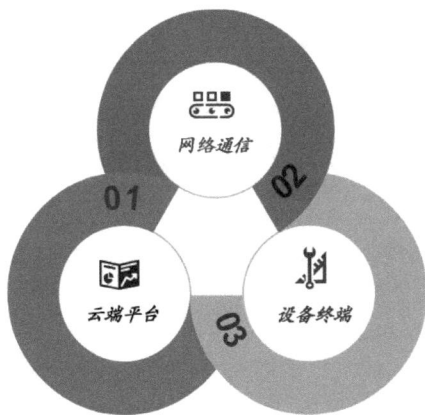

图 14.1　云管端结构

14.2.1　云端平台安全威胁

云端平台的应用一般具备了集中管理物联网（Internet of Things，IoT）设备（以下简称"IoT 设备"）、系统版本管理、推送等功能，面临的威胁和传统云端业务有很多相同之处，同时也具有自身的特点。

1．系统安全漏洞

云端平台应用一般运行在通用操作系统上，如 Linux、Windows 等。这些操作系统曾经产生过大量可以被远程利用的漏洞，当前仍然不断有高危漏洞被曝光，如 CVE-2019-0708 漏洞，即 Windows 远程桌面服务（又称为终端服务）中存在的远程执行代码漏洞，未经身份验证的黑客使用 RDP 连接到目标系统并在发送特制请求时可导致服务器被远程控制。此漏洞无须身份验证、无须用户交互，成功利用此漏洞的黑客可以在目标系统上执行任意代码，风险极高。又如"Shellshock"漏洞，在 2014 年被公开后几乎影响了所有 Linux 发行版本，黑客利用这个漏洞可以在未授权的情况获取服务器控制权。

2．应用软件安全漏洞

云端平台开发常用的应用软件，也普遍存在一些安全问题。例如，被广泛使用的 OpenSSL 曾经曝光过一个被命名为"心脏滴血"的漏洞，黑客通过构造畸形的数据包，可以直接远程获取服务器内存中的重要数据。

3．配置安全缺陷

云端平台应用常见一些弱口令、空口令服务对外开放，很容易被黑客攻击，甚至引发蠕虫自动攻击控制云端系统。例如，Redis 未授权配置缺陷可直接获取 Linux 操作系统权限，且攻击方法及其易用，黑客利用该配置缺陷入侵 Linux 操作系统进行挖矿、扫描等行为时常发生。

4．数据泄露风险

云端平台数据泄露一直是一个严重的问题。2019 年，深圳市某科技有限公司就被媒体曝光发生了数据泄露。该公司主营业务为人脸识别、AI 和安防，漏洞导致云端平台超过 250 万人的隐私信息能够被黑客不受限制地访问。美国汽车跟踪设备公司 SVR Tracking 也被曝光超过 54 万个 SVR 账户的详细信息在云端平台发生数据泄露，其中包含用户的电子邮箱地址、密码及用户的车辆数据，如 VIN（车牌识别号码）、设备的 IMEI 号码等。泄露的数据中还包含 339 份日志文件，其中包含有关车辆状态和维护记录的照片、数据及使用 SVR 跟踪服务的 427 家经销商的文档信息。这些事件也引发了人们关于 IoT 设备云端平台信息安全方面的担忧和关于隐私等方面的广泛讨论。

5. 代码安全漏洞

在云端平台应用软件中，常见各类 SQL 注入、路径穿越、身份验证和授权认证的安全漏洞，一旦这些漏洞被外部发现，均可能对云端平台造成较为严重的安全威胁。

6. APP 漏洞

IoT 设备一般都配有可以安装运行在手机上的远程管理 APP，通过 APP 可以对 IoT 设备进行全方面的配置管控。例如，用户使用米家 APP，可以远程操控家里的小米电饭煲开始煮饭。如果 APP 安全设计不当，就会存在可以被利用的漏洞，可直接导致 IoT 设备被黑客控制。我国某大型互联网公司曾推出一款"*宝盒子"产品，该产品是一款车载智能 IoT 设备，可以帮助用户对自己的汽车进行状态检查，并且可以与云端系统相连接提供智能出行服务。该产品的 APP 被安全研究人员发现存在安全设计缺陷，黑客可以利用 APP 和硬件产品交互的漏洞破解 PIN 码，远程控制和更新车载智能设备固件，进而对汽车进行恶意攻击。

14.2.2　网络通信安全威胁

网络通信链路安全主要涉及协议安全、通信加密、物理通信链路安全等方面。

1. 协议安全

如果 IoT 设备的网络通信协议设计不够完善，则有可能导致通信劫持、重放等攻击，进而导致数据泄露等各种严重的后果。

在 IoT 设备 IP 化后，如果网络通信对外开放端口，则导致黑客能够通过端口对 IoT

设备进行渗透攻击。此外，如果端口协议设计不当，则可能被黑产恶意利用形成僵尸网络，通过反射等方式对互联网目标发起DDOS攻击。利用端口协议进行反射放大DDOS攻击方式在传统安全领域已经被黑产广泛应用，海外网络安全公司曾经曝光过一种利用LDAP 协议的反射攻击技术。这种攻击技术是一种利用轻量目录访问协议（Lightweight Directory Access Protocol，LDAP）的放大攻击，流量可放大数十倍，对目标进行攻击的流量峰值可以达到 TB 级别。可以预见，如果 IoT 设备的协议和开放端口存在安全设计问题，也很快将被黑产加以使用。

2．通信加密

IoT 设备向云端传输的数据可能包含了照片、密码、位置信息、健康状态、生活习惯、驾驶习惯等个人隐私数据，为了防止网络上的旁路嗅探窃取数据，网络通信传输数据也需要加密处理。

3．物理通信链路安全

物理通信链路本身也存在着安全隐患。例如，使用 GSM 网络通信的 IoT 设备有可能被伪基站劫持；使用 GPS 定位的 IoT 设备有可能被业余无线电设备伪造 GPS 数据，或者其 IoT 设备网络信号被屏蔽。

14.2.3　设备终端安全威胁

通过国家计算机网络应急技术处理协调中心维护的国家信息安全漏洞共享平台，（CNVD）对公开的智能设备的漏洞进行了检索，选取的时间跨度为半个月，结果显示多家大型公司的产品均有漏洞上榜，如图 14.2 所示。

设备终端面临的安全威胁主要有设备服务漏洞、ROM 更新漏洞、版本过老、设备后门、物理攻击等，下面进行简要介绍。

漏洞标题	危害级别	点击数	评论	关注	时间 ↓
> 京东小京鱼智能平台存在通信密钥泄露漏洞	中	344	0	0	2019-12-26
> Huawei P30输入验证错误漏洞	中	17	0	0	2019-12-24
> Huawei P30访问控制错误漏洞	中	16	0	0	2019-12-24
> Huawei ELLE-AL00B缓冲区溢出漏洞	中	657	0	0	2019-12-22
> 小米AI音箱-mDNS服务存在堆破坏漏洞	中	802	0	0	2019-12-22
> 小米AI音箱-mDNS服务存在拒绝服务漏洞	中	881	0	0	2019-12-22
> Sony keyaki_kddi存在未明漏洞	中	175	0	0	2019-12-20
> ASUS ASUS_X00K_1存在未明漏洞	高	192	0	0	2019-12-20
> Blackview BV9000Pro-F存在未明漏洞	低	177	0	0	2019-12-20
> ASUS ASUS_X015_1存在未明漏洞	高	181	0	0	2019-12-20
> Doogee Mix存在未明漏洞	低	183	0	0	2019-12-20
> Blackview BV7000_Pro存在未明漏洞	低	187	0	0	2019-12-20
> Bluboo Bluboo_S1存在未明漏洞	低	193	0	0	2019-12-20
> Kata M4s存在未明漏洞	低	199	0	0	2019-12-20
> Evercoss U50A存在未明漏洞	低	205	0	0	2019-12-20
> Evercoss U6存在未明漏洞	中	416	0	0	2019-12-20
> Samsung A7存在未明漏洞	中	418	0	0	2019-12-20
> Samsung A8+存在未明漏洞	中	434	0	0	2019-12-20
> Schneider Electric TM218LDAE24DRHN存在拒…	中	688	0	0	2019-12-15
> Doogee BL5000存在未明漏洞	低	247	0	0	2019-12-13

1　2　3　4　5　6　7　8　9　10　..　11　下页　共215条

图 14.2　CNVD 公开的 IoT 设备漏洞

1．设备服务漏洞

IoT 设备系统往往自带各类服务并且向对方开放端口，常见的如 Web 服务、SSH 服务等，这些服务或使用开源软件改造或自行开发，近年来，这些服务已经爆出多个安全漏洞。黑产利用这些漏洞可以控制 IoT 设备，完成数据窃取、DDOS 攻击等非法行为。黑产甚至可以利用设备的漏洞制作蠕虫等恶意软件，实现自动化的传播，控制大量 IoT 设备形成僵尸网络。前文提到 Mirai 蠕虫就是利用摄像头设备漏洞进行自动攻击和传播的蠕虫病毒。我国的某个安全公司曾经捕获过利用机顶盒 IoT 设备进行攻击和传播的僵尸网络，并命名为"Rowdy"。该蠕虫病毒一旦植入机顶盒就会进行恶意扫描，发送大量的数据包并不断地与 C&C 控制服务器通信，其功能及行为特征与物联网恶意病毒 Mirai 极为相似。

2．ROM 更新漏洞

固件更新的签名验证机制如果存在缺陷，黑客可以通过网络劫持等方式为 IoT 设备植入定制的恶意固件。

3．版本过老

部分 IoT 设备被部署了以后，因为管理缺失、产品设计缺陷等原因长期无法更新，导致系统版本、组件版本过于老旧，存在大量未修复的安全漏洞，成为黑产的攻击目标。基于 Android 系统内核开发的 IoT 设备中这类问题很常见，系统自带的浏览器引擎经常成为漏洞攻击的突破口。

在 2019 年的 Pwn2Own 全球黑客破解大赛中，两名安全研究人员成功获取了亚马逊 ECHO SHOW 5 的完全控制权，如图 14.3 所示，他们利用 Google 老版本 Chromium 内核的漏洞，研究人员通过制造恶意 Wi-Fi 热点成功劫持了 IoT 设备的网络请求，将设备访问的网页替换为带有漏洞利用代码的攻击页面完成了整个攻击流程。

图 14.3　安全研究人员获取亚马逊 ECHO SHOW 5 的完全控制权

4．设备后门

某些厂商出于远程维护方便或其他一些不可推测的原因，在 IoT 设备预植了后门功能，利用此后门功能可以直接获得 IoT 设备的管理权限。如图 14.4 所示为被安全厂商曝光的一个典型案例。

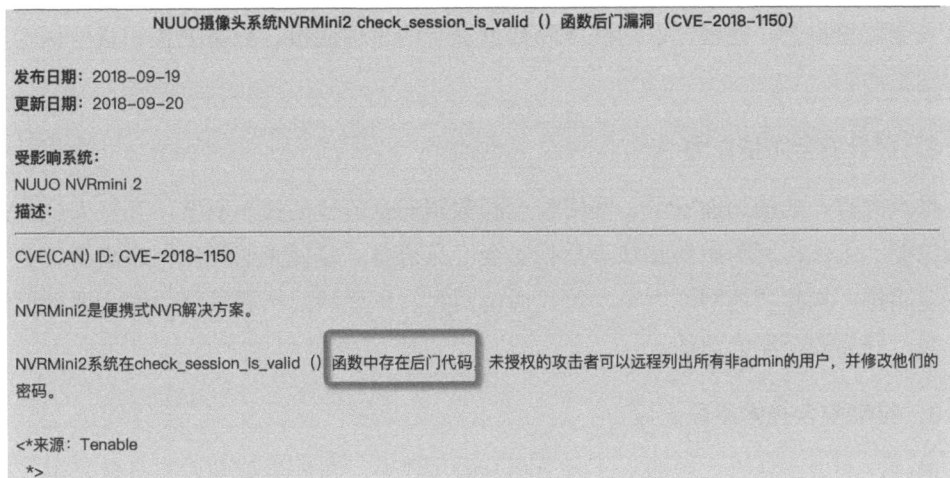

图 14.4 安全厂商曝光的 NVRMini2 后门代码

5. 物理攻击

物理攻击是指物理接触 IoT 设备，然后通过拆解、焊接及访问物理调试接口等方式对 IoT 设备进行攻击。这类的攻击一般是为了提取设备中的固件，之后进行逆向分析、挖掘漏洞获取控制权限。可能存在的漏洞有串口调试接口开放、固件未加密、密码硬编码等。某安全团队曾经成功通过物理接触的方式破解了 Google 的智能音箱，在提取 ROM 之后进行了深入分析，最终实现了控制音响实现远程录音、发送录音文件等攻击行为。

14.2.4 物联网安全监管要求

物联网领域面临的安全问题已经引起了工信部等部门的高度重视，安全体系的建设也被列入了相应的产业发展规划。工信部在 2018 年发布的《车联网（智能网联汽车）产业发展行动计划》中提出了相关的要求，其核心思想是"建设技管结合的安全保障体系"，相关的要求可以作为物联网企业的参考指引。

1. 健全安全管理体系

以产品和系统的运行安全、网络安全和数据安全为重点，明确相关主体责任，定期开展安全监督检查。完善车联网网络和数据安全的事件通报、应急处置和责任认定等安全管理工作。

2. 提升安全防护能力

重点突破产业的功能安全、网络安全和数据安全的核心技术研发，支持安全防护、漏洞挖掘、入侵检测和态势感知等系列安全产品研发。督促企业强化网络安全防护和数据安全防护，构建智能网联汽车、无线通信网络、车联网数据和网络的安全要素检测评估体系，开展安全能力评估。

3. 推动安全技术手段建设

增强产业安全技术支撑能力，着力提升隐患排查、风险发现和应急处置水平，打造监测预警、威胁分析、风险评估、试验验证和数据安全等安全平台。推动企业加大安全投入，创新安全运维与咨询等服务模式，提升行业安全保障服务能力。

14.3 物联网安全风险控制体系建设思路

对于 IoT 设备的安全框架来说，国内物联网解决方案提供商海康威视从传统安全技术角度提出了一个非常好的架构体系，感兴趣的读者可以到海康威视的官方网站自行下载并阅读该产品的安全白皮书。我们在此基础上，从业务风险控制的角度出发，提出融合传统安全和业务风控的 IoT 安全解决方案，如图 14.5 所示。

下面从云端应用、网络通信、终端设备 3 个方面进行详细介绍。

在云端应用安全加固方面，覆盖以下内容：

- 系统安全：建立系统安全基线，如及时安装补丁修复系统漏洞、定期升级系统内核版本、关闭不需要的端口、进行管理员口令复杂度及异常登录日志审计等。

- 组件安全：对 OpenSSL、Apache 等应用组件进行必要的安全配置和漏洞补丁升级。

- Web 安全：对云端开放的 Web 应用进行定期的安全漏洞扫描，覆盖常见的 SQL

注入、路径遍历、越权操作等类型的漏洞。

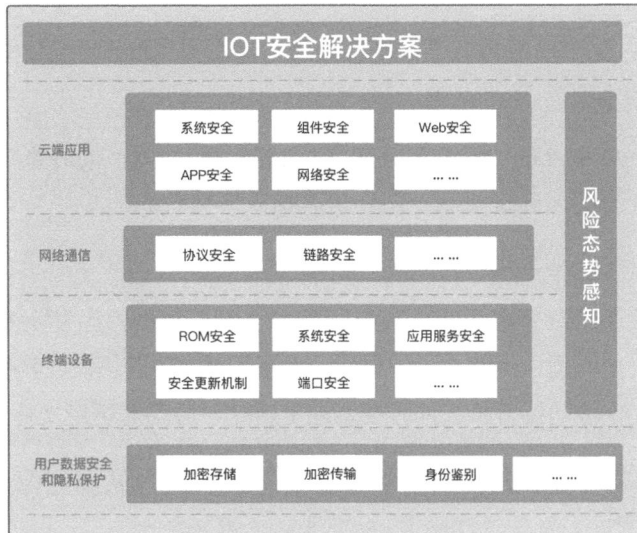

图 14.5　IoT 安全解决方案

- APP 安全：提供给用户的 APP 需要做好安全加固保护，以对重打包、动态调试和逆向分析等黑客攻击手段进行有效的对抗。同时，对于 APP 本身容易产生的组件暴露、Activity 劫持、应用通信安全、隐私数据泄露等安全问题也要进行全面的检测。

- 网络安全：为云端服务提供完善的网络安全防护预案，在遭遇 DDOS 攻击时能够快速清洗恶意流量，确保平台稳定的提供服务。

在网络通信安全方面需要重点保障协议安全、链路安全等，其中协议安全包括以下内容：

- 数据传输采用高强度加密的协议，无明文传输。

- 关闭不安全的协议，如 SSLV3 等。

- 协议的健壮性需要得到有效验证，避免协议缺陷造成远程拒绝服务攻击。

- 通信协议采用的证书的申请、签发、更新和废除等安全管理机制需要完备。

- 算法组件自身需要具备一定的安全强度，对抗黑产的逆向分析。

在终端设备安全加固方面，覆盖以下内容：

- ROM 安全：生产时采用安全编译等技术方案提升 ROM 安全加固等级，增加黑客逆向分析的难度。

- 系统安全：对系统进行安全配置加固和安全漏洞修复，同时系统在启动加载核心组件时需要有签名验证机制，防止黑客植入恶意代码。

- 应用服务安全：如终端对外开放 Web/FTP 等服务，应该进行安全检测和加固。

- 安全更新机制：终端设备需要具备远程安全更新机制，当发生安全问题时，可以快速修复安全问题。更新文件的传输应该采用 HTTPS 协议或其他安全传输协议，防止更新文件被劫持替换。同时在本地更新时，应该对更新文件进行签名验证。

- 端口安全：对外开放的端口，应该设置访问来源 IP 为白名单，尽量避免全面暴露在互联网中。

IoT 设备会和用户生活的方方面面深度耦合，日常生活中的照片、出行轨迹、所在位置、社交行为及身体健康状况等数据，在用户授权和法律条款允许的情况下都有可能被 IoT 设备记录并且上传到云端。数据上传的传输过程需要严格加密，防止被中间人攻击、劫持造成数据泄露。IoT 设备本地的数据存储、云端数据的存储也应当采用高强度的加密措施。同时，云端的用户身份鉴别、访问控制也应该做到安全可信。

14.4 物联网安全风险态势感知系统

对于 IoT 设备的安全框架设计来说，需要具备如下的系统监控和风险感知能力：

- 安全策略构建：依据安全基线设计生成安全模型和安全防护策略，对 IoT 设备形成安全检测基准。

- 安全集成发布：集成安全 agent 到 IoT 设备中，进行全面的安全基线符合性检测，识别潜在的安全风险；IoT 设备的核心程序应该经过加固保护。

- 安全运营：IoT 设备上线后，安全感知系统应能够实时监控 IoT 设备风险，从以下几个方面提升风险识别和处置能力。

➤ 对异常行为感知和阻断：按照基线的策略规则，识别超出 IoT 设备行为预期的事件并采取相应的处置措施，阻止威胁事件。

➤ 对设备漏洞检测和修复：检测 IoT 设备存在的安全漏洞，并提供相应的修复措施和建议，防止威胁侵入。

➤ 导致风险预警：当检测到异常行为、IoT 设备漏洞时，实时通知管理员安全风险的细节并提供处理建议，阻止可能存在的安全事件。

需要注意的是，IoT 设备的计算能力、内存和存储空间比较有限，这限制了在 IoT 设备上做很多复杂的安全对抗工作，所以数据和算法驱动的云端威胁态势感知将成为解决方案。基于以上的思路，可以为 IoT 设备构建一个覆盖"云、管、端"的安全态势感知体系。采集 IoT 终端、APP 端的设备数据上传到云端，结合云端应用的业务数据，进行安全风险建模分析，以发现正在被攻击或已经被攻陷的 IoT 节点。通过态势感知系统，能够对大面积的攻击或破坏行为进行及时的预警，做到防患于未然。

我们以智能网联汽车为例，对物联网态势感知系统建设进行介绍。该系统的逻辑结构如图 14.6 所示，分成信息采集、数据解密、安全风险分析和安全态势预警 4 个部分。

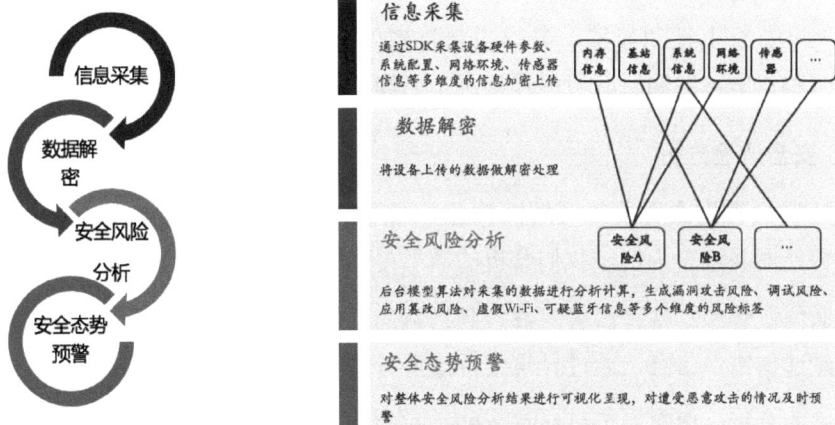

图 14.6　物联网态势感知系统的逻辑结构

1. 信息采集

终端场景的数据采集可以覆盖 APP 端、IoT 设备，通过 SDK 植入的方式进行，其字段覆盖系统版本信息、系统运行时信息、固件信息、应用信息和敏感文件信息等。SDK 采集信息完成后，会通过可靠的算法加密后上传到云端，以防止被截取破解导致数据泄露。该系统采集的数据覆盖以下内容，如图 14.7 所示。

场景	APP端	车载终端	大屏
SDK采集	IMEI、IMSI/IDFA、IDFV	固件信息	固件信息
	Android ID/MAC	敏感文件特征	USB等外设使用信息
	设备型号、设备名称		
	系统版本、运营商		
	开机时间、电量、屏幕亮度		
	CPU、内存、存储大小		
	调试信息		
	进程列表、安装应用、开放端口、是否root等系统运行环境信息		
	网络环境信息（内外网IP、Wi-Fi信息、基站信息等）		
	各种传感器信息		
通信协议	协议指纹、TCP/IP协议等信息		
云端服务	云端应用信息和日志、操作系统信息和日志、入侵检测系统日志等信息		

图 14.7　车联网采集信息

2. 数据解密

对于 SDK 上报的数据，云端应用收到以后会进行解密和预计算生成一些风险标签，同时将风险标签和原始数据存储用于后续的模型计算。

3. 安全风险分析

依托对黑客攻击手段的理解，构建多层智能检测模型，对上报的数据进行综合分析。以智能网联汽车为例，我们分析的模型覆盖以下内容：

- 通信破解和劫持：黑客对终端到云端的通信协议进行分析和破解，过程中产生大量通信错误信息，通过异常分析模型可以发现此类攻击。

- 逆向分析：黑客对手机终端 APP、车载终端固件进行逆向分析，试图反编译出源代码分析相关机制。

- 动态调试：黑客对 APP、车载固件和车机系统进行动态调试后会产生崩溃等异常，上报后可通过模型规则分析发现此类攻击。

- 固件攻击：黑客通过非法手段获取车载终端固件控制权进行恶意代码执行时，可以通过系统状态的变化发现此类攻击。

- 车机接口攻击：黑客利用修改系统功能模块，非法调用网络接口、文件接口和敏感接口，风险探针发现相关信息会及时上报云端。

- Root 提权：黑客对车载终端、车机进行本地权限的提升攻击，可以通过预设的风险 SDK 探针，精确检测到利用各类已知和未知的本地权限提升漏洞，以对攻击 Linux、Android 内核的攻击行为，及时上报预警。

- 云端攻击：针对黑客对云端服务进行端口扫描、系统应用指纹扫描和特定漏洞等的扫描，产生相关的日志；针对渗透云端平台，横向移动获取云端控制权限并试图攻击云端，系统可以检测到相关行为并预警。

- 异常行为：通过用户行为数据建立本人行为模型，当用户行为发生较大偏移时可进行预警。

4．安全态势预警

通过预设的预警规则，对风险计算的整体结果进行可视化呈现和预警。对单台设备的预警重点是关注严重漏洞的利用和病毒木马的感染事件；对整体的风险预警需要关注的是大面积、关联性的攻击行为；对大型突发事件进行提前处置。

以上是通用安全风险的感知，在一些具体的产品场景中还可以采集业务数据，通过图像识别、AI 模型等进行更深入的业务场景安全风险感知。例如，在营运车辆监控场景中，可以通过采集位置、车速、驾驶行为、车辆状态等数据做以下实时安全预警（同时也可以作为对司机考核的依据）：

- 危险驾驶行为预警：疲劳驾驶预警、分神驾驶提醒、行车玩手机提醒、行车接打手机提醒、左顾右盼提醒、行车抽烟提醒、行车超速提醒、司机身份识别、换人提醒。

- 前向安全检测：前方碰撞预警、车道偏离预警、车速检测与警告、急加速与急刹车提醒、高速转弯提醒、侧翻报警等。

14.5　本章小结

本章从"云、管、端"3 个层面深入分析了物联网可能存在的安全风险，分享了物联网安全风控体系的构建思路，并以智能网联汽车为例介绍风险态势感知系统构建的方案，供读者参考。

随着 5G 的正式商用，真正的物联网时代正在加速来临。这是一个和传统互联网完全不同的新时代，创新的互联网业务、应用和终端设备将会百花齐放。作为基础承载设施的 IoT 设备呈现出极大的碎片化和异构化，因此其安全和业务风险体系的构建及运营将会非常复杂。潜在的安全风险和可能造成的影响也更大。因此，在设计物联网技术方案时应该优先考虑安全性。

物联网打通了虚拟和现实世界，黑产的攻击会真正影响到互联网用户的人身安全甚至社会稳定，因此物联网安全必将成为国家网络空间安全战略的重要组成部分。

第 15 章　内容安全与合规

互联网业务平台的交互场景，如用户聊天、电商评论、帖子、留言、视频、直播、弹幕等多个场景中，会产生大量的文本、图像、语音、视频等 UGC（User-generated Content）和 PGC（Professional-generated Content）的内容。这些内容会产生如下各类业务和合规风险：

- 涉及谩骂、灌水、广告。
- 涉及色情、暴恐、政治内容等。

这些不合规的内容，给互联网平台带来了以下诸多经营风险：

- 广告会导致业务流量被黑产和竞争对手恶意引导流失。
- 谩骂、灌水会导致业务产生大量低质量垃圾内容，影响平台核心竞争力。
- 暴恐、政治内容会触犯国家法律法规，导致业务整改、关停甚至其他严重后果。

综上所述，我们需要管控业务平台中用户交互产生文本、图像、视频、音频等造成的内容安全风险，保障业务的正常发展和合规经营。

15.1　内容安全合规概述

一直以来，互联网上传播谩骂、暴力信息的情况都比现实生活中更严重。此外，各大互联网平台又有各种"谣言"类的虚假信息呈"爆发式"传播，对广大网民健康使用互联网产生了极大影响。

网络空间不是法外之地，近几年来我国通过不断完善法律法规、建立监管体系和落实技术手段等方面逐渐建立了相对完善的互联网内容监管体系。对于产生较大影响的互联网内容安全事件，已经可以做到及时发现、依法处罚。处罚的手段包括立即整改、从APP 商店临时下架甚至永久下架关停等。我们将近年来出台的和内容安全相关的法律法规进行了列表整理，如表 15.1 所示，供大家参考。

表 15.1　内容安全法律法规

实 施 日 期	法 律 法 规	颁 布 主 体
2019 年	《网络信息内容生态治理规定》	网信办
2018 年	《互联网宗教信息服务管理办法》	国家宗教事务局
2017 年	《互联网新闻信息服务单位内容管理从业人员管理办法》	网信办
2017 年	《互联网跟帖评论服务管理规定》	网信办
2017 年	《互联网论坛社区服务管理规定》	网信办
2017 年	《互联网群组信息服务管理规定》	网信办
2017 年	《互联网用户公众账号信息服务管理规定》	网信办
2017 年	《互联网新闻信息服务管理规定》	网信办
2017 年	《中华人民共和国网络安全法》	第十二届全国人大常委会第二十四次会议表决通过
2017 年	《网络表演经营活动管理办法》	文化部
2016 年	《互联网直播服务管理规定》	网信办
2016 年	《关于加强网络视听节目直播服务管理有关问题的通知》	国家新闻出版广电总局
2016 年	《网络出版服务管理规定》	国家新闻出版广电总局、工信部
2007 年	《互联网视听节目服务管理规定》	国家新闻出版广电总局
2004 年	《互联网信息网络传播视听节目管理办法》	国家新闻出版广电总局
2000 年	《互联网信息服务管理办法》	国务院

内容安全合规风险已经逐渐上升为互联网平台的归零风险，必须慎重对待。涉及线上内容的互联网平台，包括生产、传输、存储和展示等环节，都需要根据监管要求进行内容审核过滤，包括如下范围：

- 内容生产方（新闻媒体类、交友类、直播类和论坛类等）。

- 传输展示方（电信运营商、广播电视等）。

- 存储方（IDC 机房、各大云平台等）。

　　为了提升内容安全的自动化审核能力，我们构建了 AI（Artificial Intelligence，人工智能）驱动的内容安全审核系统，其整体架构如图 15.1 所示。该系统以传统机器学习算法和深度学习为基础，GPU 和 CPU 多种算力组合使用，模型层根据防控的场景、目标和尺度不同，构建文本、语音、图像、视频的多种模型，业务层综合模型、敏感词、黑白样本库、行为等多种子系统，综合判断内容是否合规，及时对不合规内容进行阻断或转入人工审核。

　　本章分别从文本、图像、语音、视频及内容安全工程化等几个方面介绍实现的方案。

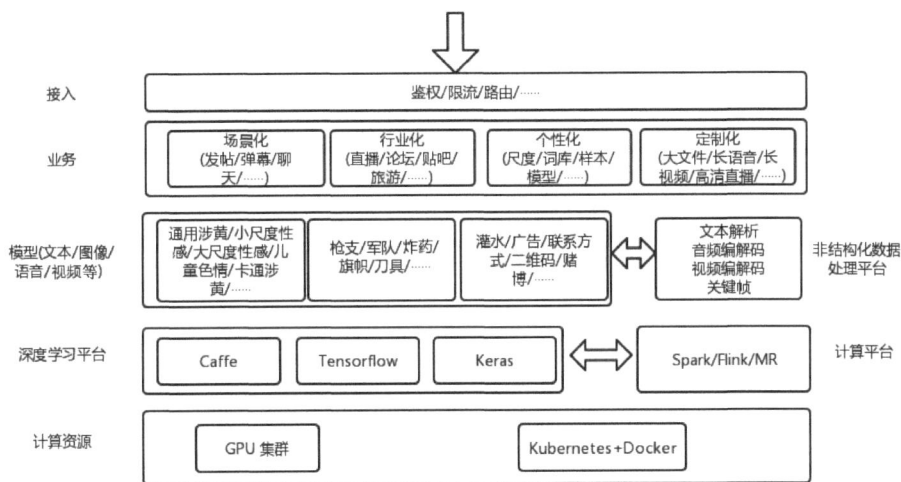

图 15.1　内容安全审核系统整体架构图

15.2　文本内容安全

　　文本内容安全主要涉及敏感词识别、情绪识别、语义识别等。为了达到文本审核的效果一般采用敏感词识别和基于 NLP（Natural Language Processing，自然语言处理）的 AI 模型（简称 NLP AI 模型）等多个子系统组合使用的方式。

- 敏感词系统：敏感词系统也被称为关键词系统，主要用于精确匹配该段文本中是否包含词库中的词。例如，词库中有"加微信"、"加 QQ"和"小姐姐"等词，判断一段文本"想和小姐姐聊天，加微信 12345"是否包含词库中的词。该系统具备快速、准确、高效、可解释性强等特点，当风控运营系统发现一个新的违规样本时，只需要把敏感词加入词库，即可快速进行防控。该系统本身并不对文本语义进行理解，这就导致会有一些误识别，并且对变种词、新词等无法高效应对，也无法对整个句子的情绪进行理解。

- NLP AI 模型：NLP 技术经过几十年的发展，尤其是近年来随着统计语言模型和深度学习技术的发展，可以通过对大量标注资料进行学习，对文本进行精确分类，在垃圾邮件识别、文本正负面情绪识别、文本相似度识别等诸多领域均取得了较好的成果。同理，把 NLP 技术用在文本内容安全中，对灌水、广告、谩骂等违规进行识别，也可以取得较好的效果。NLP AI 模型的迭代更新需要经过收集样本、标注、训练、部署等多个流程，有一定的时间周期，无法快速即时生效，在防控中有一定的滞后性。

在文本内容安全实践中，一般将敏感词系统和 NLP AI 模型组合使用。

15.2.1　敏感词系统

敏感词系统在内容安全防控体系的作用非常重要，下面详细介绍敏感词系统的应用和运营。

15.2.1.1　敏感词识别

检测违规文本，传统的做法是建立敏感词的词库对目标文本进行过滤。文本内容进来后，如果是命中了关键词，则判定是违规文本。在实际系统运行中，主要需要解决以下几类问题：

- 海量词库快速匹配：一个生产系统可用的敏感词库，都不是一个简单的词表，一般包含广告、涉黄、谩骂、政治等多个大类，每个大类又包含多个行业小类，整体词库数量规模达数百万量级。

- 变形词的匹配识别：黑产为了逃避关键词拦截，会对关键词进行各种变形，如下所述。

> 同音词：如"加我微信"变为"加我维信"，"QQ"变为"扣扣"等。

> 加干扰：如"加我微信"变为"加1我2微3信4"等。

> 形近词：如"加我微信"变为"加我徽信"等。

> 简繁体转换：如"双修"变为"雙修"等。

- 误杀控制：敏感词系统对语义并不进行理解，所以难免会有误杀。以上面的变形词防控为例，如果把"微信"的变形词"徽信"作为广告敏感词加入词库中，那么"安徽信用联社"就会命中为广告。不同的词汇，在不同的领域表示的含义不同，也会导致误杀。例如，"木耳"在美食评论领域是正常词，但是在某些社交领域就变成了敏感词。如果不分领域场景进行分别防控，就会导致误杀。

针对以上的几类问题，解决方案如下。

海量词库的快速匹配，一般利用双数组前缀树 DAT（Double-Array Trie）算法进行匹配，DAT 算法由日本学者 Jun-ichi 发明，能高速完成单串匹配，并且内存消耗可控，支持百万级别敏感词的快速匹配。

为了应对变形词，应当进行变形词表的维护，如维护同音词、形近词、进行跳词识别等。

在误杀控制方面，首先，应当结合分词技术，控制误杀。还以"安徽信用联社"为例，如果"徽信"被认为是广告敏感词，并且文本分词后面被分开的"安徽"和"信用联社"都没有被认为是敏感词，那么综合判断这里有潜在的误杀风险，可以根据风险偏好选择放过或进入人工复审环节。其次，应当建立场景化敏感词库。同样的词在不同的行业表示的含义各有不同，因此，不同行业对敏感词防控的尺度也就各有不同。例如，电商行业，根据法律法规有禁限售的商品目录和相关词库。但是，在论坛、微博等 UGC（用户原创内容）平台，这些词又是可以随意讨论的。例如，某些动物有一定的影射和象征意义，因而需要防控。但是，在美食评论网站，就只是单纯对食物进行讨论。例如，在医学网站，器官的文本讨论和器官图片都是合法合规的，但是在一个旅游论坛，可能就会涉及色情违规。因此，如果是甲方风控部门，则需要根据业务场景，建立不同的敏感词库。如果是乙方防控服务的厂商，则需要建立行业场景化的词库。在不同行业的不同场景，进行定制化的敏感词库配置。

以实际使用的敏感词库为例，包含高危通杀词库、中低危通杀词库、特殊时期词库、行业词库、客户定制词库和场景词库等，其中通杀词库数十个，客户定制词库数百个。当某个场景需要进行防控时，可以灵活配置词库和风险等级，进行针对性优化。如图 15.2 所示为线上关键词表管理页面。

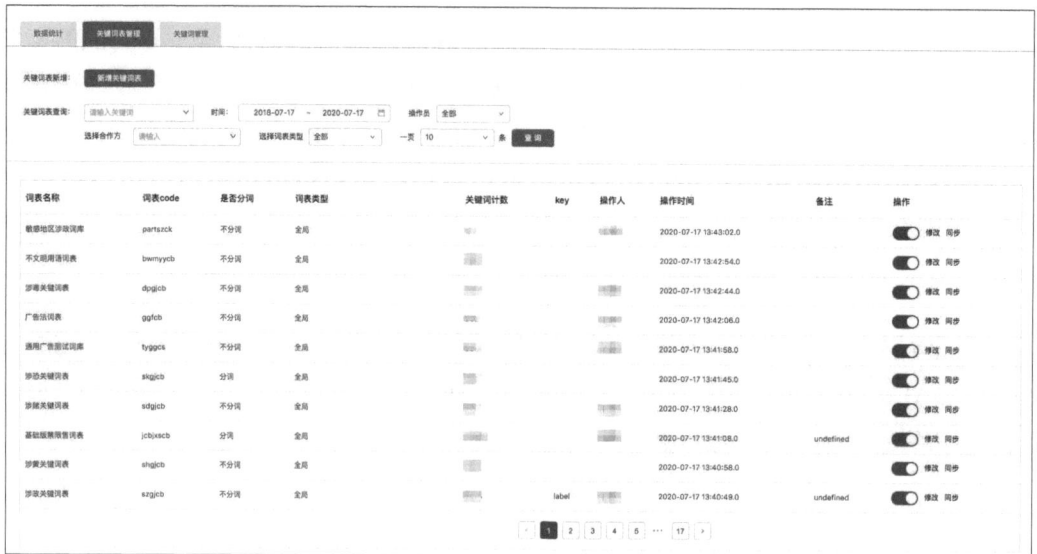

图 15.2　线上关键词表管理页面

15.2.1.2　敏感词库运营

敏感词要持续保持好的效果，需要不断更新迭代敏感词库，及时跟进政策法规及行业需求。一般来说有以下途径获取新的敏感词：

- 业务人员反馈：根据业务使用过程中反馈的误杀和漏杀案例，有针对性地对词表进行修订。

- 与法律法规和主管部门文件同步：如对广告法规定的禁用词、网信办公布的禁用词等要及时跟进并修订词库。

- 新词发现系统：新词或变种词出现是有规律的，可以通过基于词的相似性算法对新词进行挖掘，并通过运营人员打标确认，录入敏感词词库。

- 合作伙伴提供：市场上有大量的第三方风控服务厂商，除提供文本安全的调用服务外，也提供敏感词同步服务。甲方可以根据自身需要，选择购买第三方文本安全的调用服务，也可以选择购买敏感词同步服务。

在实际防控中，还应当不断监控词表的效果，进行周期性分析调优。如图 15.3 所示为一个广告法词表运营效果监控的示例。

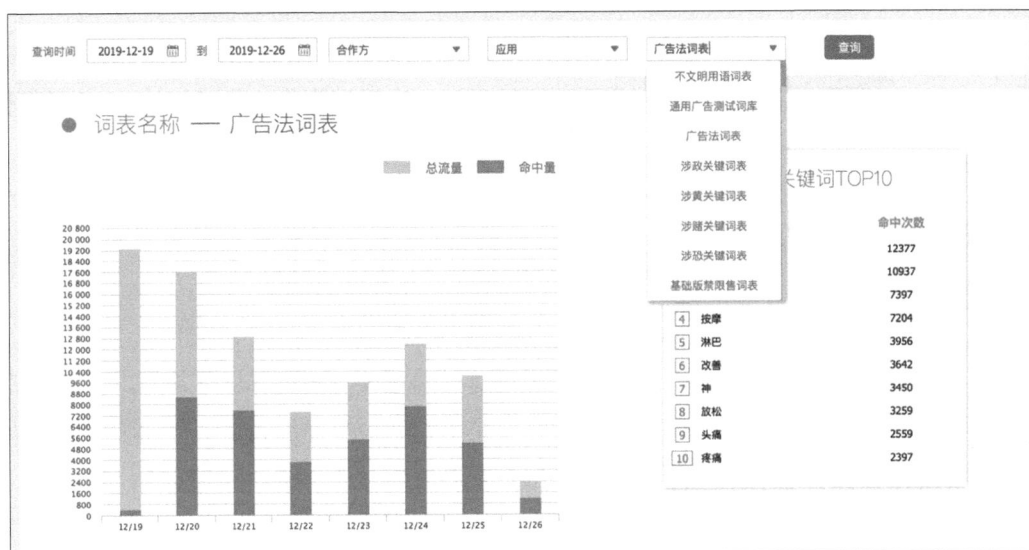

图 15.3　广告法词表运营效果监控的示例

15.2.2　基于 NLP 的 AI 模型

基于敏感词的防控方法，有快速、高效、准确、可解释等诸多优点，但是同时也有误杀、抗变形能力差、非常依赖风控运营等诸多的局限性。为了提升文本识别的精准度和召回能力，引入 NLP 模型是一个非常好的选择。

从早期的统计语言模型开始，文本处理就被进行了大量应用，如朴素贝叶斯模型应用于垃圾邮件过滤等。近年来，随着深度学习技术的发展，CNN、RNN 等模型开始应用于文本分类，其中 TextCNN 方法在处理文本分类中有较多成功的实践。

搭建 NLP AI 模型需要经过样本标注、模型训练、模型部署 3 个步骤，并且还要在实践中不断补充样本标注，更新迭代模型，保障效果。

15.2.2.1　样本标注

业务上违规识别的需求，可以定义文本的常见违规分类。

- 灌水：如一段文字是"啊啊啊啊啊啊，hihihihihi"，这种用敏感词是无法识别的，但是本质上，这是一段无意义的文本，属于灌水内容。

- 广告：很多广告会有大量的变形词和同音词、形近词变化，如"加扣，一 2 三肆 5 六 789"等，敏感词配置也会非常烦琐。

- 谩骂：谩骂是指文本中包含脏话、极度不文明用语等发泄情绪的描述。

- 负面：负面本身是一种情绪识别，用敏感词较难实现，基本无法列举负面的词汇。

- 涉政：包含对某些政治事件和政治人物等言论的描述。

以上这些分类的样本标注，日常可以通过运营的审核复查进行标注积累，但是数据量有时达不到模型训练的要求，这样，就需要集中调动大量标注人员进行标注。为了提升数据打标和回收的效果，一般我们会专门开发对应的标注系统。有些公司，如果标注人员不足，则可以选择业界的第三方标注公司进行标注外包，还可以在模型训练中，加入业界开源公开的标注数据集。

15.2.2.2　模型训练

文本本身是一种非结构化的数据，在打标的文本数据进行模型训练之前，需要进行结构化的数值表示，一般包括以下处理步骤。

1. 文本预处理

- 去除特殊字符：如网页中的标签，无意义的特殊字符等。

- 去除标点。

- 运用分词技术：对中文，需要使用分词技术，常用的有"结巴分词"等。

- 特殊语法处理：对英文，需要处理单复数等特殊语法。

- 去除停用词：如英文的 "a" "the"，中文的 "的" 等。

- 语法转换：中文简繁体转换，英文大小写转换等。

2. 特征提取

经过上面处理后的文本是比较干净的文本，之后需要通过算法提取特征，主要的特征提取方法包括以下两种：

- 词袋模型：即把所有的词建立一个词典，构成一个词袋。不考虑词法及语序问题，只考虑词的出现次数和频率。TF-IDF（Term Frequency–Inverse Document Frequency）是一种常用的词袋模型，算法简单高效，容易理解，可以快速计算出一篇文档中的关键词频和权重，但是无法体现上下文语义关系的结构。

- 词向量模型：词向量模型是考虑词位置关系的一种模型，通过大量的语料训练，将每一个词映射到高维向量中，通过余弦的方式可以判断词的关系。例如，猫和狗两个词，余弦值可能接近于 1，因为两个都是宠物。目前，常用的词向量模型是 word2vec，底层采用基于 CBOW 和 Skip-Gram 算法的神经网络模型。

打标文本进行预处理和特征提取后，就可以进入模型训练环节。在实践中，常用的模型包括 TextCNN（TextCNN 基于论文 *Convolutional Neural Networks for Sentence Classification*）等。

如图 15.4 所示为 TextCNN 的模型结构。可以看到，在这个模型结构中，首先对文本预处理，然后经过神经网络嵌入层转化为高维的向量表示，最后经过卷积、池化、全连接等操作得出模型分类输出结果。

15.2.2.3　模型部署

模型训练完成后就可以部署到线上，供违规文本识别服务进行调用。该服务可以综合敏感词和模型的结果，结合相应的策略灵活调优，输出业务满意的结果。如图 15.5 所示为线上服务在一个评论业务场景中，综合使用敏感词和模型进行文本违规识别服务的示例。

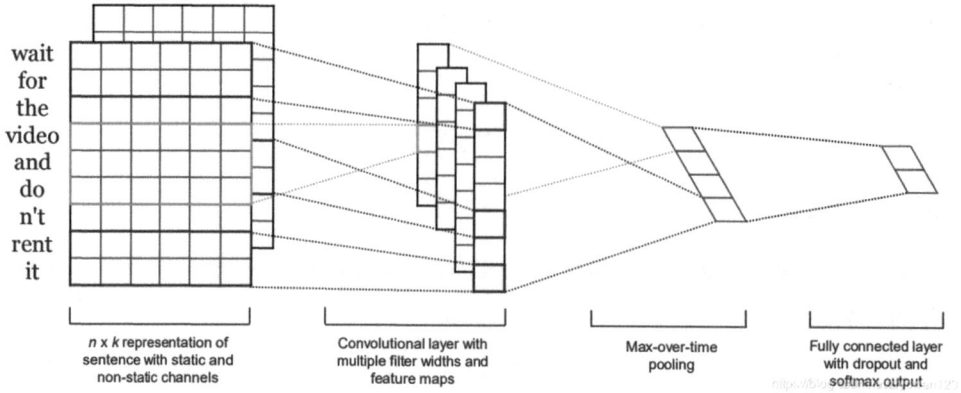

图 15.4　TextCNN 的模型结构

图 15.5　评论场景文本防控关键词和模型配置示例

15.3 图像内容安全

图像内容安全的问题可以归结为以下几大类：

- 图像分类：图像分类主要解决涉黄、暴恐、涉政等场景识别问题。尺度把握是图像分类最关键、最核心的环节。图像分类可以包含很多的大类和细分子类，大类的差异较大，但是某些细分子类的判断标准，有很细微的差别。例如，性器官裸露明显的色情识别并不难，但是对小尺度性感、大尺度性感、色情之间的细微区分标准就非常难以把握。同样，暴乱、合法游行和普通人群正常聚集的区分也存在非常难以区分的情况。

- 敏感人物识别：敏感人物识别主要涉及两类，一类是政治人物，另一类是明星。政治人物需要识别并标识领导人、历史敏感人物、落马官员等；明星需要识别并标识明星，包括正面明星、负面明星、封杀明星等。

- 图像文字识别：图像文字识别主要识别图片上的文字，一旦图片上有文字，就可能会涉及文本安全的广告、涉政等违规。图片中的文字可能会包括印书体、手写体、艺术字等多种类型。

- 特殊标识识别：特殊标识识别主要针对 LOGO 等，如某些反动团体的 LOGO，某些恐怖组织的 LOGO 等。

- 其他细分类识别：其他细分类识别可能包括地图残缺识别、二维码识别、条形码识别等特殊类型。

接下来，我们对图像分类、敏感人物识别、图像文字识别进行详细阐述。对于 LOGO 识别、二维码识别等，本书暂不进行阐述，读者可以在互联网上搜索相关资料阅读。

15.3.1 图像分类

图像分类主要指对图像安全中色情、暴恐、赌博、涉政等场景的识别。现在的主流图像分类方法是基于深度神经网络模型的分类技术。在具体的工程实现过程中，主要需要解决样本标注、模型训练两个核心问题。

15.3.1.1 样本标注

"有多少智能,就有多少人工",是深度学习领域的经典名言。为了满足各行业、各场景的图像分类需求并进行灵活的尺度调整。需要对图片进行人工标注分类,为了较好的模型识别效果,模型训练需要的每个小类下的样本量级要求,从几千张到几万张甚至几十万张不等。以小尺度性感样本标注为例,小尺度性感包括露肩、露脐、露腿、露背、以上裸露随机组合等,大尺度性感、色情、暴恐等也有多种细分类别。

为什么一定要进行这么细致的标注?因为不同场景,不同行业的尺度把握各不相同。例如,直播场景,互联网法规仅允许大尺度性感中的某些部位裸露,而其他一概不允许。

对一般的人脸识别、物体识别,互联网上有一些开源公开的样本集合可以借鉴使用。但是违规图片,本身就不允许传播,想去收集样本就非常困难,只能依赖运营日常标注和专职标注人员进行素材批量收集与标注。

以样本标注工作为例,实际工程中的样本标注数量如表 15.2 所示。

表 15.2　实际工程中的样本标注数量

样本类别	子类别样本数	黑样本总数	白样本总数	标注人员
近十个大类,几十个以上小类	最少的小类样本数在 5000～10000 个,较大的小类样本数在 10 万个以上	数百万规模以上	数百万规模以上	日常数十人以上,特殊时候动态增加

以上的样本标注只是打下一个基础,在后续的实践中,需要不断补充新的正常图片样本和违规图片样本,保持模型的更新迭代。

15.3.1.2 模型训练

模型训练之前,要进行数据增强,来提高模型的泛化能力。数据增强一般包括图像的随机裁剪、随机翻转,RGB 颜色与亮度变换等技术。随机裁剪的目标是在不同尺寸和位置上学习对象的重要特征。

近年来,神经网络分类模型从经典的 CNN 网络发展到 AlexNet(2012 年 ImageNet 大赛冠军)、VGGNet(2014 年 ImageNet 大赛亚军)、GoogLeNet(2014 年 ImageNet 大

赛冠军），再到的 ResNet（残差网络 Residual Network，2015 年 ImageNet 大赛冠军）等，不断迭代进化。在分类神经网络的发展进化中，通过构建多个子模块组成复杂卷积核来提高学习能力和抽象能力，扩大了网络的深度，也提高分类网络的表征深度与模型效果。因此，在进行模型训练时，可以选择的模型范围非常广泛。

同样，在深度学习快速发展的过程中，深度学习框架也层出不穷，如 Google 的 TensorFlow、Facebook 的 Caffe、百度的 PaddlePaddle 等都在实际生产环境有大规模的成熟应用。在实际的工程中，可以自由选择深度学习框架进行模型的开发和训练部署。

接下来以 ResNet 网络训练 ImageNet 数据集中的图像分类为例进行详细介绍。ResNet 架构由何凯明等人提出，他们试图通过这个架构训练更深的网络，进而增加网络的抽象能力。在原来的神经网络中，增加深度会导致更高的训练误差，梯度问题（梯度消失/爆炸）可能会导致训练收敛性的问题。如图 15.6 所示为一般的神经网络模型不同层次层高的训练误差。

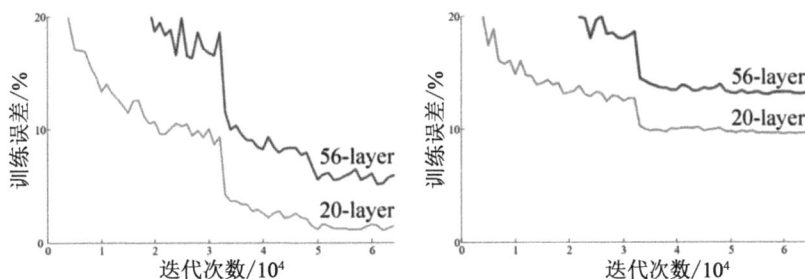

图 15.6　一般的神经网络模型不同层次层高的训练误差

ResNet 的主要贡献是增加了神经网络的跳过连接（Skip Connection），使用批量归一化并移除了作为最后一层的全连接层。通过跳过连接（Skip Connection），只要神经网络模型能够适当地将信息从前一层传递到下一层，它应该就能变得无限深，如图 15.7 所示。通过跳过连接，把输入跨层连接到下一层，通过训练使得训练更关注网络之间的变化，即残差。

ResNet 能做到随着层深的增加，效果更加理想，如图 15.8 所示。

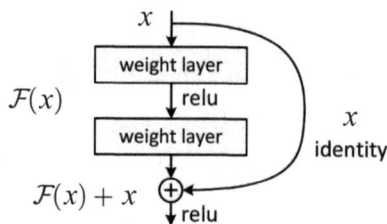

图 15.7　ResNet 跳过连接

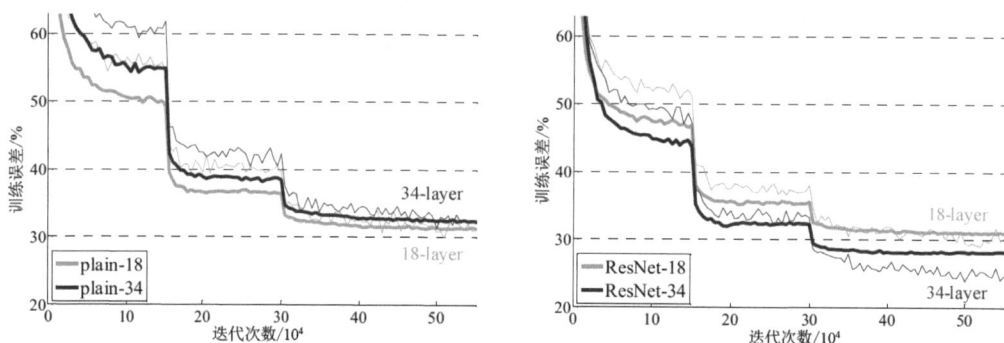

图 15.8　一般的神经网络与 ResNet 在不同网络层深的表现

我们在内容安全的图像分类实践中，选择了 ResNet50 网络。在 ResNet50 网络训练时，使用 ImageDataGenerator（一个图像处理模块）做数据增强，提高模型的鲁棒性。ImageDataGenerator 提供了许多操作，包括图片旋转、对称、平移等操作。

以某次暴恐模型训练为例，我们使用 NVIDA（英伟达）Tesla P100 显卡 2 块，CPU 48 核心的机器训练，百万级图片的训练耗时大概是 2 天。某次暴恐模型训练的准确率和召回率如表 15.3 所示。

表 15.3　某次暴恐模型训练的准确率和召回率

标签	正确识别白样本	正确识别黑样本	误杀	漏杀	准确率	召回率
暴乱	21050 个	348 个	365 个	34 个	48.80%	91.10%
血腥	20295 个	1269 个	78 个	144 个	94.21%	89.81%
焚烧	21181 个	491 个	29 个	85 个	94.42%	85.24%
重型武器	19510 个	1754 个	260 个	262 个	87.09%	87.00%
刀具	21067 个	485 个	5 个	229 个	98.98%	67.93%

续表

标签	正确识别白样本	正确识别黑样本	误杀	漏杀	准确率	召回率
负面特殊着装	20871 个	556 个	90 个	269 个	86.07%	67.39%
正面特殊着装	19377 个	1212 个	362 个	835 个	77.00%	59.21%
负面特殊符号	21597 个	143 个	17 个	29 个	89.38%	83.14%
正面特殊符号	20912 个	662 个	43 个	169 个	93.90%	79.66%

从表 15.3 中可以看出，在暴乱场景中的准确率偏低，正面特殊着装的召回率偏低。为了优化这两个子标签的整体精度，我们需要对样本进行分析，加强收集再进行优化训练。其中正面特殊着装主要收集黑样本，增加覆盖度；而暴乱场景主要增加白样本，增加暴乱和人群聚集等正常场景的区分度。

以上的准召率（准确率和召回率的统称），只是在提供样本分布情况下的准确率和召回率。如果某一个新场景的某类图片，并不在覆盖范围内，准召率就无法保证。例如，提供的图片仅包含发帖场景中的图片样本，那么当用于直播场景时，准召率可能就会大大降低。同理，使用 O2O 场景图片训练的模型，在电商场景中准召率可能也会大大降低。为了让模型的效果更好，让模型有更多的普适性，有多种优化选择：一种选择是，训练样本逐渐覆盖更多的场景；另一种选择是，为不同的场景训练专有的模型。两种方案的优劣不能一概而论，要根据实际的业务情况进行取舍。一般来说，常常选择逐渐优化通用模型；但是如果某业务场景的经济价值很高或调用量很大，则要求更高的准召率和更好的性能，专门定制模型会是非常好的选择。例如，在直播火热发展、监管又非常严格的情况下，直播场景的定制模型就非常有必要。

模型训练完成后即可部署上线，用于图像分类。为了提升性能，模型运行 GPU 和模型训练 GPU 应当选用不同的类型。例如，NVIDA Tesla P40 显卡或 NVIDA Tesla T4 显卡专为模型运行而设计，可以大幅提升模型运行时的性能，而 NVIDA Tesla P100 显卡或 NVIDA Tesla V100 显卡更适合模型训练，如果使用在模型运行场景，就比较浪费。

在实际场景使用中，需要根据图像分类输出的标签进行场景化的配置。如图 15.9 所示为用户头像场景图像审核防控示例。

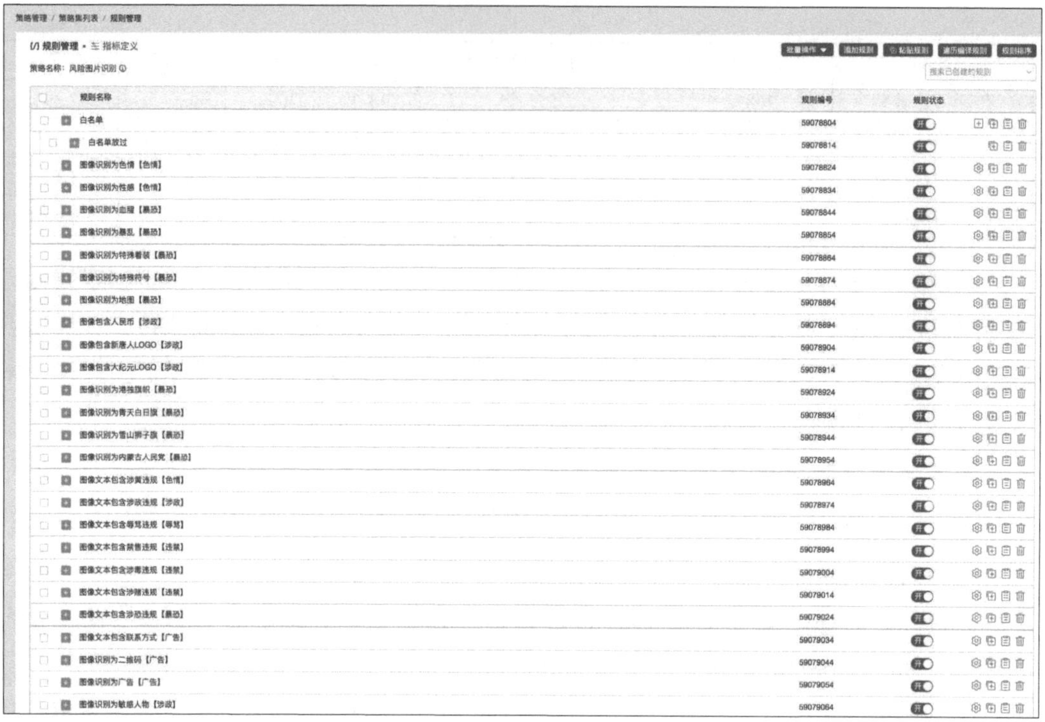

图 15.9   用户头像场景图像审核防控示例

15.3.2   敏感人物识别

敏感人物识别一般包含涉政人物识别和明星人物识别两大类,本质上是人脸识别的经典问题。敏感人物识别主要解决两个问题,一是人脸识别,二是敏感人物数据库的维护。

15.3.2.1   人脸识别

人脸识别不同于人脸比对,人脸比对做的是 1:1 的比对,即判断两张图片中的人物是不是同一个人。例如,"张三"的多张图片和"李四"的多张图片,然后在其他图片中,识别出是否有张三或李四。

人脸识别技术从 20 世纪 70 年代开始就是计算机视觉和生物识别领域的重要研究课题。传统的方法依赖于人工设计的特征(边缘和纹理等),再加上机器学习技术组合,由于是人工提取特征，在面对特征变化时，需要针对性设计算法，如应对不同年龄、不同姿态，不同表情等。

经典的人脸识别系统通常由以下几个模块构成：

- 人脸检测：负责检测图像中是否存在人脸，若存在则给出人脸框四个坐标点位置。

- 人脸关键点检测：对检测到的人脸，检测出左右眼瞳孔中心坐标，鼻尖和左右嘴角坐标位置。

- 人脸对齐：使用检测到的关键点和标准关键点进行仿射变换，将人脸矫正成一张标准脸。

- 人脸表征：表征阶段，人脸像素值会被转换成可判断的特征向量，同一主体的人脸映射到相似的特征向量。

- 人脸匹配：在人脸匹配模块，两个模板会进行比较，得到一个相似度分数。给出人脸属于同一主题的可能性。

近年来，随着深度学习技术的兴起，传统的人脸识别方法，基本都已经被基于卷积神经网络的深度学习方法所替代。深度学习方法可以基于大量人脸数据集进行训练，自动学习到表征数据的最佳特征。深度学习得到的人脸特征表达具有手工特征表达所不具备的重要特性。例如，它是中度稀疏的、对人脸身份和人脸属性有很强的选择性，对局部遮挡具有良好的鲁棒性，这些特性是通过海量训练得到的，并未对模型加入显式约束或后期处理，能够保证人脸检测和关键点对外部环境的依赖、对人脸状态的依赖很小，极大地提高了人脸识别的准确率。

同时，为了促进人脸识别技术的发展，许多高校和企业提供了公开的人脸数据集用于研究、竞赛等，推动了人脸识别技术的发展。表 15.4 列出了常用于人脸识别的公开数据集，很多数据集都还在持续不断更新。

表 15.4　常用于人脸识别的公开数据集

数 据 集	图片数量级	维 护 者	描　　述
PubFig:Public Figures Face Database	5.8 万张	哥伦比亚大学	哥伦比亚大学公众人物人脸库

续表

数 据 集	图片数量级	维 护 者	描 述
CelebA:Large-scale CelebFaces Attributes Dataset	20 万张	香港中文大学	香港中文大学人脸库
CASIA-FaceV5：CASIA Face Image Database Vision 5.0	0.25 万张	中科院自动化研究所	中科院自动化研究所人脸数据库
MageFaces Dataset	470 万张	华盛顿大学	华盛顿大学百万级人脸识别库
MS-Celeb-1M Dataset	1000 万张	微软	微软百万级人脸识别库

2015 年，Google 工程师提出了一个绝大部分人脸识别问题的统一解决框架，即识别、验证、搜索都可以放到特征空间中进行，需要解决的仅仅是如何更好地将人脸映射到特征空间。FaceNet 可以从人脸中提取高质量特征，这个过程称为人脸嵌入（Face Embeddings），再通过这些高质量特征构建特征训练人脸识别系统。FaceNet 有大量的第三方开源实现和极高质量的预训练模型。

2016 年，《使用多任务级联卷积网络的联合人脸检测与对齐》（*Joint Face Detection and Alignment Using Multitask Cascaded Convolutional Networks*）这篇论文提出了多任务级联卷积神经网络（Multi-Task Cascaded Convolutional Neural Network，MTCNN），这种先进的人脸深度学习模型又使得人脸检测技术进入了一个新的阶段。

下面先给出一个基于 Keras 深度学习开发框架，使用 MTCNN 进行人脸检测，Google FaceNet 进行人脸特征提取，然后进行明星人脸分类的示例（该示例参考 Jason Brownlee 的文章 *How to Develop a Face Recognition System Using FaceNet in Keras*）。通过该示例，我们先对人脸识别流程有一个整体的认识，再介绍线上万级以上政治人物和明星识别的工程实现。这个示例的整体工作流程如图 15.10 所示。

图 15.10　人脸识别整体工作流程

在本示例中，人脸库使用五个明星和一个网络人物的人脸数据集作为人脸库，明显数据集目录如图 15.11 所示。

图 15.11　明星数据集目录

首先，业界有许多高质量的 FaceNet 预训练模型可以使用，本示例下载 Hiroki Taniai 提供的预训练模型。

首先使用 MTCNN 检测人脸，然后使用 FaceNet 提取特征，再使用 SVM 建立分类模型，用于识别具体的人脸，示例代码如下：

```
1.    from tensorflow.keras.models import load_model
2.    import numpy as np
3.    from PIL import Image
4.    from mtcnn.mtcnn import MTCNN
5.    from sklearn.svm import SVC
6.    from sklearn.preprocessing import LabelEncoder
7.    from sklearn.preprocessing import Normalizer
8.    from sklearn.metrics import accuracy_score
9.    import os
10.   import filetype
11.   from matplotlib import pyplot
12.   from matplotlib.font_manager import FontProperties
13.
14.
15.   # 加载图片
16.   def loadImage(filename):
```

```
17.        image = Image.open(filename)
18.        image = image.convert('RGB')
19.        pixels = np.asarray(image)
20.        return pixels
21.    # 提取一个人脸
22.    def extractFace(filename, requiredSize=(160, 160)):
23.        image = loadImage(filename)
24.        detector = MTCNN()
25.        results = detector.detect_faces(image)
26.        print(results)
27.        if (len(results) == 0):
28.            return None
29.        x1, y1, width, height = results[0].get('box')
30.        x1, y1 = abs(x1), abs(y1)
31.        x2, y2 = x1+width, y1+width
32.        face = image[y1:y2, x1:x2]
33.        image = Image.fromarray(face)
34.        image = image.resize(requiredSize)
35.        faceArray = np.asarray(image)
36.        return faceArray
37.
38.
39.    # 提取文件夹下的人脸和标识
40.    def loadFaces(directory):
41.        faces = list()
42.        for filename in os.listdir(directory):
43.            path = directory + filename
44.            fileType = filetype.guess(path)
45.            if fileType is not None and fileType.extension == 'jpg':
46.                face = extractFace(path)
47.                faces.APPend(face)
48.        return faces
49.
50.
51.    # 提取整个文件夹下的数据集
52.    def loadDataset(directory):
53.        x, y = list(), list()
54.        for subdir in os.listdir(directory):
55.            path = directory + '/' + subdir + '/'
56.            if not os.path.isdir(path):
57.                continue
58.            print('load path:{}'.format(path))
59.            faces = loadFaces(path)
```

```
60.          labels = [subdir for i in range(len(faces))]
61.          x.extend(faces)
62.          y.extend(labels)
63.      return np.asarray(x), np.asarray(y)
64.
65.
66.  # 计算人脸特征
67.  def getEmbedding(model, facePixels):
68.      facePixels = facePixels.astype('float32')
69.      mean, std = facePixels.mean(), facePixels.std()
70.      facePixels = (facePixels - mean) / std
71.      samples = np.expand_dims(facePixels, axis=0)
72.      yPre = model.predict(samples)
73.      return yPre[0]
74.
75.
76.  if __name__ == '__main__':
77.      model = load_model('facenet_keras.h5')
78.
79.      dataSet = 'star'
80.      datasetFile = dataSet + '.npz'
81.      if os.path.exists(datasetFile):
82.          print('load loadDataset from datasetFile :{}'.format(datasetFile))
83.          data = np.load(datasetFile)
84.          trainX, trainY, testX, testY = data['arr_0'], data['arr_1'], data
85.          ['arr_2'], data['arr_3']
86.      else:
87.          trainX, trainY = loadDataset(dataSet + '/train')
88.          testX, testY = loadDataset(dataSet + '/test')
89.          np.savez_compressed(datasetFile, trainX, trainY, testX, testY)
90.
91.      embeddingsFile = dataSet + '-embeddings.npz'
92.      if os.path.exists(embeddingsFile):
93.          print('load data embeddings from embeddingsFile:{}'.format
94.              (embeddingsFile))
95.          data = np.load(embeddingsFile)
96.          newTrainX, newTrainY, newTestX, newTestY = data['arr_0'], data
97.          ['arr_1'], data['arr_2'], data['arr_3']
98.      else:
99.          # extract embeddings
100.         newTrainX = list()
101.         for facePixels in trainX:
102.             embeddings = getEmbedding(model, facePixels)
```

```
103.          newTrainX.APPend(embeddings)
104.        newTrainX = np.asarray(newTrainX)
105.        newTrainY = trainY
106.        print("newTrainX shape:".format(newTrainX.shape))
107.
108.        newTestX = list()
109.        for facePixels in testX:
110.            embeddings = getEmbedding(model, facePixels)
111.            newTestX.APPend(embeddings)
112.        newTestX = np.asarray(newTestX)
113.        newTestY = testY
114.        print("newTestX shape:".format(newTestX.shape))
115.        np.savez_compressed(embeddingsFile, newTrainX, newTrainY, newTestX,
116.        newTestY)
117.
118.    # classfication model
119.    inputEncoder = Normalizer(norm='l2')
120.    newTrainX = inputEncoder.transform(newTrainX)
121.    newTestX = inputEncoder.transform(newTestX)
122.
123.    outEncoder = LabelEncoder()
124.    outEncoder.fit(newTrainY)
125.    newTrainY = outEncoder.transform(newTrainY)
126.    newTestY = outEncoder.transform(newTestY)
127.
128.    classModel = SVC(kernel='linear', probability=True)
129.    classModel.fit(newTrainX, newTrainY)
130.
131.    yPreTrain = classModel.predict(newTrainX)
132.    yPreTest = classModel.predict(newTestX)
133.
134.    scoreTrain = accuracy_score(newTrainY, yPreTrain)
135.    scoreTest = accuracy_score(newTestY, yPreTest)
136.
137.    print('Accuracy: train=%.3f, test=%.3f' % (scoreTrain*100,  scoreTest*100))
138.
139.    testFace = extractFace('test.jpg')
140.    testEmbedding = getEmbedding(model, testFace)
141.    testEmbeddings = list()
142.    testEmbeddings.APPend(testEmbedding)
143.    testEmbeddings = np.asarray(testEmbeddings)
144.    testEmbeddings = inputEncoder.transform(testEmbeddings)
145.    print("testEmbeddings:")
```

```
146.    print(testEmbeddings)
147.    testPreClass = classModel.predict(testEmbeddings)
148.    print("testPreClass:")
149.    print(testPreClass)
150.    testPreClassProb = classModel.predict_proba(testEmbeddings)
151.
152.    testPreClassIndex = testPreClass[0]
153.    testPreClassProb = testPreClassProb[0, testPreClassIndex] * 100
154.    testPreNames = outEncoder.inverse_transform(testPreClass)
155.    print('predict test.jpg:{}'.format(testPreNames[0]))
156.    print('predict test.jpg probability:{}'.format(testPreClassProb))
157.    font = FontProperties(fname='/Library/Fonts/Songti.ttc', size=10)
158.    pyplot.imshow(testFace)
159.    title = '%s (%3f)' % (testPreNames[0], testPreClassProb)
160.    pyplot.title(title, fontproperties=font)
161.    pyplot.show()
```

该示例代码，首先从文件夹中读取图片得到图片集合；然后使用 MTCNN 检测人脸，基于 MTCNN 检测到的人脸，使用 FaceNet 提取特征，用特征生成训练集和测试集数据；最后根据特征训练 SVM 分类器。对一个新图片的测试过程，也同样遵循这个流程。模型训练完成后，用网络人物的测试图片进行测试，测试图片和识别结果如图 15.12 和图 15.13 所示，识别结果正确，分类可信概率为 89.7%。

图 15.12　网络人物的测试图片

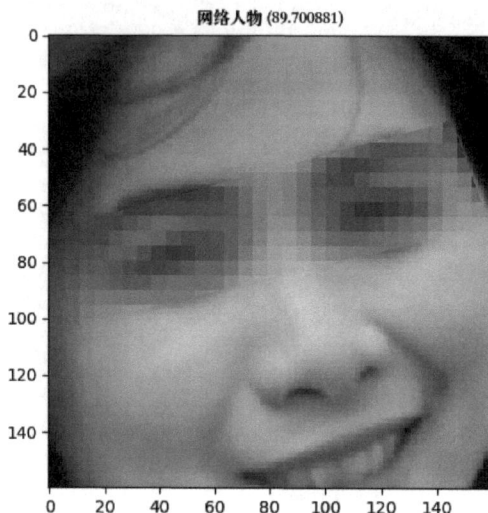

图 15.13　网络人物人脸识别结果和分类概率

结合上述示例的实践，我们可以更进一步设计生产环境使用的敏感人物识别服务整体流程，该识别服务的业务需求如下：

- 人物可以随时添加和删除，识别能够快速生效。

- 人物库量级在万级别以上。

- 每个人物仅需要 10 张左右的图片（图片要求过多，对风控运营压力较大）。

该服务分为两个过程：首先是初始化过程，把敏感人物库中的含有人脸的标注图片，分别使用 MTCNN 做人脸检测，用 FaceNet 做特征提取，并选择分类模型进行人脸分类，得到初始的人脸分类模型；其次是周期性的增量过程，定期检测敏感人物库中是否有新增图片或删除图片，增量过程把变更的图片数据重复使用 MTCNN 做人脸检测，用 FaceNet 做特征提取，把新的样本数据加入初始化的数据集中，重新训练并更新人脸分类模型。

在线上生产环境中，为了更好的识别精度，我们使用 MTCNN 做人脸检测，基于 VGGFace2 数据集训练的 FaceNet 进行人脸特征提取，以 ResNet50 作为分类模型。

实际线上敏感人物的准确率大概在98%以上，召回率在90%以上。如果发现某个人物的准召率较低，一般和该人物的入库样本图片数量及姿态变化较少有关，需要给该人物添加更多不同角度的图片。

15.3.2.2　敏感人物库

敏感人物库规模一般在上万级别，可能还会更高。在维护敏感人物库的过程中，为了能更好地进行人脸识别，需要对每个人物收集多张人脸照片，用于特征学习。该如何收集照片呢？什么样的多张组合照片能收获更好的效果呢？

我们都知道，人脸在现实世界中有高度的可变性，一个真实的人脸图片可变的地方可能有头部姿势、年龄、遮挡、光照条件和人脸表情等。*Face Recognition: From Traditional to Deep Learning Methods* 这篇论文梳理了人脸的不同变化情况。

所以，当新增一个敏感人物入库时，需要尽可能覆盖这些变化。例如，在实践中添加某个政治人物到人脸库时，我们添加了 9 张图片，这 9 张图片覆盖了该政治人物不同的角度、表情、姿势、年龄等，可以从中提取到更多的特征，在后续的识别中效果会比较好。

以上给出了维护敏感人物的图像样本库一般准则。在实践中我们还会为人物打上不同的标签，根据识别人物的标签进行防控。这些标签需要根据政治和行业情况进行及时的调整。

15.3.3　图像文字识别

在图像内容安全中，图像文字识别本质上是通用技术手段，识别出图像上的文字，然后使用文本安全服务判断该图像是否违规。传统的文字识别指 OCR（Optical Character Recognition，光学字符识别）技术，对于固定位置、固定格式、印刷体文字的识别，目前已经达到非常高的精度，如名片、证件照、营业执照、发票等文字识别准确率都高达 99%以上。不同于传统的 OCR，图像内容安全面临的挑战主要包括自然场景图像中的文字识别技术，业界称为 STR（Scene Text Recognition），其技术难度远远高于传统 OCR，识别准确率也一直较低。图像内容安全中的文字识别，面临非常大的挑战。一般来说，图像中的文字较难识别的原因主要包含以下几个方面：

- 语言变化：中文简繁体、英文字母大小写。

- 字体变化：图像中会有印书体，手写体、艺术字等，而且字体大小不一。

- 字体姿态变化：文字的旋转、扭曲等。

- 文字来源不同：有些是图像后期添加的文字，有些是图像中本身有旗帜、横幅、标语等，文字的色彩和光照条件变化也比较大。

目前，随着 OCR 和 STR 技术的发展，同样也进入了深度学习引领的时代。为了获得较好的 STR 识别效果，需要大量的高质量标注样本、高精度的字符定位算法和字符识别引擎等。其中，最大的挑战还是样本。目前，在证件、发票、证书等 OCR 领域中，各家厂商的精度都比较高，差距不大；在 STR 领域中，拥有海量样本，一般是百度、Google 等公司的效果比较好。

图像内容安全文字识别重点用于识别涉政、涉黄、广告文字，要求对这类文字有较高的识别率。因此，在实践中，我们采用人工标注和自动化生成的方式积累训练样本。在自动化生成过程，我们采用常用文字、敏感词库文字、常用字体组合的方式，生成海量样本用于训练。

15.4　语音内容安全

在移动互联网时代，音频直播、语音聊天已经成为普遍的沟通交流方式。面对这些音频内容，平台需要加强审核标准，确保语音内容合规。

语音内容安全和文本、图像类似，同样面临着政策监管，主要为涉黄、涉政、暴恐等。从技术上分为两类问题，一类是有语义语音，需要识别说话中的语义是否有涉及色情、低俗、政治、谩骂、广告等；另一类是无语义语音，是否有通过声音的情绪表达涉及色情、惊悚等。

15.4.1　有语义语音

有语义语音的识别流程如图 15.14 所示。

图 15.14　有语义语音识别流程

其中有语义语音处理主要涉及语音的接收、编解码等。

语义识别即语音转文本，这是一个人工智能问题，在这里不再赘述。语音转文本这个环节，面临着很多挑战，如背景音、方言、语速等各种问题，想要做好非常不容易。目前，市面上也有许多著名的语音转文本公司，如科大讯飞、百度等。

语义识别后的语音文本，再调用前文提到的文本内容进行安全检测。

目前，还有一种技术是声纹技术，即找出违规语音之后，提取违规语音的声纹特征，建立声纹黑名单库。当再有新的语音进入时，识别语音发声的人是否在声纹黑名单库中，并进行防控。该技术对声纹识别的准确率要求极高，比较难实现。

15.4.2　无语义语音

通过语音识别加文本安全过滤，可以解决一部分问题，但是变种总是源源不断产生。音频中的信息往往会有一些情绪的暗示，如惊悚、爆炸等。这类没有语义的语音，无法转化为文本内容识别，只能通过声音本身分类来识别。

要进行语音分类，需要进行如下几部分工作：

- 打标数据：需要对各类语音进行细粒度的标注。这部分最大的困难是违规样本的获取，即业务中没有大量的违规样本。这时就需要手动获取和剪辑一些素材，但是手动获取和剪辑的素材又和实际业务中的数据有一定的差异。

- 语音切分：在实际数据中，语音的长短、大小不一致。我们不仅需要识别一长段的特征，也需要识别一长串正常语音中的违规片段。所以在训练素材时，就需要进行细粒度切分。

- 语音特征提取：最常用的语音特征提取是 MFCC（MEL Frequency Cepstral Coefficients，梅尔频率倒谱系数），MFCC 反馈的是语音在短时的功率谱包络特征。

- 分类模型训练：鉴于语音是有前后关系的时序数据，一般需要使用 RNN 循环神经网络。在实践中，我们使用基于 LSTM（long short-term memory，长短期记忆）的门控 RNN。

无语义语音的识别流程如图 15.15 所示。

图 15.15　无语义语音识别流程图

如果违规样本充足，则该方案可以得到一个相对较好的模型。如果违规样本不足，则该方案只得出一个语音分类的基础模型，需要结合线上的实际效果进行不断调优迭代。

在实践中，我们主要使用打标数据、语音切分、语音特征提取、分类模型训练的流程，但是需要根据业务进行调整和优化。下面列举一个示例，我们为某音频社交 APP 语音安全的模型训练主要做的优化实践包括以下内容：

- 针对短语音（60 秒内）进行更细粒度切分，切分到 10 秒甚至 5 秒。因为在样本中发现有整段音频大部分正常，但是有小段的音频违规。
- 样本分布的均衡，如在初次训练时，我们主要使用女性声音素材，后来发现效果不好，违规样本里面也有部分男性声音素材。

最终，我们在该语音社交场景的标注样本上，获得的模型准召率都达到 90%以上。

15.5　视频内容安全

相对前文提到的文本、图像、语音，视频内容安全是一个综合的内容安全产品。例如，一个在线观看的电影，有可能出现违规弹幕和配音，也有可能出现色情视频画面。尤其是直播和小视频等自媒体产业，平台必须对用户发布的视频内容进行严格的审核。

如图 15.16 所示为一个有弹幕的直播场景视频，在审核内容时，需要将图像、音频、弹幕分拆并分别进行识别。

图 15.16　直播场景视频

15.5.1　视频内容安全处理流程

视频内容安全是多元综合防控决策的服务，因此，视频安全算法的核心在于对多元素的拆解。以常规的直播为例，仅从直播内容来看，是由直播的图像帧、语音流和弹幕等元素检测综合起来的。对视频流的内容审核，首先是对视频进行解码，分离出图像和音频。将分离出来的图像流截帧处理，然后调用图像内容安全服务。截帧的方法有两种，一种采用间隔截帧处理，即每隔几秒截取一帧；另一种提取关键帧，通过关键帧的识别减少同一场景内的连续图像检测。

对于拆离出来的音频流可以调用语音内容安全服务进行识别。对于直播弹幕等文本则调用文本内容安全服务进行识别。最终视频的审核结果通过多项内容审核的结果进行综合决策，同时提供相应的证据进行说明。

15.5.2　关键帧提取

关键帧是视频数据结构化的一部分，在视频制作和压缩编码的过程中，也普遍使用关键帧技术。在获得关键帧之后就可以进入基于内容的图像审核阶段，这样能够有效地提升视频审核效率，避免重复审核图片。

传统的关键帧提取技术多基于色调、边缘、块匹配、统计判别、直方图相关性等镜头分割算法，这些比较适宜于画面简单、变化量少的视频场景。针对内容复杂、场景繁多、动作丰富的视频，其效果和性能存在明显的瓶颈。

基于深度学习的关键帧提取技术利用对视频图像帧的综合特征提取，融合多维度特征后进行相似度的判断，将有用的视觉或语义特征集成到聚类算法中，形成了数据更少的子镜头，最后从子镜头中选择与聚类中心距离最小的帧。这种深度学习的方法无须人工干预，对复杂场景的识别和处理效率更高、更准确。

15.6　内容安全工程

综上所述，内容安全涉及的领域十分广泛，需要的解决方案也各不相同。基于 AI 模型的内容安全是一个系统工程，该系统除上文提到的分类模型外，还包括数据资产管理、存储、带宽、模型快速训练、模型部署运行等环节。

整个工程需要解决的业务问题如下：

- 统一标注平台：解决文本、语音、图像、视频的打标、质检，外部标注数据的导入等问题。

- 统一存储平台：解决非结构化数据的存储问题，还需要解决其他对象的存储问题。

- 训练平台：面对频繁的模型迭代，需要基于统一的计算资源管理平台，对 GPU 资源统一管控，按需分配。

- 模型运行平台：涉及数十个模型，需要集中管控部署，按需调度资源，提供稳定的服务。

- 应用平台：应用平台负责提供外部统一的 API，行业化与场景化接口定制，按需调用关键词、模型、存储等服务，对外组装输出。

- 运营管控平台：运营管控平台面向运营人员，提供场景配置、参数调整、模型切换、效果比对等能力。

在实践中，可以根据自己公司的具体情况，选择性地进行整体规划和模块建设，来解决这些业务问题。在本章内容安全合规概述中，已经列举了一个从业务、模型、深度学习平台和计算资源角度出发的内容安全的整体架构。如图 15.17 所示为落地的内容安全系统架构。该内容安全系统的架构基本解决了上述提到的各类工程问题。由于工程涉及众多业务模块，各模块的建设难度也有较大差异，读者在建设自己公司的内容安全工程时，可以根据业务的紧急重要程序进行适当裁剪。

图 15.17 落地的内容安全系统架构

15.7 内容安全系统的评价指标

内容安全的评价指标本质上和机器学习的评价指标是一样的，这里对准确率、召回率的概念不再赘述。

重点强调的是，对内容安全系统的评价需要建立多套标准测试集合。集合的变化维度要包括以下内容：

- 行业变化：如直播行业、电商行业分别构建测试集合。
- 比例变化：黑白样本比例，包括1:1、1:N等各种组合，不宜黑白样本差距过大。
- 素材变化：如文本长度、图片清晰度、语音背景音乐等都要有所变化。

其他情况可以根据业务再进行相应的调整。

15.8 本章小结

网络沟通交互是互联网用户的核心需求之一，也是国家网信部门重点关注的合规领域。本章首先从维护业务秩序、遵守法律法规的角度梳理了内容安全对于企业的重要性。然后分别介绍了文本、图像、音频、视频的需求、技术难度及在工程中的实现方法。最后给出了一般的内容安全工程化实践和内容安全系统的评价指标。内容安全涉及了数十种不同的算法模型，需要持续投入大量的人力运营。如何更好地实现样本的共享和模型的迁移，仍需行业同仁不断摸索与努力。

第16章　风控与数据合规使用

2017 年 6 月 1 日，我国正式生效《中华人民共和国网络安全法》（以下简称《网络安全法》），该法是我国网络空间安全管理的基本法律，内容涵盖了个人信息和重要数据保护制度、网络产品和服务管理制度等网络空间安全的各个方面。《网络安全法》正式拉开了我国网络空间立法治理的序幕。

16.1　网络安全立法进程

在《网络安全法》的指引下，中央网信办、工业和信息化部、公安部、信息安全标准化技术委员会、国家认证认可监督管理委员会等国家机构在 2018 年相继出台了多个法规。在各个行业相关部门也相继就地图数据、测绘数据、宗教信息、科学数据、电子证件照管理、金融信息、网约车管理、汽车数据、自动驾驶管理、医药数据、人类遗传资源、人口健康信息、电信与互联网个人信息等重点领域出台了可以落地执行的法律法规和行业规范。

2018 年 5 月 1 日，我国正式实施《GB/T 35273—2017 信息安全技术个人信息安全规范》，其核心内容主要包括个人信息收集、使用过程中的安全规范，以及个人信息和重要数据出境时的安全评估制度，是个人信息保护工作的重要指引。除此之外，我国的《个人信息保护法》和《数据安全法》已经在专家的建议下开始进入立法流程。

从全球范围来看，欧美国家等同样也在进行数据合规的立法工作。

- 2018 年 5 月 25 日，欧盟的《通用数据保护条例》（以下简称 GDPR）正式实施。GDPR 对涉及使用欧洲公民数据的企业提出了非常严厉的监管条款以保护欧洲公民的隐私，禁止向该区域以外的国家流出个人数据。根据该条例，企业或机构的违规行为可能会导致高达其年收入 4% 的罚款。2019 年 1 月 22 日，法国监管机构对 Google 开出了首笔 GDPR 罚款，金额高达 5000 万欧元。

- 2018 年 6 月 28 日，美国《加利福尼亚州消费者隐私保护法案》（以下简称 CCPA）经加州的州长签署公布，定于 2020 年 1 月 1 日起正式实施。

GDPR 和 CCPA 的立法目的都是为了加强对个人数据和隐私的保护，通过规范企业处理数据的行为，强化企业的相关责任，并且均设定了较为严厉的处罚。

16.2 个人数据合规使用

随着国内外法律法规的完善健全和监管越来越严格，数据合规使用也已经成为风控行业关注的重点。法律法规密集出台，是为了治理互联网行业中不良企业违规采集使用数据甚至是非法贩卖的问题，没有强制切断数据合理流通的路径。相关法律文件均通过设置例外条款，赋予多种合规路径使用数据，鼓励透明、合规的使用数据。

2019 年 2 月，中央网信办、工业和信息化部、公安部、市场监管总局四部门联合发布《关于开展 APP 违法违规收集使用个人信息专项治理的公告》（以下简称《公告》），成立工作组在全国范围内组织开展 APP 违法违规收集使用个人信息专项治理行动，如图 16.1 所示。风控服务商一般会将设备指纹、生物探针等 SDK 嵌入合作企业的 APP 中，同样要遵守该《公告》的相关要求。

图 16.1 APP 专项治理工作组

16.2.1 用户隐私政策

从 APP 运营者的角度来看，一个相对完善的用户隐私条例应该至少包含以下几个方面的内容：

- 如何收集和使用信息。

- 终端用户数据的授权与同意。

- 信息的更新与保存。

- 采取的数据保密措施。

- 对未成年人信息的保护政策。

- 如何向其他方披露和共享信息。

- 数据跨境转移问题。

- 政策更新与效力。

- 适用法律与争议解决。

- APP 运营方联系方式。

当风控公司通过 SDK 为互联网合作方提供反欺诈能力时，应该要求合作方在其 APP 的用户隐私条款中用通俗易懂、简单直观的方式进行披露，明确告知个人信息主体风控 SDK 收集、存储、使用和保护个人信息的相关过程和用途。专项治理工作组曾通报过多家互联网公司，有些互联网公司因为其 APP 的用户隐私协议文字没有换行，需要手动横向滑动才可以阅读完相关条款，这也属于典型的不合规行为。

SDK 在获得个人信息主体的主动授权后才能采集相关信息，不能未经同意"私自采集个人信息"，更不能以默认、捆绑、停止安装使用等手段变相强迫用户授权采集。"不授权就不让用户使用 APP"也属于典型的违规行为。

在 SDK 采集设备数据过程中应遵循最小化原则，不收集与风控无关的信息，不能"超范围采集个人信息"，更不能违反法律法规收集使用个人信息。典型的"超范围采集个人信息"行为包括采集用户通讯录、短信、通话记录、账号及打开麦克风录音等，绝大部分互联网业务场景的风控都不需要这些个人敏感信息数据。同时 SDK 也应该避免主动申请敏感权限的行为，防止 APP 违规。

APP 往往会通过 WebView 等方式引入网页。如果被引入的网页嵌入了类似 Google Analytics 这类的 JS 代码来收集用户网页浏览记录等个人信息，同样需要遵循用户隐私政策。

另外，SDK 合规采集的个人信息数据在使用时均应采用去标识化的处理方式。所谓个人信息的去标识化处理，是指数据控制者在收集个人信息后通过相应的特殊技术处理，使得单凭该个人信息无法准确定位到特定个人。

16.2.2　数据安全流转

在风控体系运转的过程中会涉及数据传输交互、分析处理的场景。在线上生产环境和办公环境之间、线上各个服务器和系统之间如何实现方便快捷而又安全合规的数据流转是一个很大的挑战。

为了解决数据合规流转的问题，我们研发了数据安全交换平台（以下简称DataX）。DataX 使用高强度的数据加密传输渠道，集成安全的审核流程，提供多种数据交换方式，打破数据流通的各种阻碍，如图 16.2 所示。

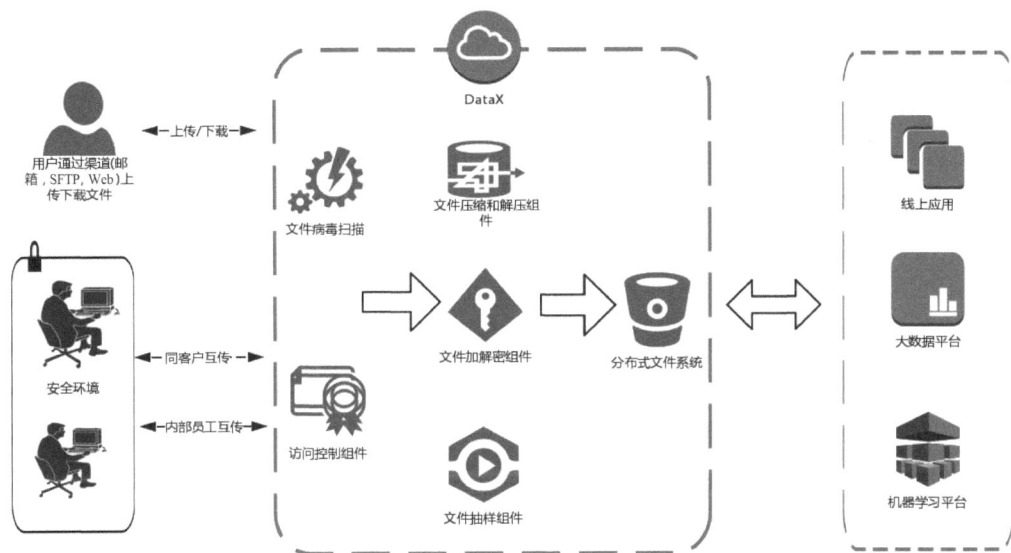

图 16.2　数据安全交换平台

DataX 支持各种协议的适配，如邮箱、SFTP、FTP、Web 等，合作方可以通过各种渠道文件发送到相关测试人员的收件箱中，文件最终使用强加密存储在分布式文件系统中。

DataX 能准确实现对恶意文件扫描和文件内容检查：

- 恶意文件扫描：文件上传到 DataX 后都要经过安全扫描，防止携带恶意代码的文件流入系统中。

- 文件内容检查：文件流出需要经过文件内容检查，检查是否包含敏感信息。如果有敏感信息，则需要人工仔细复核通过才能继续流转。

16.3 数据合规技术创新实践

在云计算时代，企业正在广泛使用各种 SaaS 服务为业务实现降本增效。与此同时，我国各行业监管部门出台了各种监管法律法规，用户隐私保护和数据安全已经成为企业的核心合规需求和业务归零风险。在此背景下，大家都在寻求和设计"不需要使用原始数据就可以加工数据输出结果"的解决方案，如端智能计算、联邦学习、多方计算及同态加密等技术均受到了极大重视。本节主要介绍风控领域中的一些优秀数据产品设计方案供大家参考。

16.3.1 数据匿名查询

下面以黑产IP画像服务为例介绍数据匿名查询技术方案（这是一个简单的 Demo 方案，用于供读者理解思路）。黑产IP画像数据主要存储了风控系统沉淀的黑产 IP 和对应的黑产风险标签。基于合规的目的，我们采用匿名查询的方式将 IP 地址去标识化。同时出于性能角度考虑，我们将 IP 地址按段分库处理。

观察需要覆盖的 IP 地址，主要有以下几类：

- A 类地址范围是 1.0.0.1～126.155.255.254（其中 10.X.X.X 是私有地址，127.X.X.X 是保留地址均可以排除）。

- B 类地址范围是 128.0.0.1～191.255.255.254（其中 172.16.0.0～172.31.255.255 是私有地址，169.254.X.X 是保留地址，均可以排除）。

- C 类地址范围是 192.0.0.1～223.255.255.254（其中 192.168.X.X 是私有地址，可以排除）。

- D 类地址范围是 224.0.0.1～239.255.255.254。

- E 类地址是实验地址，可以排除。

为了提高查询效率，可以将 IP 地址 hash 表根据明文首段的不同分成 239 个表（1.0.0.1～239.255.255.254），每个表内存储数据不超过千万条。

黑产 IP 画像数据库构建完成后，用户即可通过上传加密的 IP 密文到云端 API 接口查询相关的风险，整个流程如图 16.3 所示。

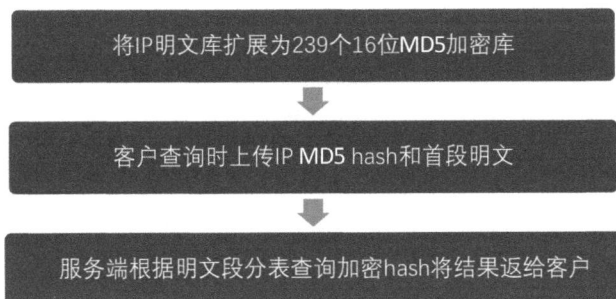

図 16.3　黑产 IP 画像匿名查询流程

构建风控产品体系，需要将风控效果和用户数据保护进行综合考虑。在合法合规的范围内采集、存储和使用用户数据，保护用户数据安全不泄露，这是构建风控产品不可逾越的底线。

16.3.2　区块链共享黑名单

近年来，区块链已经引起了国家的高度重视，该技术涉及数学、密码学、互联网架构和计算机安全等多个领域。从风控领域的角度来看，区块链本质是一个分布式的共享账本和数据库，具有去中心化、不可篡改、全程可溯源、公开透明等特点。这些特点保证了区块链的"诚信"与"透明"，为区块链创造信任奠定基础。

苏宁金融在 2018 年构建了一个基于区块链技术的黑名单共享平台，其技术架构如图 16.4 所示。

该黑名单共享平台以 fabric 联盟链为基础，实现了添加、查询、删除黑名单及投诉四大功能。加入该平台的金融机构可将已有的黑名单数据按照系统约定的加密算法进行数据脱敏处理，然后通过交易的方式发布到区块链上。成员机构发布数据即可获得积分，积分可用于查询其他机构发布的黑名单数据。如果有机构发布的黑名单数据质量不高或存在造假的行为，则成员机构查询发现后可通过投诉服务追诉数据提供方。这是一个非常好的行业实践，数据脱敏处理，机构之间匿名交易，降低了金融机构数据共享的维护成本。

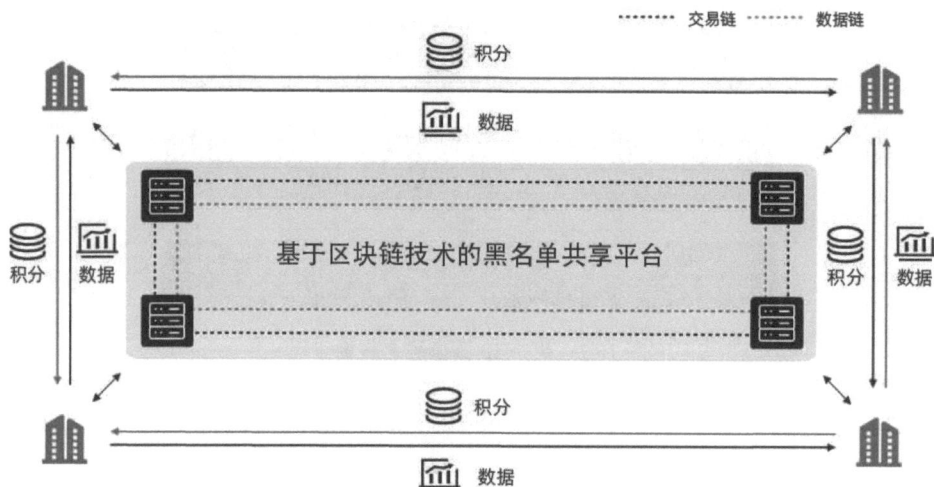

图 16.4　基于区块链技术的黑名单共享平台

基于区块链能够解决信息不对称和潜在的数据垄断问题，实现多个主体之间的协作信任与一致行动，真正让数据产生价值，在风控和反欺诈领域具有广阔的应用空间。我们的区块链实验室也在研发基于区块链技术、同态加密技术的多方安全计算平台，可以将多方提供的数据融合到一个安全计算环境中进行建模分析和风险决策。该平台可以实现数据可用不可见，让数据所有方更加安全可信地共享数据，解决数据合作过程中的数据安全和隐私保护问题，提升风险防控的效果和效率。

16.4　本章小结

网络空间正在逐渐有序化、法制化，个人数据合规合法使用是风控行业当前面临的首要问题，守住数据安全底线是长期发展的前提和基础。

需要注意的是，在隐私保护和数据安全方面并没有"一招制胜"的法宝，需要在风控产品的各个环节均有充分可信的设计和技术落地方案。以联邦学习（Federated

Learning）为例，该框架在 2016 年由 Google 提出，用于解决 Android 手机终端用户在本地更新模型的问题。联邦学习是一种分布式的机器学习平台，设计目标是在多方或多计算节点之间开展高效率的协同计算，同时，充分保护个人的隐私数据。在落地过程中，如果联邦学习框架实现得不够完善，则会存在用户隐私数据泄露的安全风险。国内曾经有学者做过题为《面向联邦学习的用户隐私攻击》的报告，内容如图 16.5 所示，感兴趣的读者可以查阅相关内容。

摘要

联邦学习是一种分布式机器学习框架，近年来在隐私安全与机器学习领域受到广泛关注和研究。相比于传统的集中式学习框架，联邦学习将模型的训练过程转移到了用户端，仅需要用户周期性地提交模型参数更新就能完成模型训练，避免了服务端对用户数据的恶意访问和滥用。本次报告研究了联邦学习中的隐私问题，提出了一个基于恶意服务端的用户隐私数据重建攻击方法，通过建立一个多任务生成对抗网络模型来模拟用户的数据分布，并利用用户参数更新来计算其数据表征以重建特定用户隐私数据。相比已有的攻击方法只能重建表征某个类别的样本数据，我们的攻击方法可以实现用户级的数据重建，并通过手写数字分类和人脸识别两个任务验证了攻击有效性，阐明了模型参数更新中包含了过多的隐私信息，现有联邦学习框架仍存在安全隐患。

图 16.5 针对联邦学习的攻击方法

国内很多团队在联邦学习落地实现的过程中进行了算法模型的安全强化，推动这些先进的算法框架在生产中真正安全可靠地发挥其最大价值。在数据安全合规使用的前提下，让数据在风控领域产生巨大的价值，我们任重而道远。

第17章　海外风控公司

海外风控公司在行业领域起步较早，产品有很强的创新性，在传统安全风控技术和机器学习相结合的领域做了很多探索实践，具有非常好的学习价值和借鉴意义。本章将简单介绍几家海外优秀的风控公司。

17.1　Arkose Labs

Arkose Labs 成立于 2015 年，总部位于旧金山。该公司早期的名称为 Funcaptcha，产品为智能验证码，产品应用场景主要聚焦在 Anti-Spam 领域，如图 17.1 所示。近年来，Arkose Labs 转型为全球大型机构并提供网络反欺诈服务，客户行业包括电商、旅游、金融、社交媒体与网络游戏等。Arkose Labs 号称能够在不影响用户体验和业务开展的情况下，事先阻断欺诈和黑产攻击行为。

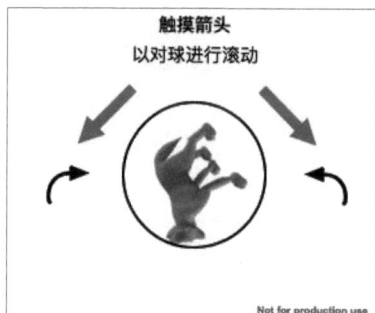

图 17.1　Arkose Lab 智能验证码

Arkose Labs 在 2019 年 RSA 大会创新沙盒进入最终决赛环节，也是唯一入选的风控领域公司。最终 Arkose Labs 没能夺得冠军，但是依然引起了业内广泛的关注。

Arkose Labs 认为当前传统反欺诈服务都是基于行为分析或风险评分的机制，这些方法具有两个缺点。第一，这些工具通过对收集到的大量数据进行分析，并通过监控用户行为的方式来对每个用户进行风险评分。但是这些风险评分机制通常给出的是一种概率，很少能给出一个确定的好坏判定，阈值的选取主要依靠经验。第二，这些反欺诈服务大都是基于一些前置知识和经验，对策略运营人员的依赖程度非常高，对于常规的黑产攻击可以有效检测。但是对于高级的、未知的欺诈攻击，防御策略就很容易被绕过。Arkose Labs 的产品理念如图 17.2 所示。

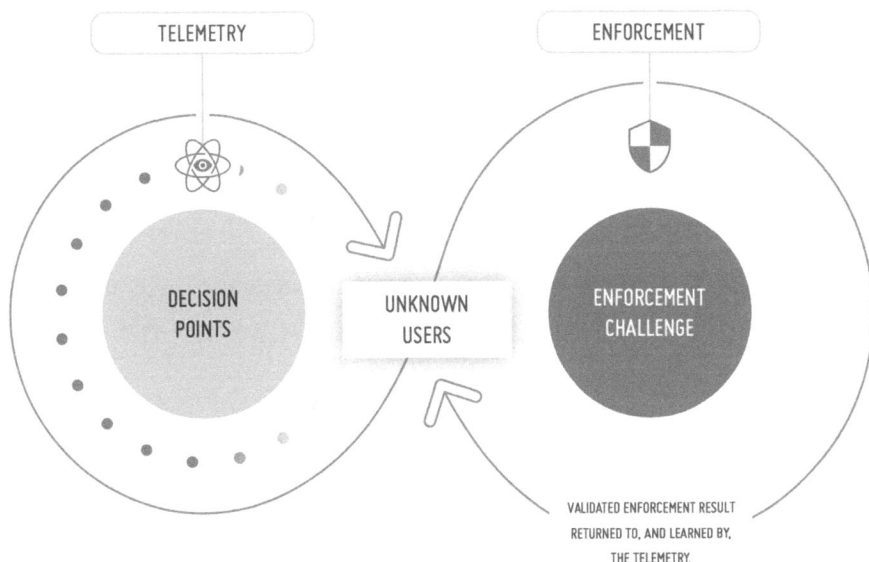

图 17.2　Arkose Labs 产品理念

针对上述基于行为分析和风险评分方法的缺点，Arkose Labs 将早期的智能验证码产品和机器学习算法结合，形成了"检测+处置"的双边人机识别方案，以实现在不影响用户体验和业务开展的情况下事先阻断欺诈和黑产攻击行为。

Arkose Labs 产品方案中的验证码技术主要是依赖于三维模型图像投影，将三维动物模型从不同角度投影，每次验证过程都为用户生成唯一的视图图像。用户需要识别动物，并将动物旋转至头朝上的位置。人类很容易区分这些图片，但是对于机器来说短时间内很难识别这些图片，从而大幅提升攻击成本。对人机识别不同风险程度的客户进行不同层级的验证，结合后台机器学习算法实现一种动态循环提升防御策略的效果。处理策略是动态更新的，攻击者无法探测出处置策略。这个理念将检测和验证形成闭环，具有很强的自适应性。

需要注意的是，Arkose Labs 产品方案的前提是验证码不被破解，这可能过于理想。一旦验证码被破解，模型会被攻击者污染，将恶意用户识别为正常用户。

17.2　Sift

Sift 成立于 2011 年，又称为 Sift Science，是美国一家利用机器学习预测欺诈的公司。Sift 依靠全网数据、定制化机器学习模型、自动化技术和综合报告帮助上万名客户防止欺诈、简化运营并推动收入增长。Sift 目前已经完成了累计超过 1 亿美元的融资，客户包括 Twitter、Airbnb 和 Twilio 等公司。

Sift 的 SaaS 风控场景主要聚焦账号安全（Account Fraud）、支付安全（Payment Fraud）及内容安全（Content Fraud）。这些场景是互联网业务安全的核心场景，也是网络欺诈最泛滥的地方。

Sift 的核心技术在于它的大数据处理能力和机器学习模型。原始数据包括用户身份信息（姓名、E-mail、手机号）、用户行为（浏览习惯、按键特征）、位置信息（GPS 定位、邮寄地址、账单地址）、设备信息（手机厂商、型号）、网络信息（IP、网络名、运营商）、订单详情和订单历史（订单金额、订单数量、付款方式）、特有数据（如酒店预订房间天数）、第三方数据。

交易欺诈、账户盗用、虚假注册、欺诈内容和虚假推广，每个场景都需要一种独特的方法识别欺诈行为。因此，Sift 为每个场景构建了一个独立的模型组合，即使用不同的机器学习算法。对于每个客户来说，模型组合都代表机器学习模型的加权输出。使用的算法有逻辑回归、随机森林、深度学习（RNN）、N-gram 和贝叶斯。任何一种算法都无法解决全部问题，将所有这些模型结合在一起效果要优于单个模型。客户要做的就是使用 Sift 提供的模型组合，评估效果，针对不同的行业通过联合建模的方式定制模型。

17.3　Forter

Forter 是一家专门为电商提供欺诈交易解决方案的以色列公司，该公司一直致力于通过实时的交易决策系统为客户提供关于欺诈交易的安全检测服务。

Forter 于 2013 年成立，在 2014 年，Forter 获得了来自 NEA 和红杉资本的 1500 万美元融资。2018 年，Forter 又获得了由 March Capital、Salesforce 资本领投，红杉资本、NEA 在内的投资者跟投的 D 轮 5000 万美元融资。

Forter 主要聚焦支付保护、账号保护、交易合规和 PSD2（欧洲支付服务指令）解决方案。在市场方面，Forter 业务范围覆盖欧洲、非洲、拉丁美洲、亚洲、北美洲。

Forter 认为电商业务在激烈的市场竞争中，互联网企业都在寻求业务增长途径的同时减少黑产攻击造成的损失。传统的风控方案主要依赖黑数据库和人工配置的经验规则，这种方案在实时性和准确性方面存在很大的问题，会造成大量需要人工审核的疑似欺诈事件。基于此，Forter 提供了一个数据驱动、全自动的实时风控解决方案，该方案可以不依赖规则、评分和人工审核，并且对 C 端用户做到完全无感、不影响体验。Forter 的线上决策系统是由数据科学家和黑情报领域的顶级专家不断维护更新的，客户的持续风控效果可以得到有效保障。同时，Forter 认为自己的方案也是市场上比较准确、具有前瞻性的方案，Forter 并不会用单一的"黑名单"限制用户的购买行为，而是动态分析用户情况判定风险，所以用户体验和误报率都控制得非常好。每一笔交易，在不影响任何用户体验的情况下，Forter 会对实时数据和过去行为数据进行全面分析，在毫秒级的时间内完成计算，与当前的行为进行风险识别对比，最后给出决策结果，有效降低客户的欺诈交易。

17.4　Shape Security

Shape Security 成立于 2011 年，曾经是硅谷红极一时的 Web 安全领域的创业公司。Shape Security 的客户覆盖了多家世界 500 强企业和世界各地的政府机构。Shape Security 的投资者包括 Baseline Ventures、KPCB、NVP、Venrock、Google Ventures、Eric Schmidt 等知名风投。此外，Facebook、Twitter 和 LinkedIn 的天使投资人也对 Shape Security 进行了投资。2019 年，Networks 以 10 亿美元的价格收购了 Shape Security。

随着行业的发展，Shape Security 也逐渐从 Web 安全发展成为业务安全解决方案供应商，"防止对 Web 和移动应用程序的复杂欺诈与网络攻击"已经成为 Shape Security 产品的口号。值得关注的是，在 CB Insights 发布的 2019 年全球人工智能领域 100 强中，Shape Security 申请的专利是最多的。

Shape Security 的企业防御产品致力于防御攻击者模拟人类在网站和 APP 上进行的恶意欺诈行为。Shape Security 在早期做动态防御 WAF 类产品的过程中发现，企业的 Web 和移动应用业务面临的攻击越来越复杂，攻击者越来越倾向于滥用企业的业务特性进行攻击谋利，而不是单纯地利用应用程序的漏洞。攻击者使用智能自动化工具模拟人类行为，从而进行大规模欺诈或未经授权的活动。从这个角度来看，企业面临的普遍威胁包括以下几个方面：

- 账号安全：近年来互联网上的多个安全事件泄露了大量用户账号及密码信息，由于用户出于方便记忆的原因，经常在不同的网站使用相同的密码，这导致了撞库攻击泛滥。根据 Shape Security 的统计，泄露的数据用于撞库攻击，通常在大型网站或移动应用程序上的登录成功率为 0.5%～2%，这个比例非常高。黑产团伙撞库成功可导致账户被控制接管，并进行后续的在线欺诈行为。

- 非授权爬取：攻击者采用自动化的程序从企业网站或移动应用程序中获取有价值的信息，并将数据出售给竞争对手或用于未经授权的目的。结合撞库攻击，甚至有可能获取其他用户的隐私信息，如支付流水、购物清单、通话记录等。

- 虚假注册：在企业线上业务系统进行各种营销活动时，攻击者创建大量账户进行欺诈，获取营销活动的奖励。

Shape Security 认为这些针对业务场景特性的攻击，击败了传统的安全防护系统，包括下一代防火墙和 Web 应用程序防火墙（WAF）都难以防御。因此，Shape Security 构建了两套企业防御产品，用于保护 Web、APP 及 API 接口免受复杂攻击，预防大规模欺诈的发生。一种是前置的反射代理模式，另一种是后置的基于 API 接口的模式，其产品理念如图 17.3 所示。

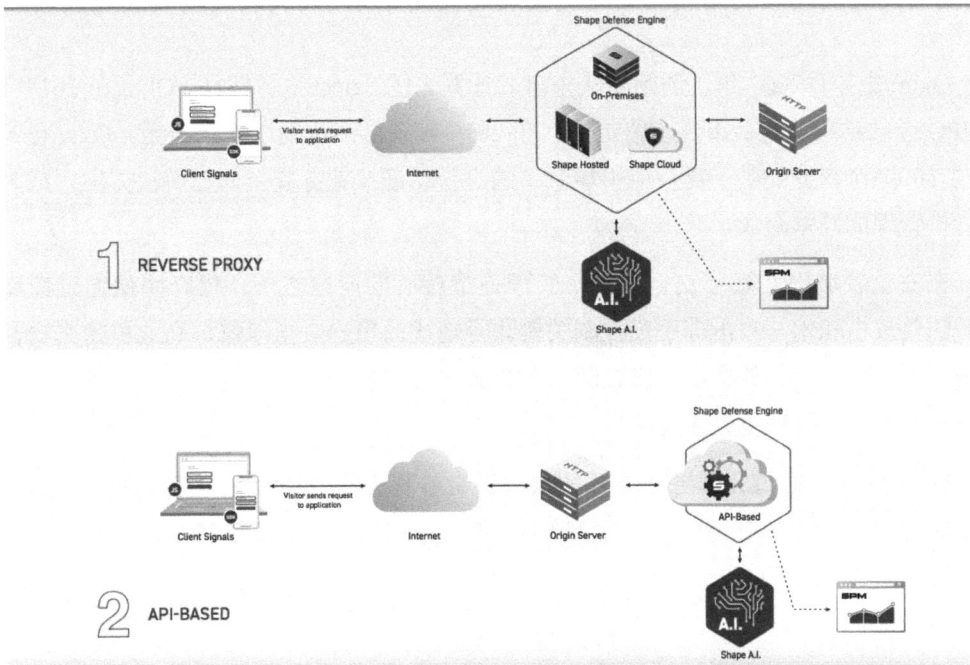

图 17.3　Shape Security 产品理念

整个系统由客户端 SDK、防御引擎和 AI 引擎构成：

- 客户端 SDK：Shape Security 通过在 Web 应用程序中部署 JS 和在 APP 中部署 SDK 采集客户端信息。

- 防御引擎：防御引擎用于防御规则的决策计算，综合客户端 SDK 采集的信息、业务数据等多维度的数据进行风险决策。

- AI 引擎：分析所有交易请求的数据，通过机器学习算法挖掘新的攻击方式，自动生成新的规则同步给防御引擎来阻断绕过的攻击。

和前面提及的几家公司不同，Shape Security 的产品形态是串行在客户系统里的，类似于 WAF。因此可以获取客户全部的网络流量信息，相对而言，数据计算量会更大，发现恶意攻击的概率也会更高。

17.5 Okta

Okta 成立于 2007 年，创始团队来自云计算先驱 Salesforce 公司。Okta 在 2017 年 4 月 IPO 登陆纳斯达克后市值一路走高，在 2019 年底已经达到 120 亿美元。Okta 已经为超过 5000 个企业提供了复杂应用场景下的身份认证及业务安全问题解决方案，成为全球身份管理的领军企业。

在安全领域中，账号安全和身份管理是最核心的问题之一。黑产团伙通过撞库攻击、钓鱼攻击和木马攻击等手段控制关键账号造成的用户数据泄露、商业机密失窃甚至内网被渗透的安全事件层出不穷。随着各种云服务和移动办公的普及，企业的账号安全和身份管理的问题变得更加复杂。

Okta 致力于通过云服务的方式解决员工身份管理和合作方身份管理两个难题，如图 17.4 所示，成功地打造一个全面覆盖移动端和 PC 端的企业账号体系。

图 17.4　Okta 聚焦的场景

2009 年，国内的巨头还在 PC 端上激烈搏杀，争夺桌面流量霸权的"3Q 大战"尚未全面爆发。而就在同年，Okta 在北美开辟了一个全新的战场，从 to B 的角度切入，成功地在互联网流量体系中占据了一个关键位置。

Okta 产品模式如图 17.5 所示。

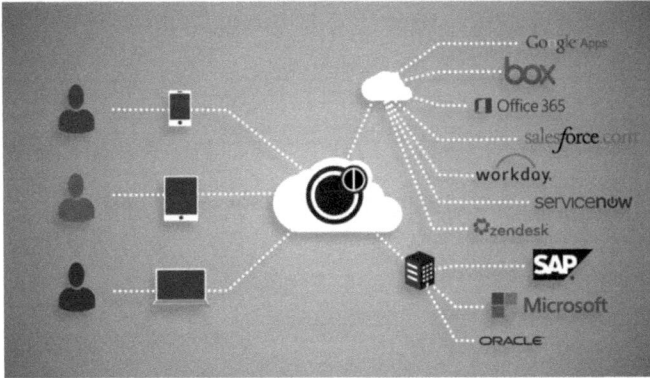

图 17.5　Okta 产品模式

Okta 的服务平台已经对接了 4600 多个云服务，如图 17.6 所示，服务类型覆盖各类业务场景，企业可以直接在其平台上便捷选用。

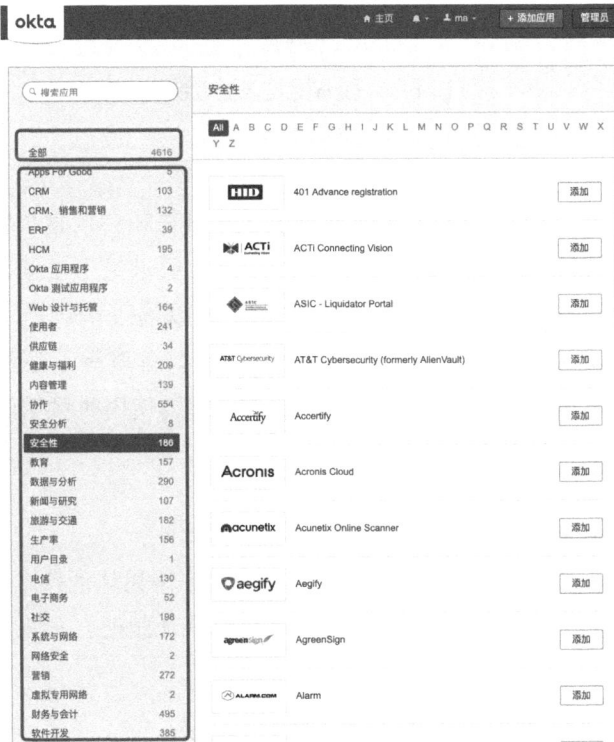

图 17.6　Okta 已对接的云服务

下面我们将介绍 Okta 采用了哪些技术手段帮助企业做好员工身份管理。

1. 通用目录

根据员工所属部门和角色的不同，可自定义不同的用户群组，配置不同的身份认证和权限管理策略，甚至可以通过 Agent 方式对接企业域控，如图 17.7 所示。

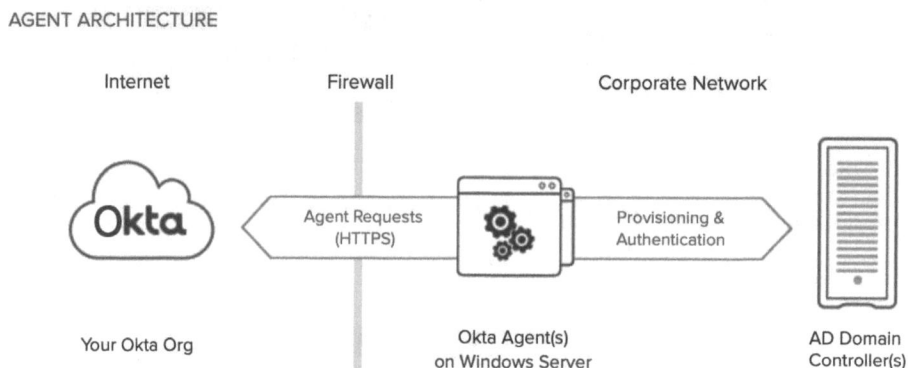

图 17.7　Okta 对接企业域控

2. 单点登录

在企业接入 Okta 之前，员工使用不同的云服务时往往会设置相同的密码或有规律的不同密码，这是撞库攻击流行的原因。企业一般会要求员工设置比较复杂的密码，这又很不方便记忆，影响员工的工作效率。Okta 可以通过单点登录技术解决了复杂密码的问题，对于员工使用各种云服务，可以设置密码强度等策略要求，如图 17.8 所示。员工只需要在 Okta 平台上登录一次即可免除后续使用时频繁输入复杂密码的烦恼，如图 17.9 所示。

3. 多因素认证

Okta通过一个强大的策略框架集成了各种常见的多因素认证技术，企业可以针对不同的业务系统和不同的员工角色配置相适应的身份认证策略，如图 17.10 和图 17.11 所示。

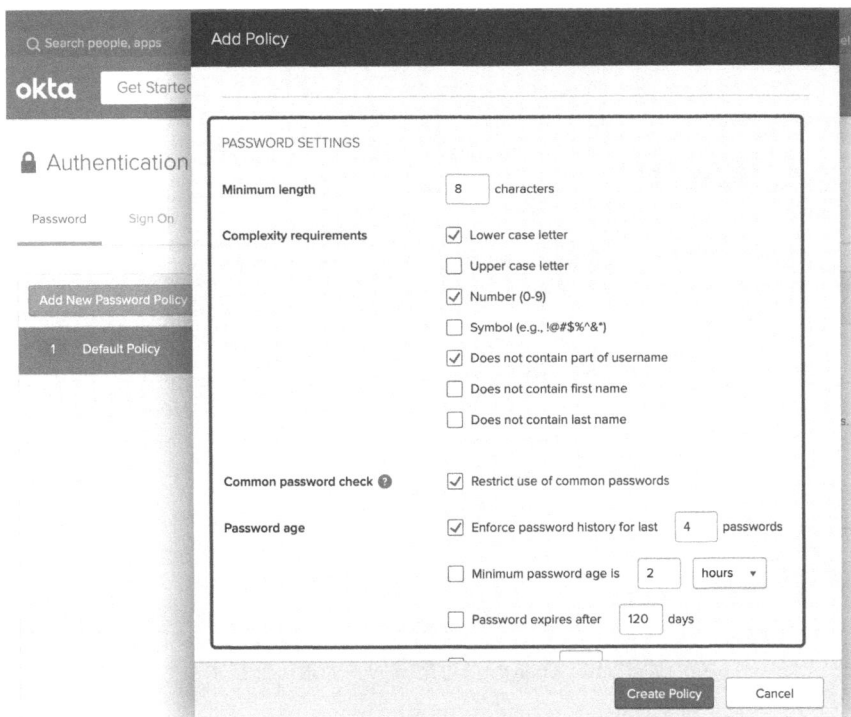

图 17.8　Okta 密码策略要求

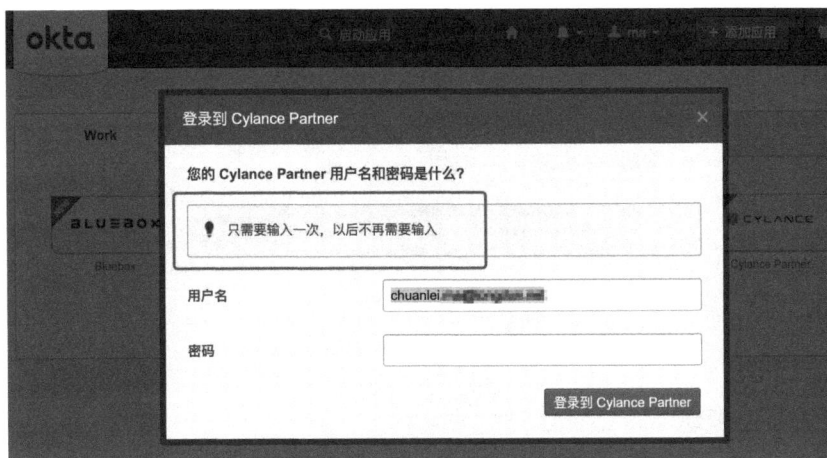

图 17.9　Okta 登录技术

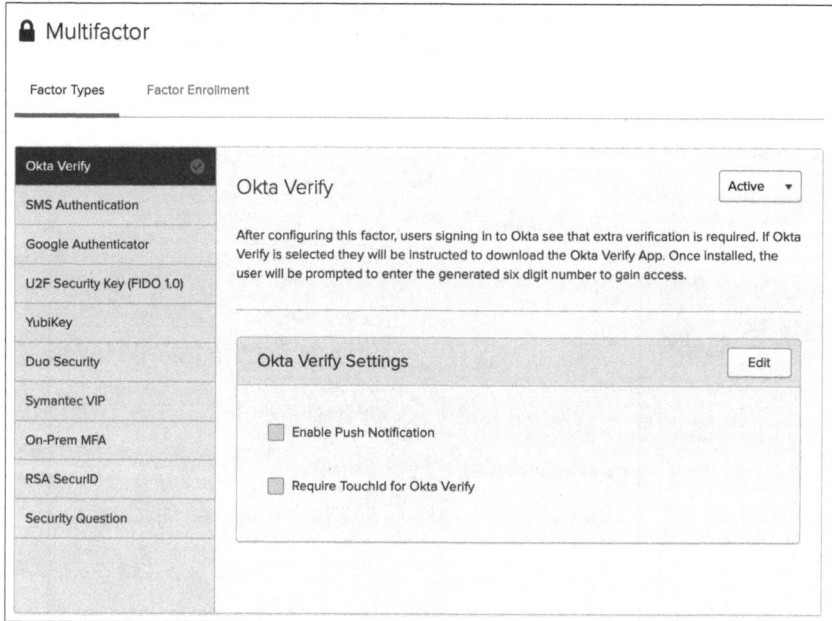

图 17.10　Okta 平台可配置的多因素认证技术

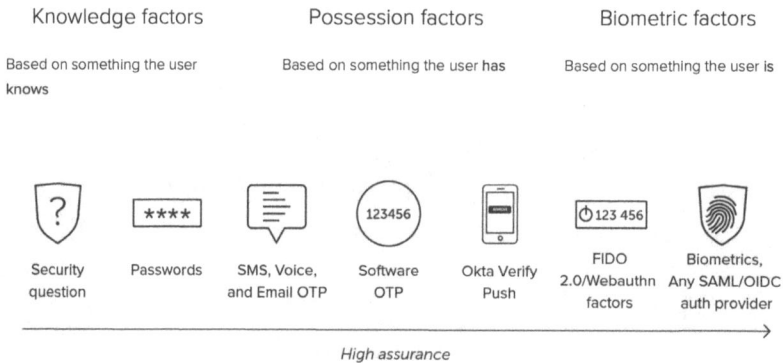

图 17.11　Okta 多因素认证理念

4. 生命周期管理

通过用户目录和云应用程序之间的无缝通信，当员工入职和离职时，Okta平台会根据配置的策略对账号进行相应的处理。

Okta 在设备维度认证的技术能力也在持续提升，并且在 2019 年底收购了 ScaleFT。这是一家以设备为中心的"零信任"解决方案供应商，和 Okta 现有的产品可以快速整合。在帮助企业去掉 VPN、帮助员工忘记密码的道路上，Okta 又前进了一大步。

Okta 的战略眼光令人惊叹，在 to C 桌面流量争霸战"3Q 大战"十年后，国内的巨头才开始纷纷布局 to B 流量入口：

- 2019 年 10 月，阿里云全资收购身份认证云管理平台北京九州云腾科技有限公司。该公司是国内最早提供商业化 IDaaS（身份认证及服务）的公司。阿里云收购该公司后，将加强基于云的统一身份认证管理服务。

- 2020 年 1 月，腾讯联合金蝶、用友、有赞、微盟、销售易、六度人和、道一等行业厂商成立了"SaaS 技术联盟"，建立统一的账户体系（IDaaS），实现账户通用。

随着云服务和产业互联网的发展，to B 统一账号体系的价值会越来越高，这将是一场新的流量战争。

17.6　本章小结

通过本章介绍可以看出，虽然海外业务安全公司的解决方案和产品形态不完全相同，但是前瞻性和创新能力都非常强。从趋势上看，机器学习驱动的自适应业务安全决策体系必将是未来风控重要的方向。